雨花台
忠魂图集

南京市雨花台烈士陵园管理局
江　苏　古　籍　出　版　社

江苏古籍出版社

欣逢中华人民共和国成立五十周年，谨以此书献给为人民共和国创建而英勇奋斗、前仆后继、百折不回、正气凛然的雨花台革命先烈。

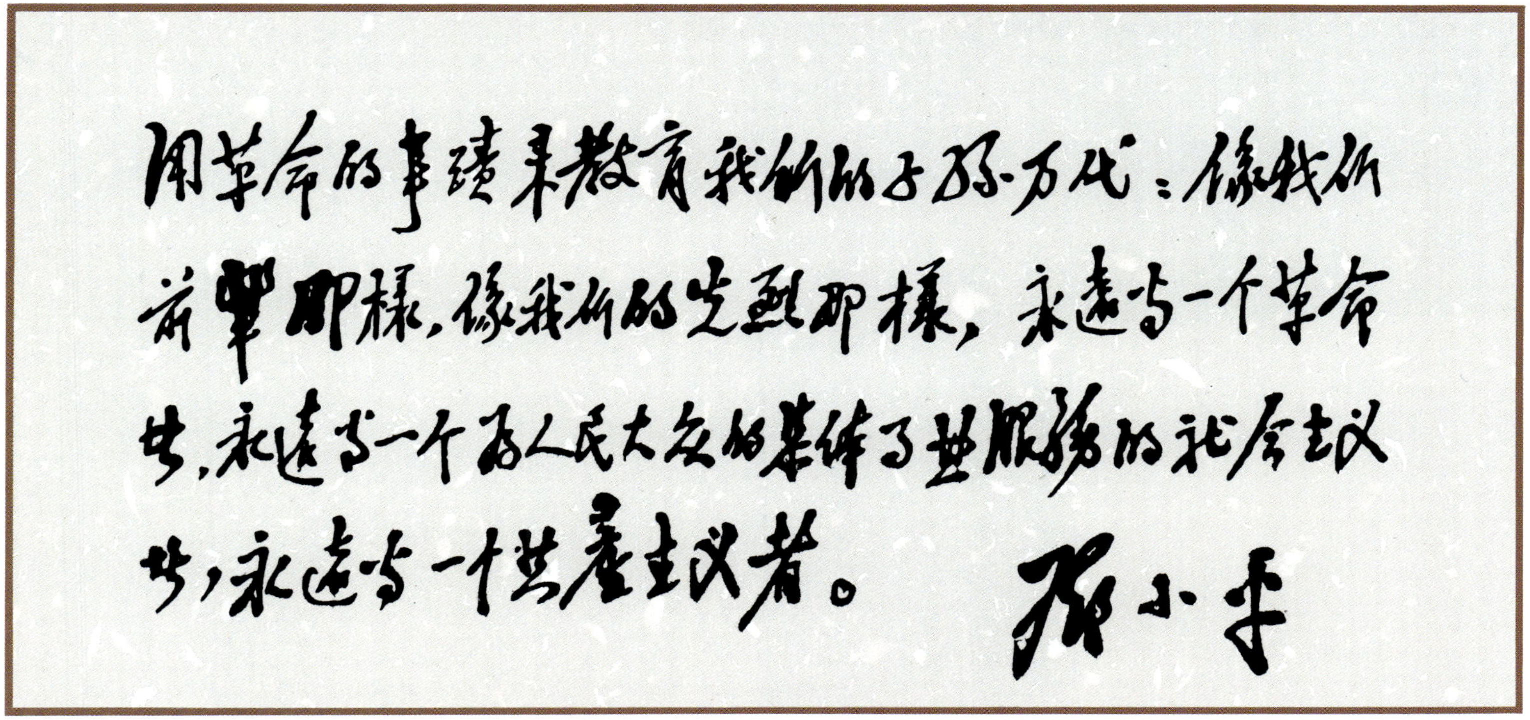

用革命的事迹来教育我们的子孙万代，像我们前辈那樣，像我们的先烈那樣，永远当一个革命者，永远当一个为人民大众的集体事业服务的社会主义者，永远当一个共产主义者。

邓小平

邓小平为缅怀革命先烈的题词

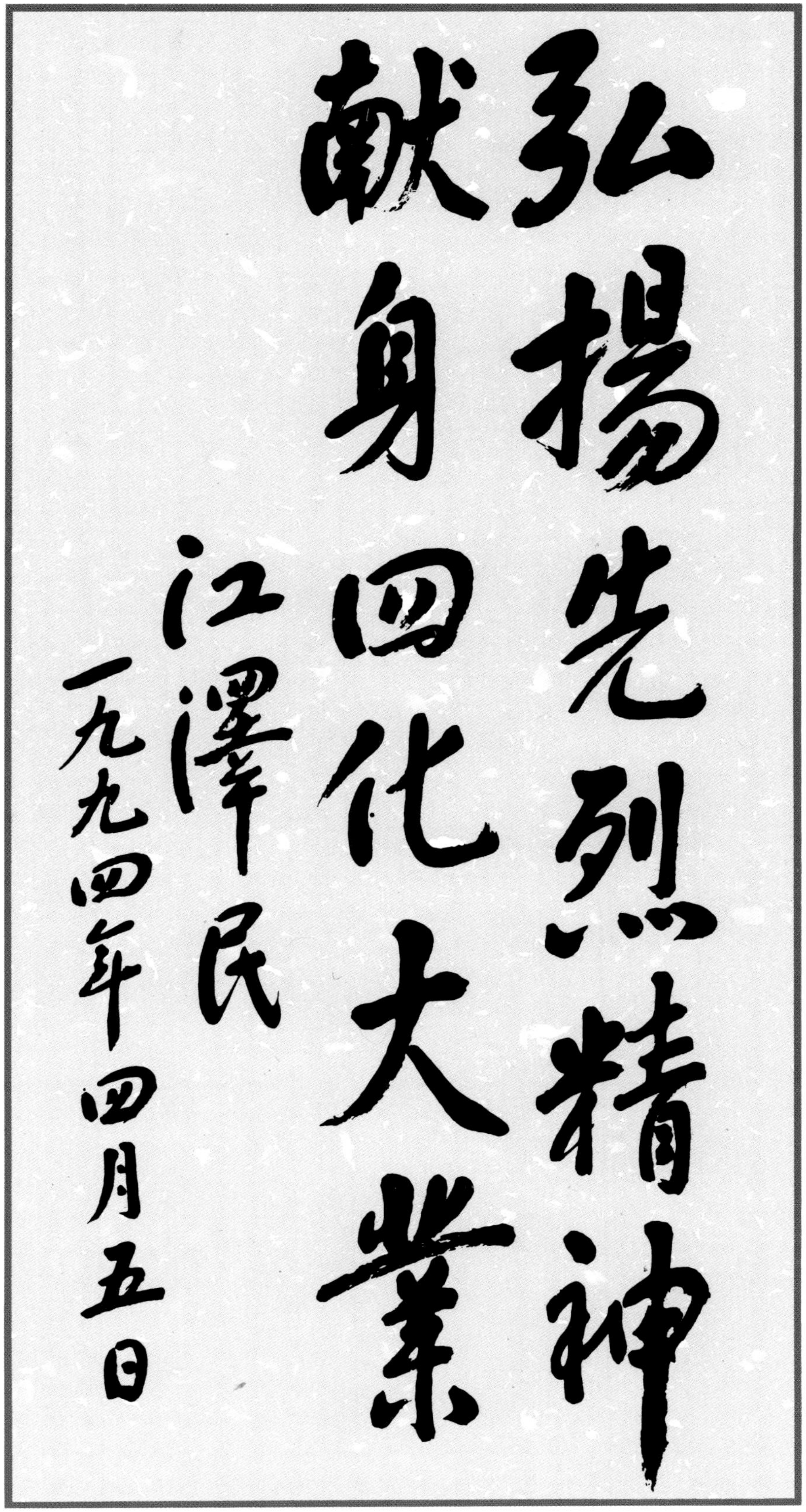

江泽民总书记为雨花台的亲笔题词

主　　编　徐敦龙　薛正兴

副主编　盛同和　胡慧斌　韩立祥　马清江　武小慧　姜小青
许学江　倪培翔

编　　委　徐敦龙　薛正兴　盛同和　韩立祥　武小慧　许学江
陈建军　蒋才喜　王昭全　王春南　蔡锦芬

撰　　稿　陈建军　蒋才喜　王昭全　王春南　郭宝林　胡多佳
尹亚伟

摄　　影　张崇泰　何兆兴　速　加

地图制作　左　衡

前言

陈焕友

雨花台，这座花草葳蕤、松柏掩映的山岗，巍然雄峙于南京中华门外。

雨花台自古以来就是兵家角逐之地，许多著名战役发生在雨花台及其周围地区。雨花台同时又是一处融自然风光和人文景观为一体的名胜之地，历朝历代许许多多文人墨客流连于此。中国历史上几位气贯日月的忠贞爱国之士的名字也与雨花台紧密相连，为世世代代的后人所崇敬和怀念。民国时期，雨花台日见颓败萧条，沦为一片荒郊，成了反动统治者屠杀共产党人和爱国志士的刑场，难以计数的革命先烈为了人民的利益和祖国的解放献身在这片土地上。

在雨花台烈士之中，有中国共产党早期重要领导人恽代英、邓中夏、罗登贤；有与共产党人风雨同舟、肝胆相照的国民党左派领袖邓演达；有“皖南事变”中英勇献身的三烈士项英、袁国平、周子昆；还有在革命胜利前夜光荣捐躯的党的优秀儿女朱克靖、晋夫、卢志英、丁行等烈士。雨花台的英烈中既有担任要职的中共领导干部，也有普通共产党员和革命志士。无论环境如何险恶，敌人如何凶残，先烈们对革命的前途始终充满必胜的信念。他们坚信一个民主、繁荣、富强的新中国必将取代半殖民地半封建的旧中国；一个没有剥削、没有压迫、人人平等的共产主义社会必将出现在世界上。为此，他们不为金钱所诱，不为甜言所惑，不为官位所动，不为酷刑所屈。他们决不用信念、党性、人格和气节换取生的希望和荣华富贵。他们在敌人的监狱中、法庭内和刑场上凛然不可犯。对为之奋斗的真理始终忠诚坚贞，矢志不渝，用鲜血和生命谱写出了一曲曲壮烈的篇章。烈士们的生命虽逝，他们为真理和正义事业献身的英勇气概却光耀千秋，永世长存。“青山有幸埋忠骨”，雨花台的盛名和光荣，永远与革命先烈的不朽精神联结在一起。

1949 年南京解放后，为缅怀和悼念先烈，教育后人继承他们的遗志，人民政府精心规划和兴建了雨花台烈士陵园。经过几十年的建设，今日雨花台的面貌已焕然一新。放眼望去，漫山遍野的林木郁郁葱葱，纪念碑、纪念馆和忠魂亭等建筑气势恢弘，庄严肃穆，整个陵园成为享誉海内外的全国重点文物保护单位和爱国主义教育基地。每年都有大批群众从全国各地来到雨花台，祭奠和凭吊烈士的英灵，接受革命传统和爱国主义教育，以树立为共产主义事业奋斗的坚定信念。

烈士的鲜血换来了中华人民共和国的诞生和人民的幸福，在中国共产党的领导下，人民共和国走过了半个世纪的历程。在国庆 50 周年到来之际，《雨花台忠魂图集》的编撰、出版是敬献在烈士灵前的一捧心香，旨在提醒人们要牢记革命传统，弘扬先烈们舍生忘死、血荐轩辕的献身精神，学习先烈们忠于党、忠于人民的崇高情怀，以国家、人民利益为重，服从革命大局，不谋一己私利的清正操守。先烈的精神将激励我们走向 21 世纪，朝着实现社会主义现代化的宏伟目标奋勇前进。

目　录

第一章

曙光初现

1840年鸦片战争以后，中国逐步沦为半殖民地半封建社会，中华民族陷入苦难深重和极度屈辱的深渊之中。1911年辛亥革命推翻了封建帝制，不久革命的成果却落到了以袁世凯为首的北洋军阀手里。

1917年俄国十月革命的胜利，促进了马克思主义在中国的传播。1919年中国工人阶级在“五四”爱国运动中第一次登上了政治舞台。马克思主义与中国工人运动的结合，促成了1921年中国共产党的诞生。从此，黑暗的旧中国出现了一线曙光。20年代，中国共产党同孙中山领导的国民党结成统一战线，形成了第一次国共合作的大好局面，迎来了以北伐战争为主导的大革命高潮。

南京作为我国东南地区的一方重镇，经济和文化历来比较发达。早在上个世纪，就有了新式的工厂和学校，是国内工人运动、学生运动和马克思主义传播的发源地之一。中国共产党成立不久，南京的浦镇机厂和东南大学等单位就有了党组织的活动。1923年，在此基础上成立了统一的中共南京地方执行委员会，领导南京人民开展反帝反封建斗争。

1926年至1927年3月，直、鲁军阀孙传芳、张宗昌对革命者进行血腥的镇压，有几名年轻的共产党员、青年团员和国民党左派不幸牺牲在反动军阀的屠刀之下，他们是南京地区最早为新民主主义革命献出生命的烈士。“血沃中原肥劲草，寒凝大地发春华”。烈士们倒下去的时候，正是风雨如磐、长夜难明的年代，他们短暂的生命之光像支支红烛照亮了沉沉黑夜中的旧中国。

1-1

1919年的"五四"爱国运动,体现了中国人民新的觉醒。尤其是工人阶级登上历史舞台,标志着反帝反封建的民主革命进入了新民主主义革命阶段。

1-3

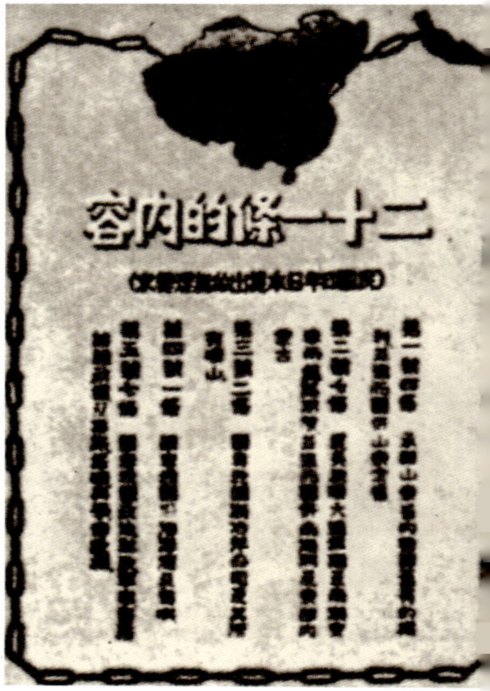

1-4

1-2

1-1

1919 年，在巴黎和会上，西方列强将战败的德国在中国山东的殖民权益转让给日本，激起了中国人民的强烈反对。图为 1919 年 5 月 4 日，北京大学的游行队伍向天安门广场进发。“五四”运动由此而起。

1-2

5 月 9 日，清华大学举行国耻纪念大会，学生在会上焚烧日货。

1-3

“五四”运动时期的纪念章。

1-4

5 月 7 日，南京中等以上学校及教育团体致电北京各校学生表示声援。图为在南京流传的“五四”宣传品。

1-5

《申报》刊登的《南京快信》。

1-6

《时报》刊载的《南京国耻纪念详记》。

◉南京快信

和會破裂兩日北代表施愚王克敏來寧與李督會晤後晚車即已回滬李督昨請王還題副使赴滬斡旋

各界前日在下關大舞臺開國民大會到萬餘人議決四事㈠推代表至英美領事署請轉電各該國政府青島於公理上究竟應否歸還中國請主張公道㈡請軍民兩長電陸專使誓死勿簽字㈢互相勸勉人人各盡心力抵制日貨㈣聯合各省一致進行

李督齊省長因巴黎和約簽字問題會銜復電北政府主張如青島不交還應請專使毅然拒絕簽字忍辱求全終非國家之福

徐東海昨復電李督謂際此內憂外患之秋當然維持內閣現狀望轉諭各界勿自驚擾

商學界聯合組織國貨維持會不日成立

南京學界聯合會已成立推定應尚德陶知行爲正副會長趙厚生許肇南爲參事長

北京學生團派代表胡某朱某來寧聯絡各界調查日貨共謀抵制

美國教育家杜威氏昨由滬來寧定明日在青年會演講學理

南京總商會改選蘇岳宗當選速任正會長甘仲琴當選爲副會長任學之當選爲公斷處處長

省議會昨開合併審查會審查長儲南強辭職公推任北燕代理今日(十七)下午開大會

本督派曲參謀赴徐協同徐州張鎮守使辦理清鄉

1-5

◉南京國耻紀念詳記

▲議會　江蘇省議會因五月九日爲國耻紀念日兼以外交失敗民意奮發之際特函請各學校團體代表涖會於午後三時開國耻紀念大會來賓到會者三十餘人議員到會者七十餘人搖鈴開會各來賓各議員就席由副議長鮑貴藻報告開會宗旨各來賓中如南京高等師範校長陶知行暨南學校校長趙正平金陵大學曾長應尚德南京中學校長張永訓先後演說其大旨皆謂今日爲國耻紀念吾人視之應哭然哭亦徒然無益於事惟願國人對於此種國耻紀念應有如何之決心以希達到剷除此種國耻之日庶乎可盡人民爲國之目的否則徒然有此國耻紀念以表示其意思而無剷除之望又何必有此紀念然希望剷除此耻其應當進行事件有六吾人當勉爲之(一)必求達到歸還青島之目的(二)不承認賣國賊所訂各種密約(三)保全我最高級之北京大學(四)釋放我代表真正民意之學生(五)擴張教育增進人民智識(六)振興實業維持全國金融希望國人勿貪財色名利而自墮其人格要有真正之決心繼續進行終必達到剷除此九日國耻之目的慷慨激昂每一頓挫全場之上掌聲雷動其後爲某公何會長鍾可託君演說恭伴教徒

1-6

1-7

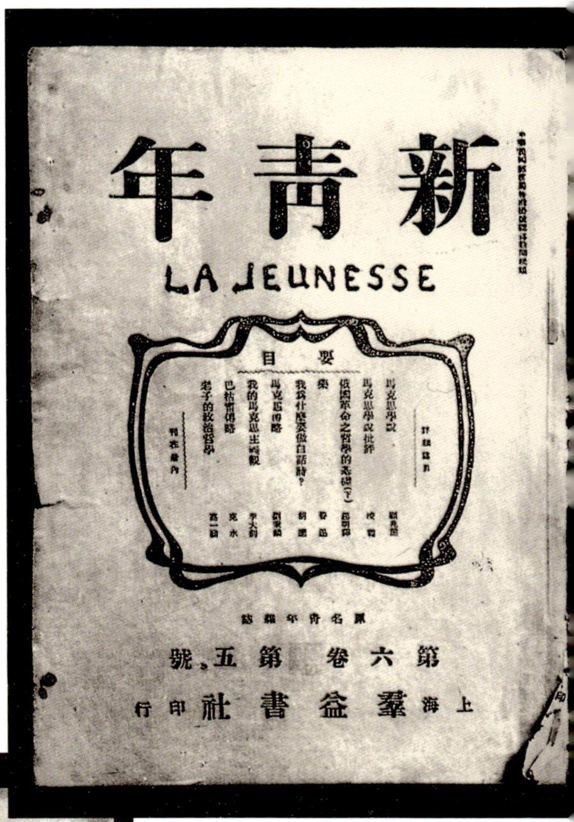

1-8

1-10

1-10

1920 年 11 月 7 日，在上海创办的《共产党人》月刊（主编李达）。

1-11

1919 年 8 月，张闻天在《南京学生联合会日刊》上发表《社会问题》，文末节录了《共产党宣言》第二章的十条纲领。

1-11

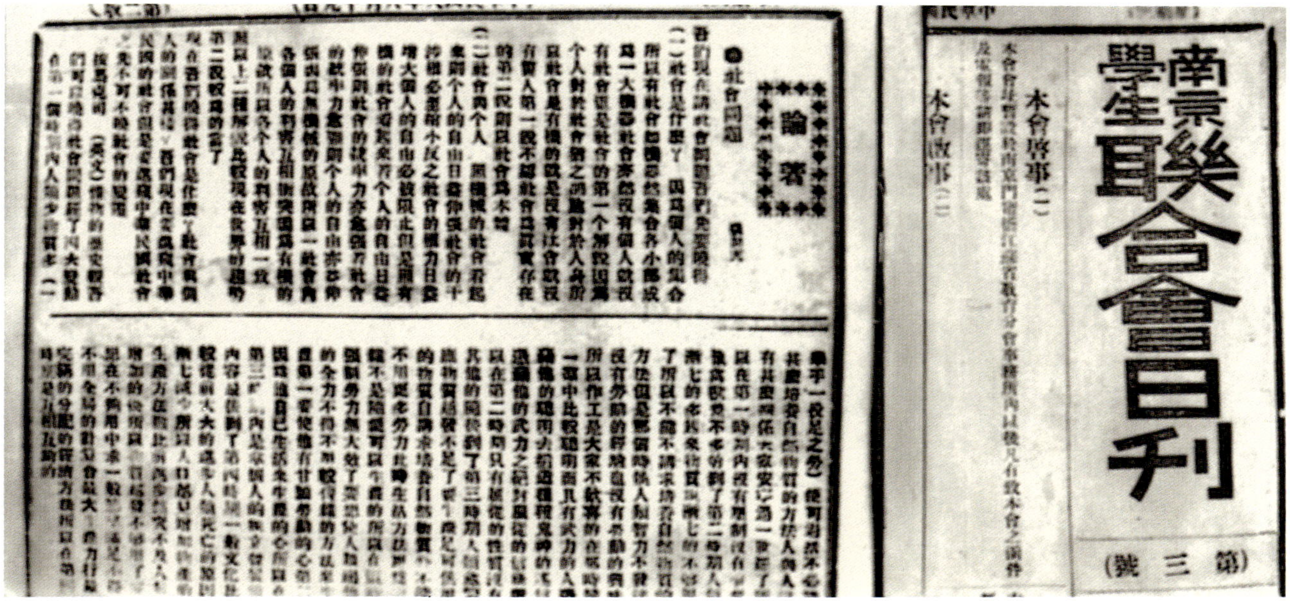

南京學生聯合會日刊

第三號

本會啟事(一)

本會啟事(二)

論著

社會問題

1-7

中国最早的马克思主义传播者和中国共产党的主要创始人李大钊(1889—1927)。

1-8

李大钊在“五四”时期主编的《新青年》杂志《马克思主义研究专号》。

1-9

1920 年 8 月，上海社会主义研究社出版的《共产党宣言》第一个中文全译本(译者陈望道)。

1-9

1-11

1-12

1-14

1-13

1-12

1920 年春夏间，南京高等师范职员杨贤江在南京组织了马克思主义研究小组。

1-13

1921 年，具有社会主义倾向的少年中国学会在南京举行第二次年会时，与会者的合影。前排左二为恽代英，左四为杨贤江，三排左六为张闻天，后排左二为邓中夏。

1-14

20 年代初，在列宁领导的共产国际帮助下，全国各地最早一批马克思主义者的代表汇聚到上海，召开了中国共产党第一次全国代表大会，宣告了中国无产阶级先锋队的正式创立。

1-14
上海是中国产业工人最集中的城市。1921 年 7 月，中国共产党第一次全国代表大会在上海法租界贝勒路树德里(今兴业路 76 号)召开。图为会址外观和室内的会场。

1-15
中共“一大”在开会期间，因遭到法租界巡捕搜查而中断，临时转移到浙江嘉兴南湖的一艘游船上，举行最后一次会议。图为游船的复制品。

1-16
南京地方党组织的建立。中国共产党创始人之一张太雷，1921 年 6 月在莫斯科共产国际第三次代表大会上提交的书面报告中，谈到国内中共党组织的情况时指出：南京组织“虽是最年轻的组织，但已经同周围工人建立了牢固的联系”。

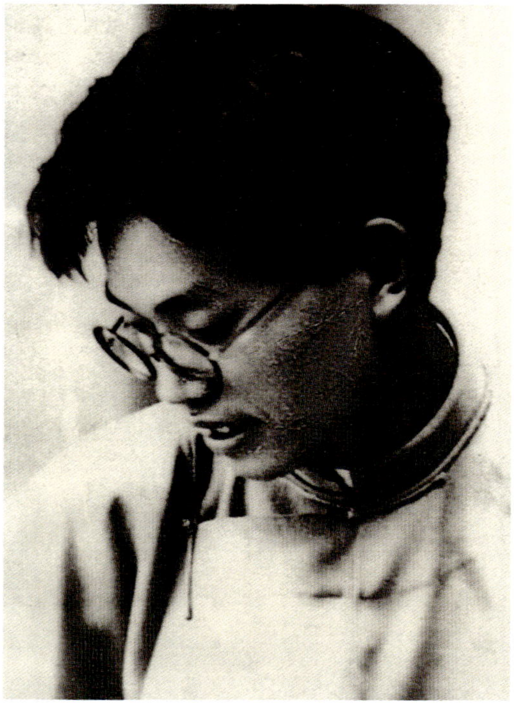

1-16

1-15

結果，每個資本主義的國家都想日日擴張自己的市場，以銷售自己國家過剩的出產品，一方面又從歐美以外的消費國中收買原料及半製品。因爲要不斷的爭奪及保護這些市場，所以資本帝國主義的列强對於弱小民族就不得不用武裝的侵略和競爭；現今他們競爭最烈的大市場就是亞洲。因此印度、中國和高麗等國就特別受世界資本帝國主義的壓迫

一九一四年到一九一八年驚天動地的世界戰爭，其發生的原因完全由於英、法、德、奧互相爭奪市場。戰爭的結果，瓜分了德國的殖民地，毀滅了德、奧、保加利亞的經濟基礎，使德、奧、保加利亞成爲英、法的殖民地，並且把世界的經濟秩序完全破壞了。資本帝國主義的列强先後在巴黎、華盛頓及日諾瓦會議中貌爲和平，心實爭奪宰制世界。此等會議中互相衝突的點礎，又將爲第二次世界戰爭的導火線。

日、美戰爭既爲最近期間必不可免的趨勢，而英、法衝突又將相見於疆場，所以將來第二次資本帝國主義的世界大戰爆發起來，其猛烈兇殘必較新近完結的大戰爲尤甚。

華盛頓和日諾瓦會議，不過爲苟延將來必不可免的大戰時期之一種方法。一方面彼此藉此稽延期間充分作戰爭的準備，他方面又可在此稽延期間盡量吸收弱小國和殖民地底精液如原料勞力等，以補償其在大戰中的損失，并準備第二次大戰的經濟基礎。

上次大戰的結果，使英國、日本對於東方各民族的侵略愈加厲害，如英國侵略印度，每年約三萬萬印度勞苦人民死於饑餓；日本侵略高麗，更是一口吸收其所有精液一滴不漏。

資本帝國主義的列强，對於侵略中國又另取一種形勢，中國最是爲資本帝國主義在世界上貪婪掠

，於是列强更想爲口實而謀瓜分中國或共管中國；所以中國國內的特殊狀況，也是國際資本勢力造成的。

中國的分裂和內亂既是由於國際資本的扶植，加之又有一班由國際資本養成的外國資本家走狗、漢奸、賣國黨，在現在及最近將來更能把中國一切的經濟生命盡量賣給外國資本家，例如種種權利之斷讓，最廉價的原料之輸出，最廉價的勞力之供給等都是。

國際資本的壓迫日甚一日，中國農民與無產階級之失業和窮困也就跟著日甚一日。他方面，大都會裏又產生了歐化的資產階級，這種資產階級也採取外國資本家同樣的形式用資本壓迫中國的無產階級。

在最近的中國，這種歐化的資產階級雖有相當的勢力仍未得着充分發展的機會；而組織中國社會的最多數最重要的分子，就是農人，小商人和小工廠主或工廠主以及知識者等小資產階級。

這種小資產階級，受了國際資本和國內武人兩重壓迫，日在恐慌崩壞之中，於是其中的開明分子爲自身生存與發展起見，遂發生反抗外國資本帝國主義的侵略和反抗本國封建武人的壓迫這兩種傾向。一九〇〇年至一九〇二年義和團事件，正是資本帝國的勢力壓迫中國，使中國人民心情狂亂而反動的表現。一九一一年武昌革命事件，正是資本帝國的勢力壓迫中國，使中國人起來直接以抗封建帝政以剷除革新障礙，間接革新內政以反抗國際資本帝國勢力的外患之表現。

這種反抗封建的民主革新戰爭，在政治和經濟進化之歷史的過程上有重大的意義。具體說起來，

1-17

1-17
1922 年秋，南京浦镇机厂的中共党员王荷波、王振翼等建立了南京地区第一个党小组。图为王荷波(左)和王振翼像。

1-18
1923 年 12 月，南京地区的两个党小组合并成立中共南京地方执行委员会，由谢远定任负责人。图为谢远定像及其遗作。

1-19
1922 年 5 月，中国社会主义青年团(共青团前身)第一次全国代表大会在广州举行。图为《先驱》上登载的大会报道及团的纲领、章程。

1-20
南京中国社会主义青年团早期领导人吴肃(又名吴亚鲁，南京高等师范学生)的照片和邓光禹创办的东南评论社《简则》原稿。

1-21
南京中国社会主义青年团经常活动的地点——东南大学校园中的梅庵。

1-18

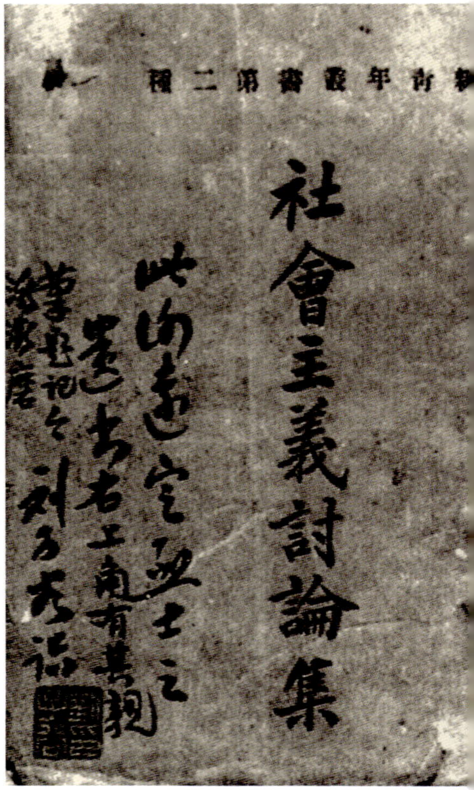

1-18

錄

中國社會主義青年團請求全國各界和各團體援助上海浦東紡織工人書

世界無產青年團

先驅

一九二二年五月十五日出版

The Poneer

半月刊

第八號

每份零售銅元兩枚

中國社會主義青年團第一次全國大會號

●中國社會主義青年團第一次全國大會

一九二〇年八月某日，上海有八個青年社會主義者，爲實行社會改造和宣傳主義起見，組織了一個團體，這團體叫做上海社會主義青年團。上海社會主義青年團成立不久，北京、廣州、長沙、武昌等處就有同樣的團體發生，與上海的團體相響應。於是，中國社會主義青年團就宣告成立。

那時的中國社會主義青年團，只不過帶有社會主義的傾向，並沒確定了那一派社會主義，所以分子複雜，……思主義者所發起。他們得了第一次失敗的教訓，所以恢復的時候，就主張確定主義使分子不致于複雜。於是他們就確定社會主義青年團爲信奉馬克思主義的團體，不過表面上却說是研究馬克思主義的團體。

馬克思主義在中國，歷史是很短的，至今不過三年左右。可是一面因爲受了國際資本主義的壓迫和俄羅斯無產階級革命的影響，他面因爲先驅者的努力宣傳，竟使馬克思主義能在最短期間發達起來，信奉馬克思主義的人日益增加起來。

中國社會主義青年團際此時會，所以覺能很快……

十日晚上議案討論完了，選出中央執行委員會，就三呼中國社會主義青年團萬歲而閉會。

這次大會，代表到者有二十五名，代表十五處地方團，又外國代表二名，會議日期共六日，通過議案共六件。現在將大會通過的六件議案正式公布於下：

●中國社會主義青年團綱領

在最近十年間的世界情形，完全爲歐美資本帝國主義所威脅。這可驚可怕的歐美資本主義大企業……

奪的寫照。各資本主義的國家，都以中國有廣大的肥美土地，多量的賤價原料和多數的消費人口是一塊肥美之肉，各想爭取比較他國更優越的權利，遂至互相爭奪，而造成中國現今在國際上的特殊狀況。

資本主義的列强欲達到其侵略的目的，自然要努力破壞中國的獨立和自强，扶植督軍武人使之互相爭鬥，以收漁人之利，同時又因爲列强間的互相競爭，各自特別扶植其勢力所及的督軍武人使之互……

1–19

1–20

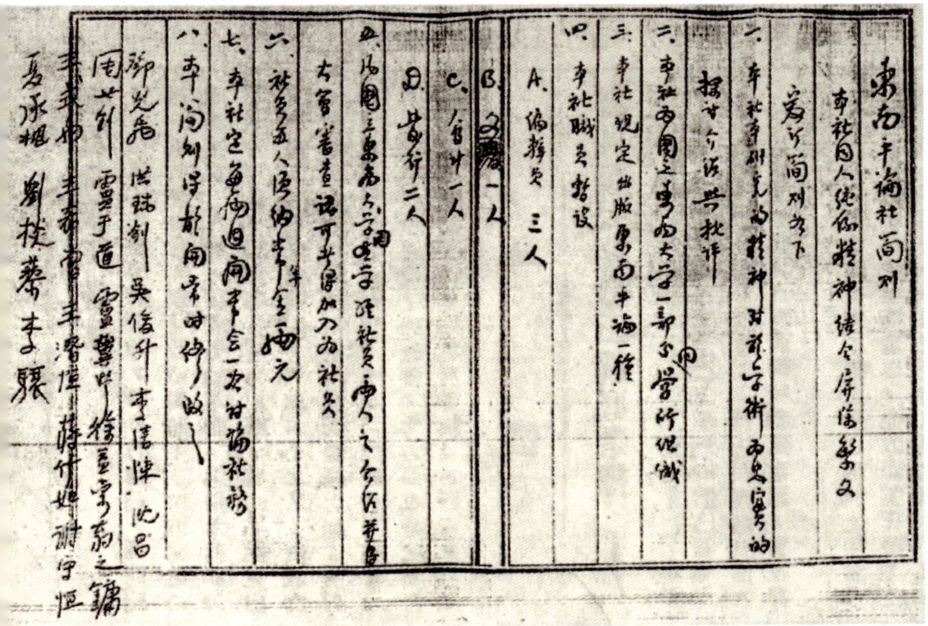
東南評論社簡則

本社同人純依精神結合定名爲東南評論社

簡則列下

一、本社本研究的精神，對於學術爲忠實的探討，作公正批評

二、本社由國立東南大學一部分學生組織

三、本社規定出版東南評論一種

四、本社職員暫設

A、編輯員 三人

B、文牘 一人

C、會計 一人

D、發行 二人

五、凡國立東南大學學生經社員二人之介紹並得大會審查認可者得加入爲社員

六、社員每人須納常年費金一元

七、本社定每兩週開常會一次討論社務

八、本簡則得於開常會時修改之

鄧光禹 洪瑞釗 吳俊升 李儒勉 沈昌

周世釗 雷子匯 盧錫榮 徐 … 之鏞

王武如 王希曾 王潤生 蔣竹如 謝守恒

馬承樞 劉樸 蔡孝騏

1–20

1–21

1923 年 1 月，苏联特使越飞来到上海与孙中山会谈。会后发表《孙文越飞宣言》，促成了第一次国共合作的实现。国共合作的形成，有力地推动了工农运动的高涨和以北伐战争为标志的大革命高潮的到来。

1-22

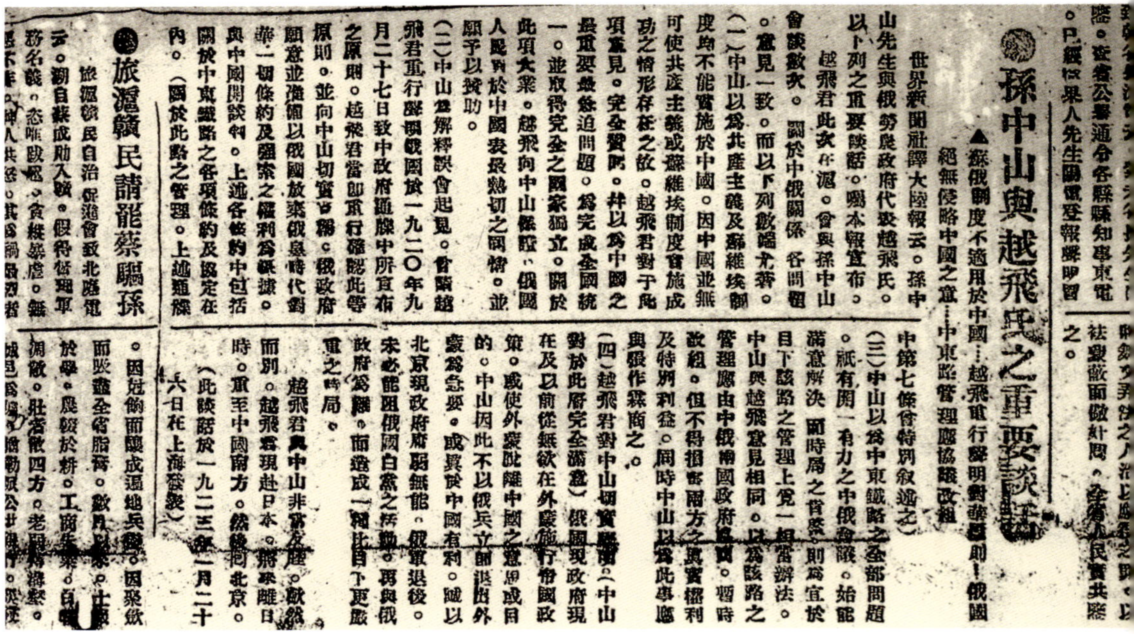

孫中山與越飛氏之重要談話

▲蘇俄制度不適用於中國…越飛重行聲明對華原則…俄國絕無侵略中國之意…中東路管理應協商改組

世界新聞社譯大陸報云。孫中山先生與俄勞農政府代表越飛氏。以下列之重要談話。囑本報宣布。

越飛君此次在滬。曾與孫中山會談數次。關於中俄關係各問題。意見一致。而以下列數端尤著。

(一)中山以為共產主義及蘇維埃制度均不能實施於中國。因中國並無可使共產主義或蘇維埃制度實施成功之情形存在之故。越飛君對于此項意見。完全贊同。并以為中國之最重要最急迫問題。為完成全國統一。並取得完全之國家獨立。關於此項大業。越飛向中山保證。俄國人民對於中國表最熱切之同情。並願予以援助。

(二)中山為解釋誤會起見。曾請越飛君重行聲明俄國於一九二〇年九月二十七日致中政府通牒中所宣布之原則。越飛君當即重行確認此等原則。並向中山切實宣稱。俄政府願意並準備以俄國放棄俄皇時代對華一切條約及強索之權利為根據。與中國開談判。上述各條約中包括關於中東鐵路之各項條約及協定在內。(關於此路之管理。上述通牒中第七條曾特別敘述之)

(三)中山以為中東鐵路之全部問題。祇有開一有力之中俄會議。始能滿意解決。同時局之實際。則為宜於目下該路之管理上覓一相當辦法。中山與越飛意見相同。以為該路之管理應由中俄兩國政府暫時改組。但不得損害兩方之真實權利及特別利益。同時中山以為此事應與張作霖商之。

(四)越飛君對中山切實聲稱(中山對於此層完全滿意)。俄國現政府現在及以前從無欲在外蒙施行帝國政策。或使外蒙脫離中國之意思或目的。中山因此不以俄兵立即退出外蒙為急要。或異於中國有利。誠以北京現政府府弱無能。俄軍退後。未必能阻俄國白黨之活動。再與俄政府為難。而造成一種比目下更嚴重之時局。

越飛君與中山非常友睦。歡然而別。越飛君現赴日本。將來離日時。重至中國南方。然後回北京。

(此談話於一九二三年一月二十六日在上海發表)

旅滬贛民請龍蔡驅孫

旅滬贛民自治促進會致北廷電云。溯自蔡成勛入贛。假得督理軍務名義。恣唯欺壓。貪婪暴虐。無惡不作。[illegible]

1-23

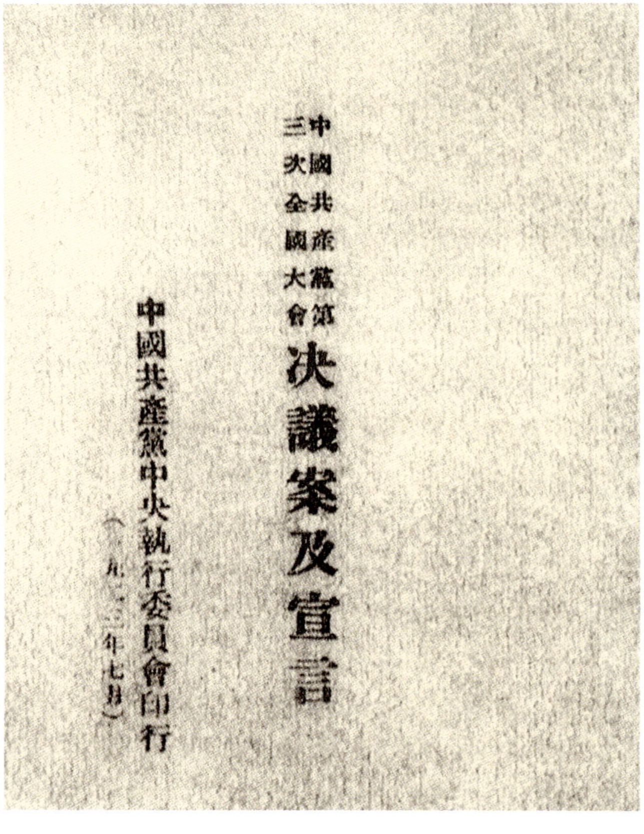

中國共產黨第三次全國大會
決議案及宣言
中國共產黨中央執行委員會印行
(一九二三年七月)

1-23

1-24

1-22
孙中山与越飞会谈的新闻报道。

1-23
1923 年 6 月，中国共产党召开第三次全国代表大会，接受共产国际《关于中国共产党与国民党的关系问题的决议》，决定共产党员以个人身份加入国民党。图为大会会址（今广州恤孤院路 3 号）和通过的决议案及宣言。

1-24
1923 年 8 月，中国社会主义青年团第二次全国代表大会在南京东南大学召开。大会拥护中共“三大”确立的与国民党合作的方针。图为东南大学校门原貌。

1-25
1924 年 1 月，中国国民党第一次全国代表大会的召开，标志着第一次国共合作的正式形成。图为大会会址广州国立高等师范学校和开会场面。

1-25

1-25

1-26

1-26
孙中山与国民党“一大”代表步出会场。

1-27
1924 年 5 月，在苏联和中共的帮助下，孙中山领导的广东革命政府创办了中国国民党陆军军官学校（简称黄埔军校）。图为孙中山率军政要员出席黄埔军校开学典礼。

1-28
1926 年 7 月 9 日，国民革命军在广州誓师北伐。

1-29
北伐进军路线示意图。

1-27

北伐进军路线示意图

1-28

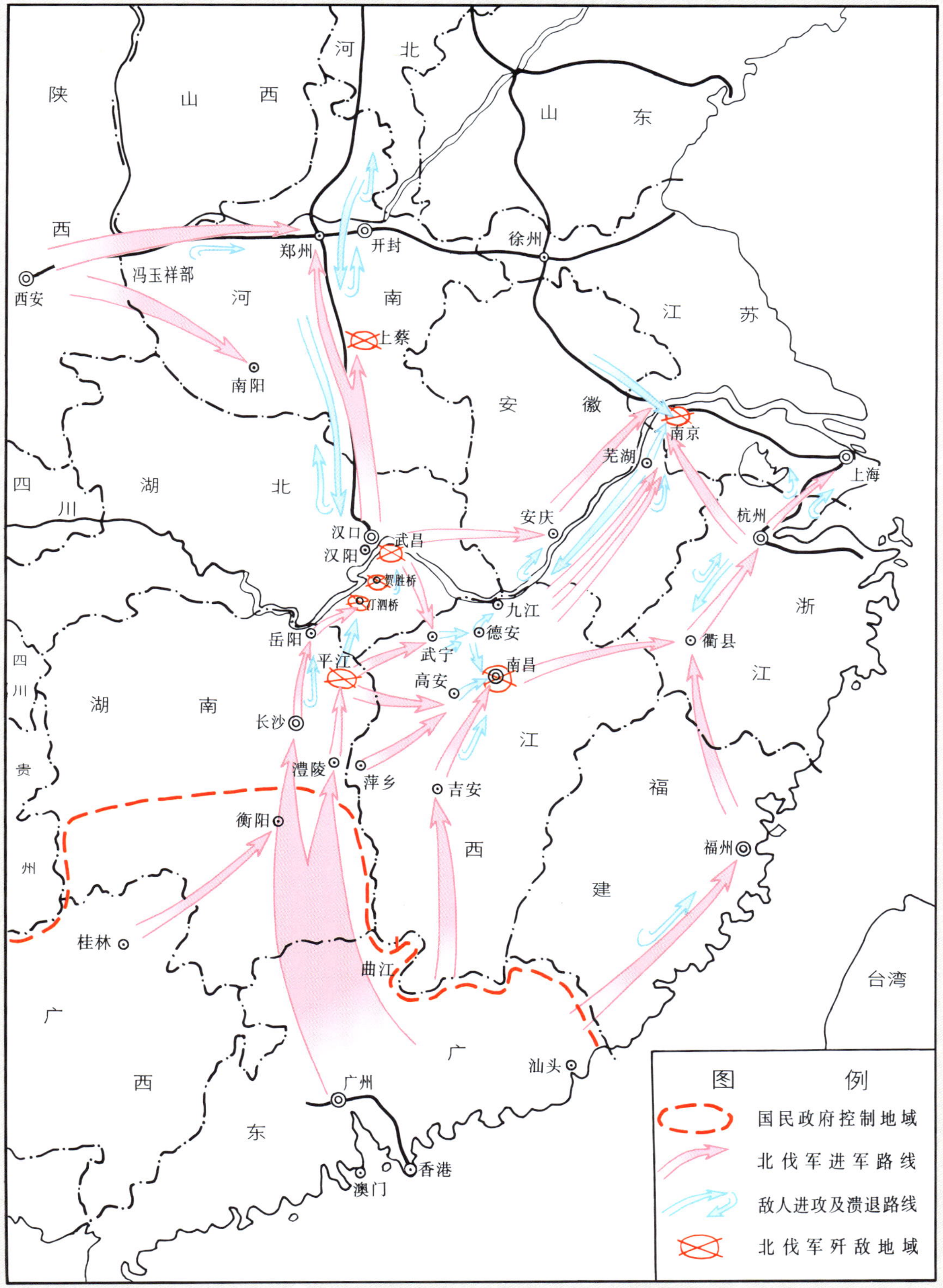

1-29

1-30

1-32

1-31

1-30

北伐军中担任政工人员的部分共产党人在南昌的合影，前排左二郭沫若、左三朱克靖、左四李富春，后排左二李一氓、左三林伯渠。

1-31

1927 年 1 月，武汉民众欢庆北伐胜利和国民政府由广州迁至武汉。

1-32

1927 年 3 月 23 日，北伐军攻克南京。图为庆祝国民革命军克复安庆、南京、上海的宣传画。

北洋军阀统治时期在南京牺牲的革命烈士。

张霁帆（1901—1926），又名张询卓、张慕鸿。四川宜宾人。1922 年 5 月在泸州川南师范加入中国社会主义青年团。1924 年 8 月加入中国共产党。曾任南京团地委秘书、中共豫陕区委委员兼团区委书记。1926 年 7 月，他去上海向中共中央汇报请示工作后，返回河南途经徐州时被军阀逮捕，解来南京，囚禁在小营陆军监狱。8 月在狱中牺牲。

1-33

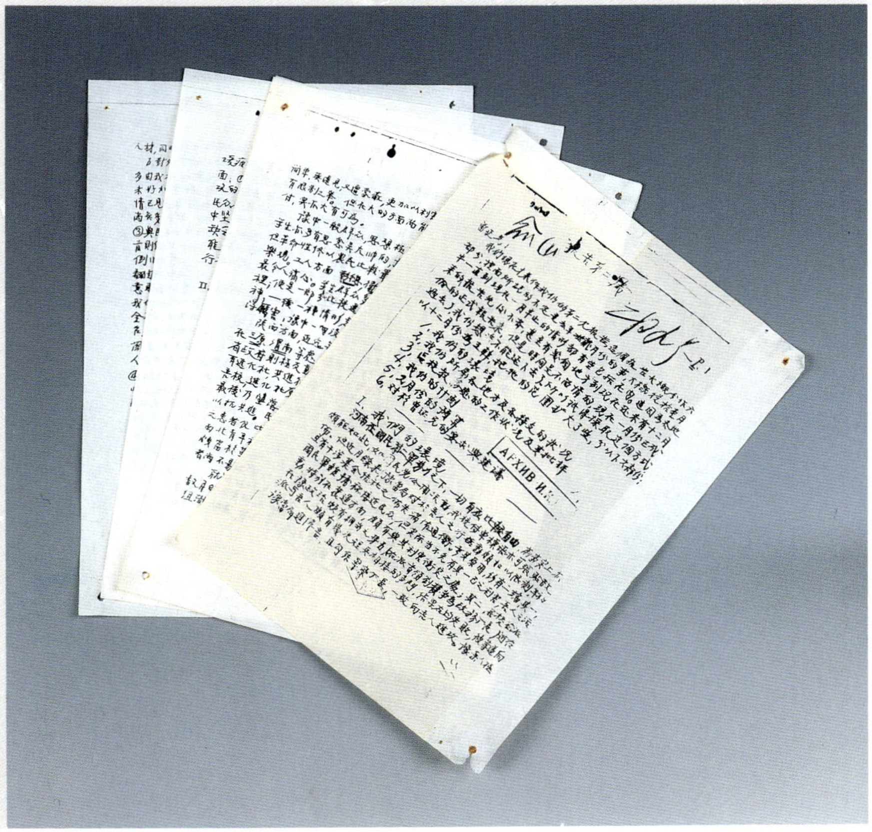

1-34

1-33
张霁帆曾经求学的川南师范。1921 年他在该校读书时，深受在此执教的恽代英的影响和熏陶，并由恽代英介绍入团、入党。

1-34
张霁帆给团中央的报告，汇报了 1926 年豫陕地区团组织的活动情况。

金佛庄（1897—1926），原名金灿。浙江东阳人。早年毕业于保定陆军军官学校。1922 年加入中国共产党。1923 年出席中共第三次全国代表大会。曾任广东黄埔军校教导二团三营营长，国民革命军一军一师二团党代表、团长，总司令部警卫团团长等职。1926 年受组织委派北上策反军阀孙传芳部队时在南京被捕，旋遭杀害。同时被害的还有顾名世。

1-36

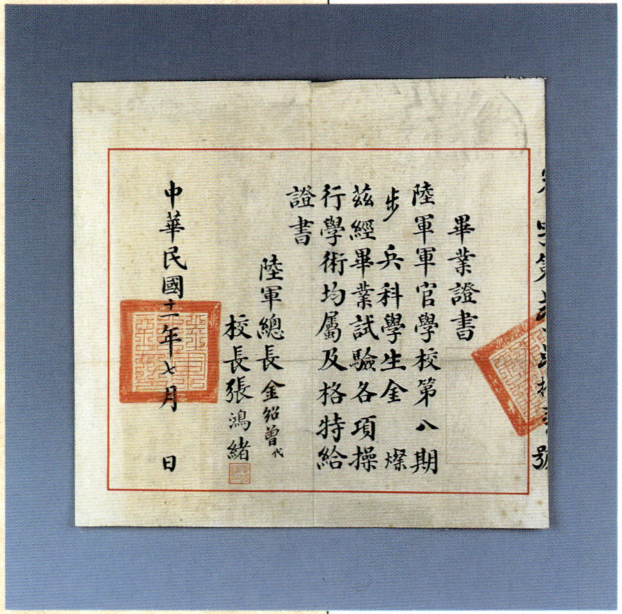

畢業證書
陸軍軍官學校第八期步兵科學生金燦
茲經畢業試驗各項操行學術均屬及格特給證書
陸軍總長金紹曾（代）
校長張鴻緒
中華民國十一年七月 日

1-35

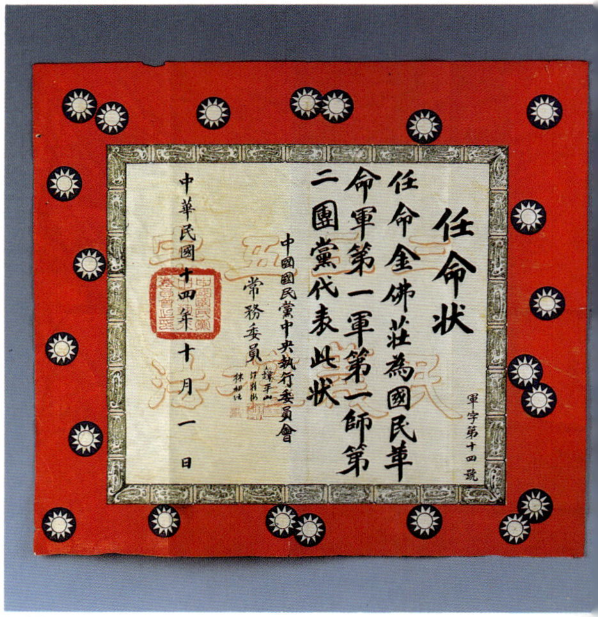

軍字第十四號
任命狀
任命金佛莊為國民革命軍第一軍第一師第二團黨代表此狀
中國國民黨中央執行委員會
常務委員
中華民國十四年十月一日

1-37

1-35
1922 年,金佛庄毕业于保定陆军军官学校时的文凭。

1-36
黄埔军校旧貌。金佛庄曾任该校教导团营长。

1-37
金佛庄在黄埔军校教导二团和国民革命军中任职时的委任状。

1-38
1926 年《黄埔日刊》上刊登的两篇文章,《金佛庄同志事略》、《杀金佛庄顾名世两同志者谁?》。

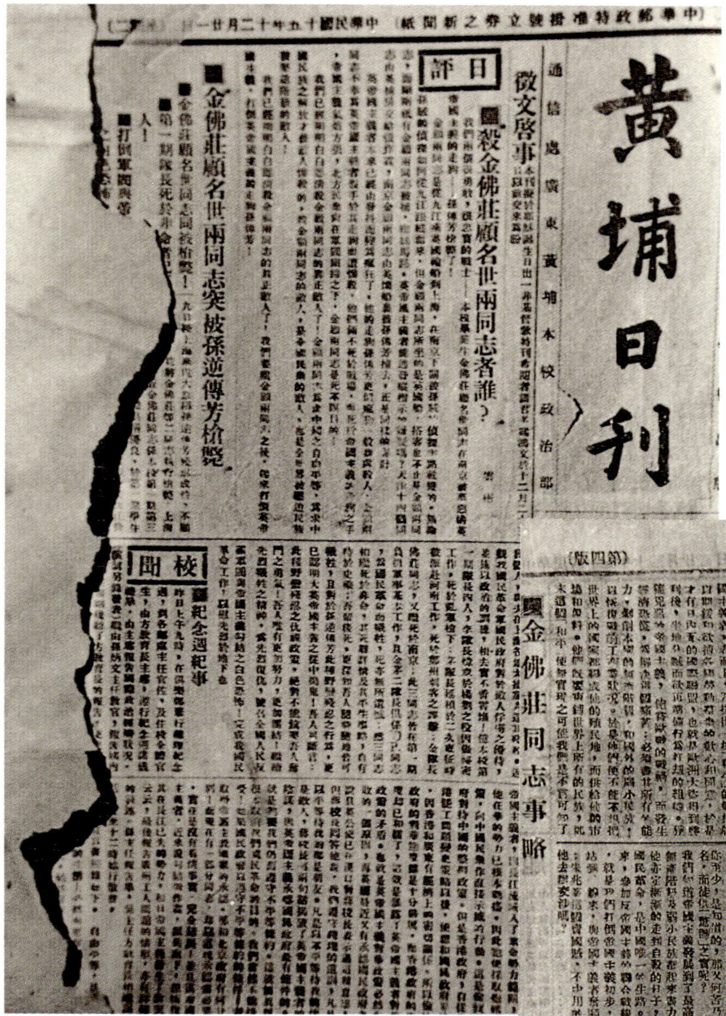
中華郵政特准掛號立券之新聞紙 中華民國十五年十二月廿一日

黃埔日刊

通信處廣東黃埔本校政治部

日評

徵文啟事

殺金佛莊顧名世兩同志者誰?

金佛莊顧名世兩同志突被孫逆傳芳槍斃

校聞

紀念週紀事

1-38

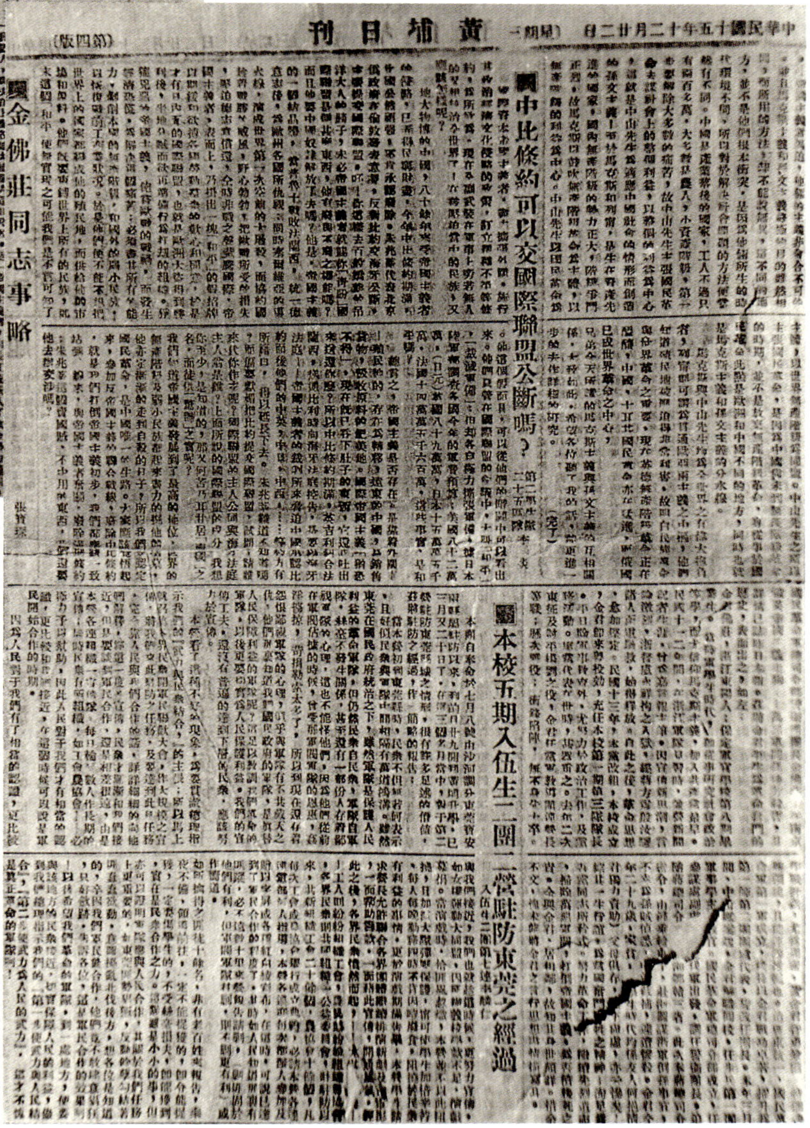
中華民國十五年十二月廿二日 星期一 黃埔日刊 (第四版)

中比條約可以交國際聯盟公斷嗎?

金佛莊同志事略

本校五期入伍生二團一營駐防東莞之經過

1-38

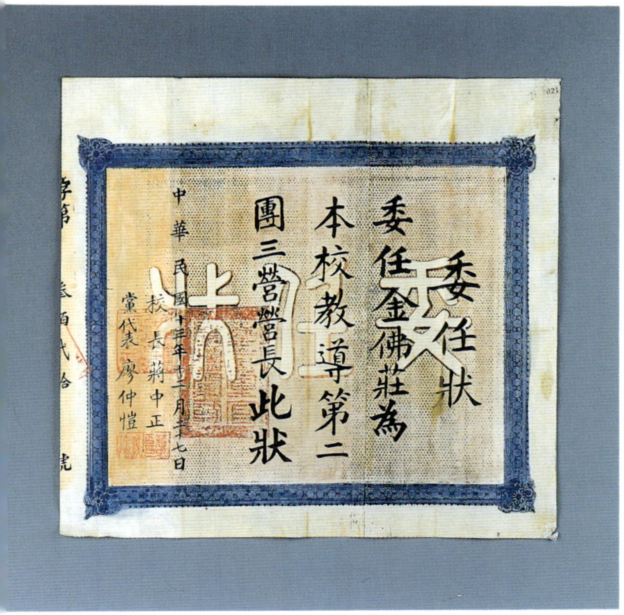

1-37

1-39
吴光田在南京东南大学读书时的学籍表。

1-40
1927 年 4 月，上海《申报》登载的成律就义前致同志、父亲和妻子的遗嘱。

1-41
报载成律、吴广（光）田被捕及就义的消息；成律、吴广田纪念碑。

吴光田（1906—1927），江苏松江（今属上海市）人。1926 年考入南京东南大学。同年加入中国共产主义青年团。在校从事革命活动，反对军阀统治。1927 年 3 月，被军阀当局逮捕，壮烈就义于小营监狱。

1-39

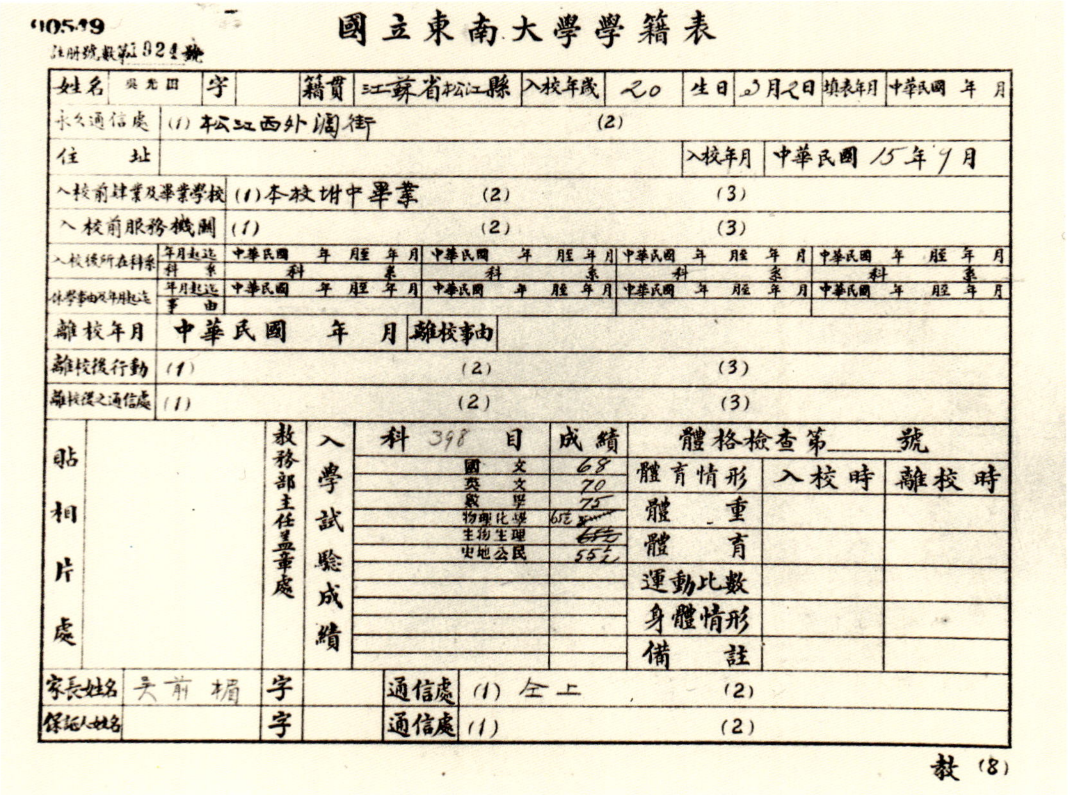

10549
注册號數第1924號

國立東南大學學籍表

姓名	吳光田	字		籍貫	江蘇省松江縣	入校年歲	20	生日	3月2日
填表年月	中華民國　年　月								
永久通信處	(1) 松江西外闊街	(2)							
住　址		入校年月	中華民國 15 年 9 月						
入校前肄業及畢業學校	(1) 本校坿中畢業	(2)	(3)						
入校前服務機關	(1)	(2)	(3)						
入校後所在科系	年月起迄 / 科系	中華民國　年　月至　年　月 / 科　系	中華民國　年　月至　年　月 / 科　系	中華民國　年　月至　年　月 / 科　系	中華民國　年　月至　年　月 / 科　系				
休學事由及年月起迄	年月起迄 / 事由	中華民國　年　月至　年　月	中華民國　年　月至　年　月	中華民國　年　月至　年　月	中華民國　年　月至　年　月				
離校年月	中華民國　年　月	離校事由							
離校後行動	(1)	(2)	(3)						
離校後之通信處	(1)	(2)	(3)						

貼相片處	教務部主任蓋章處	入學試驗成績	科 398 目	成績	體格檢查第＿號		
			國文	68	體育情形	入校時	離校時
			英文	70	體重		
			數學	75	體育		
			物理化學	65	運動比數		
			生物生理	64	身體情形		
			史地公民	55½	備註		

家長姓名	吳莆楯	字		通信處	(1) 仝上　(2)
保証人姓名		字		通信處	(1)　(2)

教 (8)

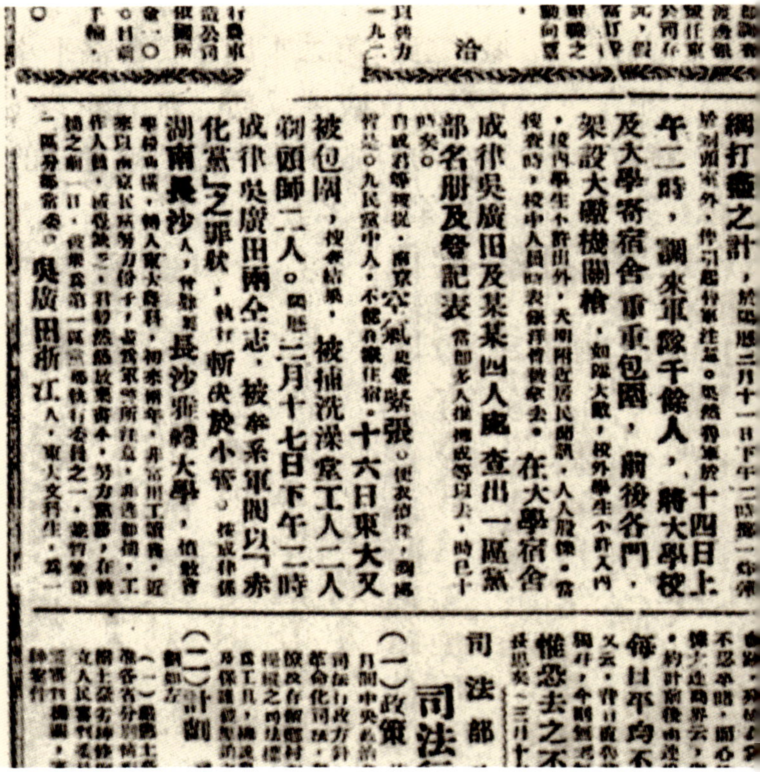

綱打盡之計
午二時，調來軍隊千餘人，將大學校
及大學寄宿舍重重包圍，前後各門
架設大礮機關槍
在大學宿舍
成律吳廣田及某某四人處查出一區黨
部名册及登記表
十六日東大又
被包圍
被捕洗澡堂工人二人
劉頤師二人。
二月十七日下午二時
成律吳廣田兩仝志，被奉系軍閥以「赤
化黨」之罪狀
斬決於小營
湖南長沙
長沙雅禮大學
吳廣田浙江

1-40

1-41

1-41

成律（1901—1927），湖南宁乡人。南京东南大学农科学生。1925年加入国民党，担任南京第一区党部、第二区分部常委。因在校从事革命活动，反对北洋军阀的统治，于1927年3月被捕、牺牲。

第二章

碧血雨花（上）

1927年4月，蒋介石在帝国主义及国内大资产阶级、流氓帮会的支持下，悍然在上海等地发动了“四·一二”反共政变，大肆捕杀共产党人，镇压工农运动。3个月后，汪精卫在武汉发动“七·一五”反共政变，又使许多共产党人和革命群众惨遭屠戮。至此，第一次国共合作下发动的大革命归于失败。

大革命高潮退去后，原来生气蓬勃的中国南部为腥风血雨所笼罩。面对国民党右派势力的残酷屠杀，中国共产党人不畏艰险，英勇不屈，高举革命旗帜，领导工农红军开展武装斗争，建立革命根据地。同时，又在国民党统治区，将共产党组织转入地下，坚持长期斗争。1927年9月，中共中央机关从武汉迁至上海，领导全国共产党人和革命群众继续进行革命斗争。

1927年4月18日，蒋介石在南京建立政权，实行更加严密和残酷的法西斯统治，全国各地监狱林立，宪兵肆虐，特务横行。上海等地中国共产党的地下组织屡遭严重破坏。大革命时期受到群众尊敬和爱戴的党的领导人和优秀共产党员恽代英、邓中夏、罗登贤、黄励、何葆珍、毛福轩、施滉、徐全直、洪灵菲、许包野、谭寿林等，以及国民党左派邓演达，在上海等地被捕，并被转至南京，相继牺牲在敌人的屠刀下。在严峻的生死考验面前，在革命前途仿佛已变得十分黯淡的艰难时刻，他们矢志不渝，视死如归，充分显示出共产党人和革命者的优良品格。

本章仅介绍在上海及南京以外其他城市和地区被捕、后在南京遇难的英烈们的感人事迹。南京地区共产党人和革命者前仆后继、血洒雨花的情景，另辟一章记述。

2-1

2-2

2-3

2-4

2-5

2-7

2-6

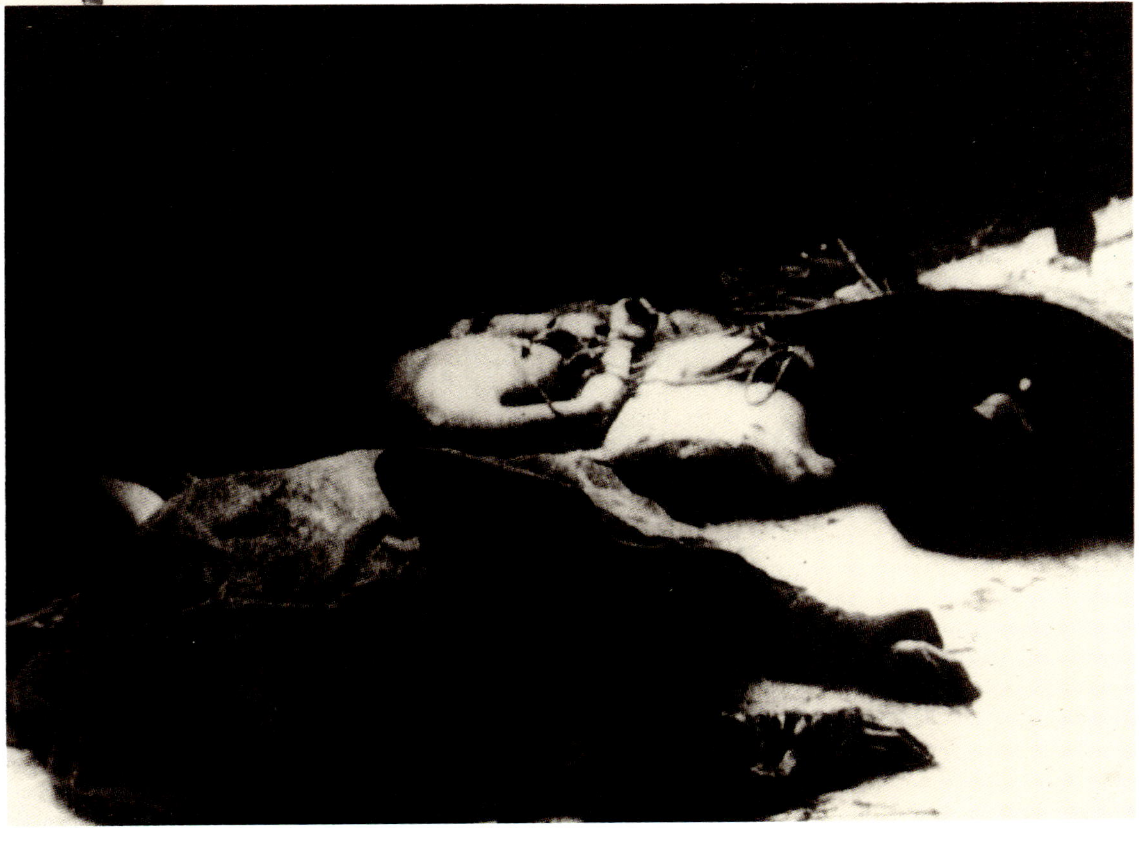

2-1
蒋介石发动“四·一二”反共政变时，负责具体实施政变计划的上海龙华总指挥部办公处。

2-2
1927 年 4 月 13 日和 14 日，国民党军队先后查封了上海总工会和上海特别市临时政府。图为监守在被查封的上海总工会门前的国民党军队。

2-3
“四·一二”反共政变中，上海街头的国民党军队行刑队。

2-4
国民党反动派大肆屠杀上海工人纠察队员。

2-5
大批共产党人和革命群众遭到捕杀。

2-6
上海大屠杀现场之一。

2-7
上海街头的电线杆上挂着被国民党反动派杀害的革命者的头颅。

2-8

2-8
4月13日，上海二十多万工人举行抗议蒋介石大屠杀的总罢工。图为上海总工会在闸北青云路召开示威大会。

2-9 郑振铎、胡愈之等人于4月14日起草的抗议蒋介石暴行的联名信。

2-10
4月18日，南京国民政府举行成立典礼。

2-11
南京国民政府一成立，即发布了第一号"清党"令，无数革命志士惨遭杀害。图为街头行刑的情景。

2-12
革命者被国民党当局杀害后暴尸街头。

2-13
一批又一批共产党人和工农革命群众被国民党反动派捕杀。

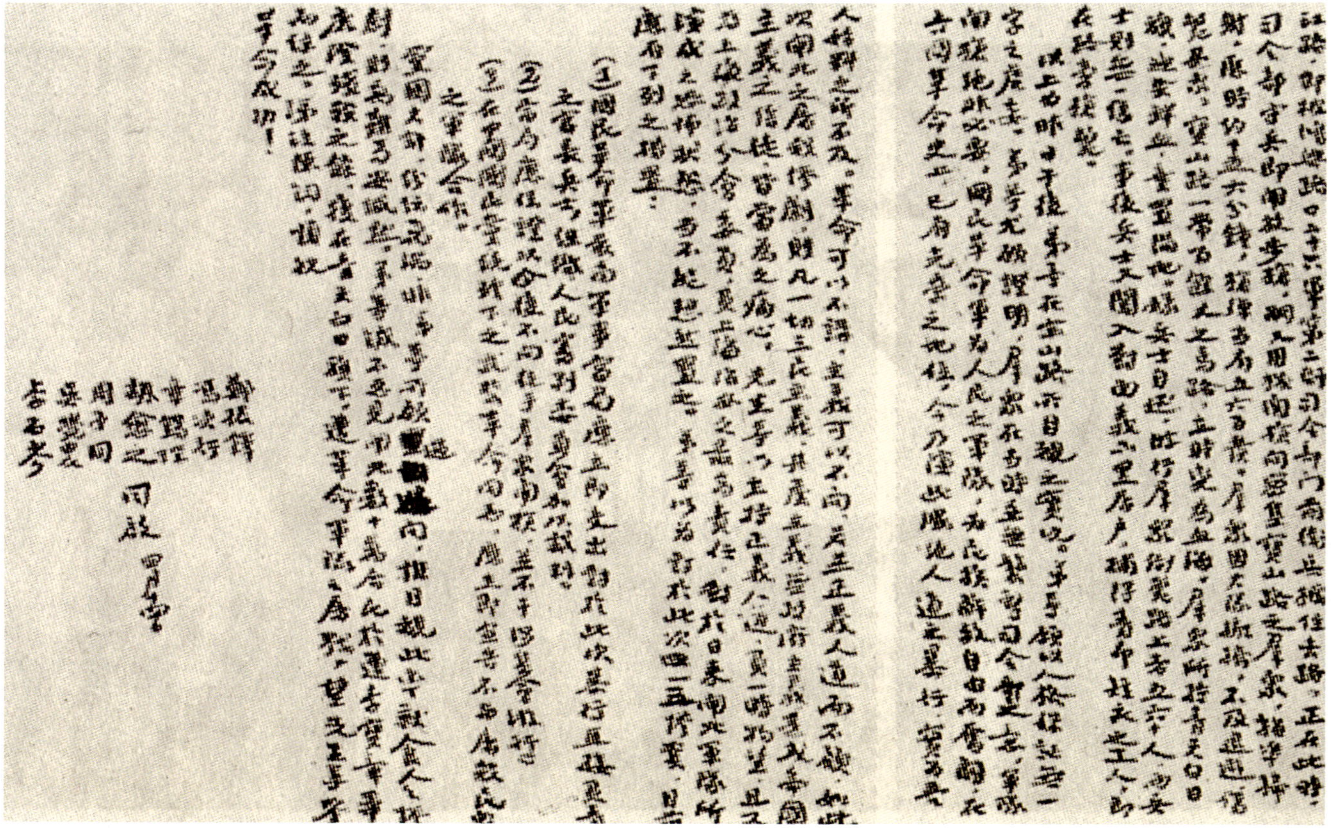

江路，[illegible]路口二十六军第二师司令部门前，卫兵拦住去路，正在此时，司令部守兵即开放步枪，继又用机关枪向密集宝山路之群众，瞄准扫射，历时约十五六分钟，[illegible]约有五六百发。群众因大队拥挤，不及退避，伤毙甚众。宝山路一带百余丈之马路，立时变为血海。群众所持青天白日旗，也染鲜血，重叠倒地。据兵士自述，计打死群众约共三四百人，而兵士则无一伤亡。事后兵士又闯入对面义品里居户，捕得[illegible]工人，即在路旁[illegible]。

以上为昨日午后弟等在宝山路所目睹之实况。弟等愿以人格保证无一字之虚妄。弟等尤敢声明，群众在当时并无[illegible]司令部之意，群众[illegible]，国民革命军为人民之军队，为民族解放自由而奋斗，在全国革命史上已有光荣之地位，今乃演此屠杀人民之暴行，实为吾人始料之所不及。革命可以不讲，主义可以不问，若弃正义人道而不顾，如此次闸北之屠杀惨剧，则凡一切三民主义、共产主义、无政府主义、国家主义之信徒，皆当为之痛心。先生等为主持正义人道之人，负一时物望，且又为上海政治分会委员，负上海治安之最高责任。对于日来闸北军队所演成之惨剧，当不能熟视无睹。弟等以为对于此次四一五惨变，至少应为下列之措置：

（1）国民革命军最高军事当局应立即交出对于此次暴行直接负责之军官兵士，组织人民审判委员会加以裁判。

（2）当局应保证以后不向徒手群众开枪，并不干涉集会游行。

（3）[illegible]

[illegible]

郑振铎 冯次行 章锡琛 胡愈之 周予同 吴觉农 李石岑 同启 四月十四日

2-9

2-10

2-11

2-12

2-13

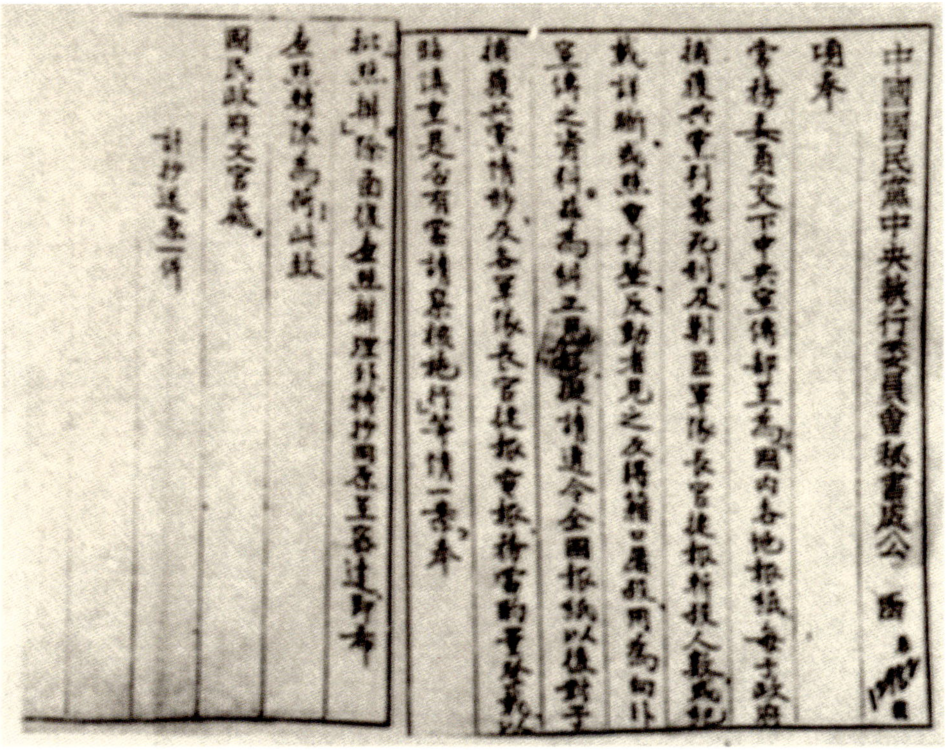

2-14

2-14
1930 年 3 月 9 日，国民党发布密令，限制报刊登载有关逮捕、枪杀共产党人和“围剿”红军的消息。

2-15
1931 年，国民党当局颁布《危害民国紧急治罪法》。

2-16
1931 年 2 月，国民党向内政部、军政部发布关于捕获共产党人，要“迅以军法从事，勿稍姑息”的密令。

2-17
南京瞻园路 124—126 号首都宪兵司令部旧址。

2-18
首都宪兵司令兼南京警备总司令谷正伦。

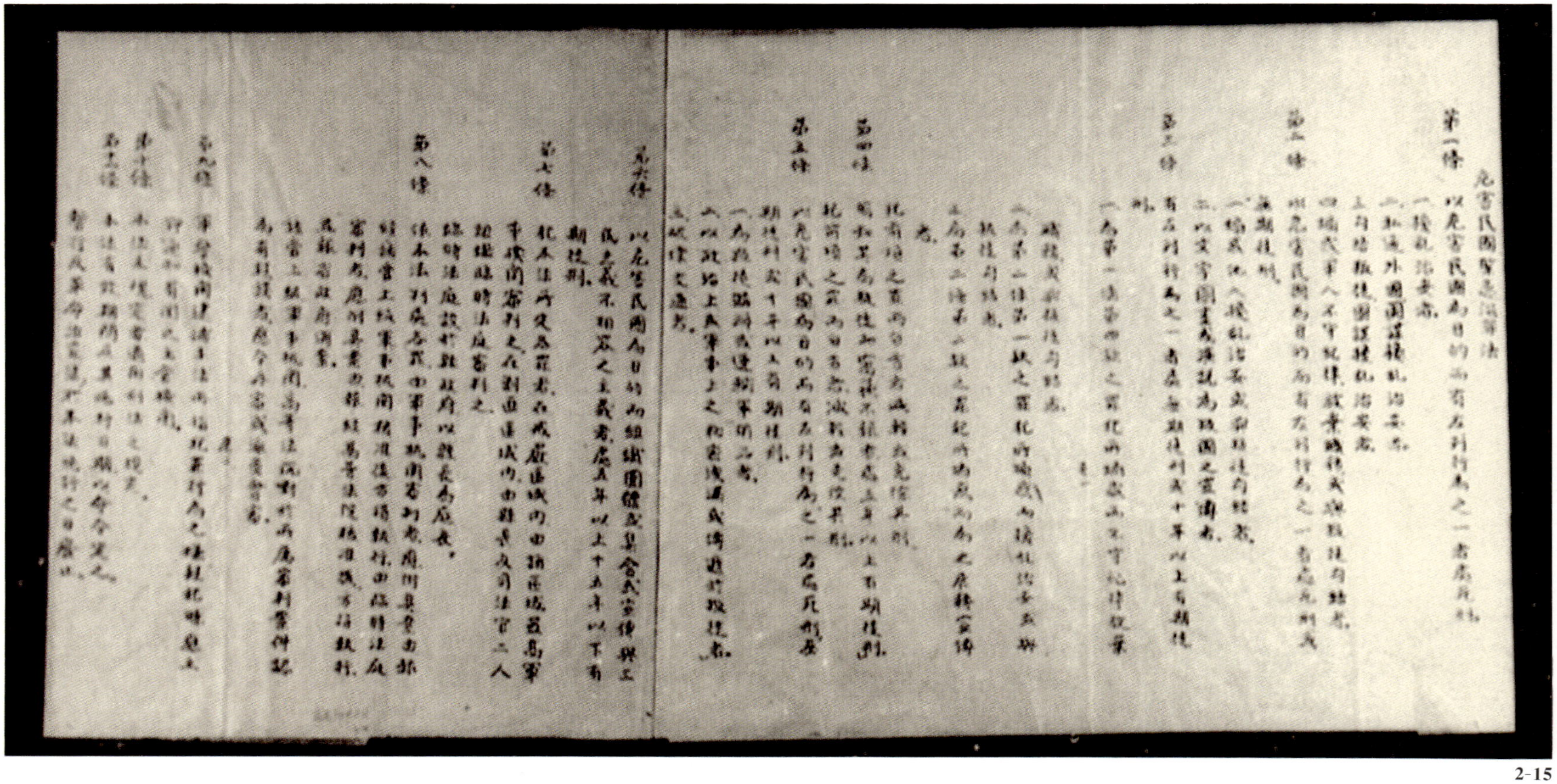

2-15

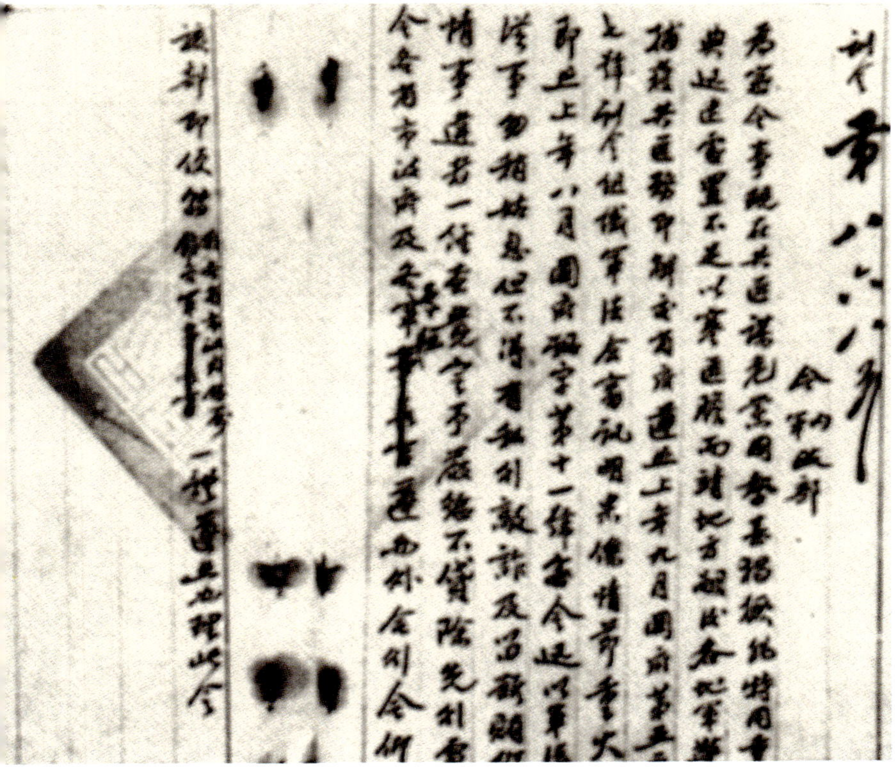
训令
第八六六八号

2-16

2-18

2-17

2-19

2-21

2-2

2-20

2-19
首都宪兵司令部监牢。
2-20
国民党当局在狱中使用的刑具。
2-21
南京中央军人监狱(外景)。
2-22
南京中央军人监狱监房。
2-23
南京老虎桥监狱(即江苏第一监狱,又称江苏模范监狱)大门。
2-24
南京老虎桥监狱(内部)。
2-25
国民党军统局大门。
2-26
国民党中统局办公楼。

2-23

2-24

2-25

2-26

-20

2-27

2-28

2-29

-30

2-31

2-27

上海淞沪警备司令部监狱。

2-28

1927 年中共中央军委机关所在地上海辣斐德路辣斐坊(今复兴中路 553 弄)。

2-29

1928 年至 1931 年,中共中央政治局机关所在地上海云南路 477 号(今云南中路 171—173 号)。

2-30

中共临时中央政治局因难于在上海立足,被迫于 1933 年 1 月迁入江西瑞金。图为中共临时中央政治局所在地瑞金叶坪。

2-31

中共江苏省委成立后设秘密机关于上海山阴路 69 弄恒丰里 90 号。

2-32

1933 年中共江苏省委的办公地点,上海新闸路 1104 弄荣茂里 40 号(今荣茂里 22 号)。

2-32

中国共产党早期领导人、中国青年运动的领袖——恽代英。

恽代英（1895—1931），字子毅，化名王作霖。祖籍江苏武进，生于湖北武昌。1917 年毕业于武汉中华大学。1921 年加入中国共产党。1923 年被选为中国社会主义青年团中央执行委员会委员，主编《中国青年》杂志。1926 年任黄埔军校政治总教官。1927 年出席中国共产党第五次全国代表大会，被选为中央委员。大革命失败后，参加领导南昌起义和广州起义。1928 年任中共中央宣传部秘书长，负责编辑《红旗》杂志。1929 年调任中共中央组织部秘书长。1930 年 5 月在上海被捕。1931 年 2 月解来南京。同年 4 月 29 日在南京中央军人监狱壮烈就义。

2-33

2-33
雨花台烈士纪念馆中的恽代英塑像。

2-34
恽代英与家人合影。右一为恽代英。

2-35
恽代英等于“五四”运动前后，在湖北组织了互助社、利群书社和共存社。图为 1918 年 6 月 19 日互助社部分成员在武昌合影。前排左三为恽代英。

2-36
1920 年，恽代英在安徽宣城师范任教时，为和县含山县同学会会刊写的序言，号召青年学生要联合起来，改造乡土，改造国家。

2-37
创刊于 1923 年 10 月 20 日的中国社会主义青年团机关刊物《中国青年》，由恽代英任主编。他为该刊撰写了一百多篇文章和数十篇通讯。

2-35

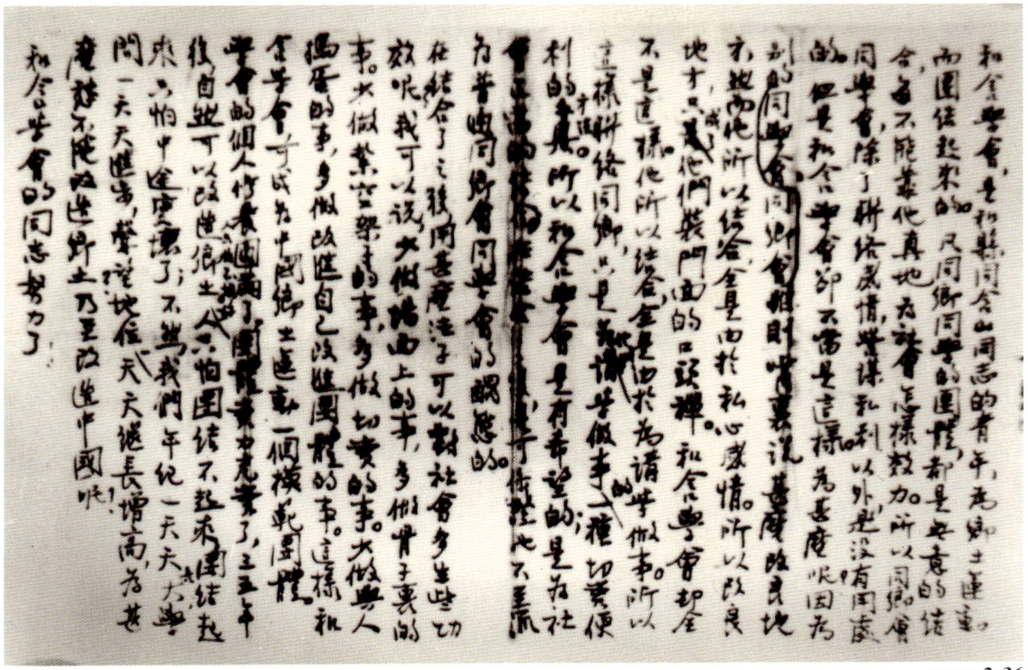

和合学会，是和县同乡的同志的青年，为乡土运动，
而团结起来的。凡同乡同学的团体，都是无意的结
合，为不能算作真地为社会这样效力。所以同乡会
同学会除了联络感情，营谋私利以外，是没有用处
的。但是和合学会却不当是这样。为甚么呢？因为
别的同乡会同乡会组织时，常常说甚么改良地
方，然而他所以结合，全是由于私心感情。所以改良
地方，只成了他们装门面的口头禅。和合学会却全
不是这样。他所以结合，全是由于为请学做事。所以
这样联络同乡，只是认识学做事的一种切实便
利的方法。所以和合学会是有希望的，是为社
[illegible]可牺牲也不算
为普通同乡会同学会的模范的。
在结合了之后，用甚么法子可以对社会多生些功
效呢？我可以说，少做从由上的事，多做骨子里的
事。少做装空架子的事，多做切实的事。少做与人
为难的事，多做改进自己改进团体的事。这样和
合学会可以成为本乡土运动一个模范团体。
学会的个人修养通通了，团体事业发达了，三五年
后自然可以改进乡土，不怕团结不起来，团结起
来，不怕中途灭了。不然我们年纪一天天大，学
问一天天进步，声望地位天天继长增高，为甚
么就不能改进乡土，乃至改进中国呢？
和合学会的同志努力了！

2-36

2-34

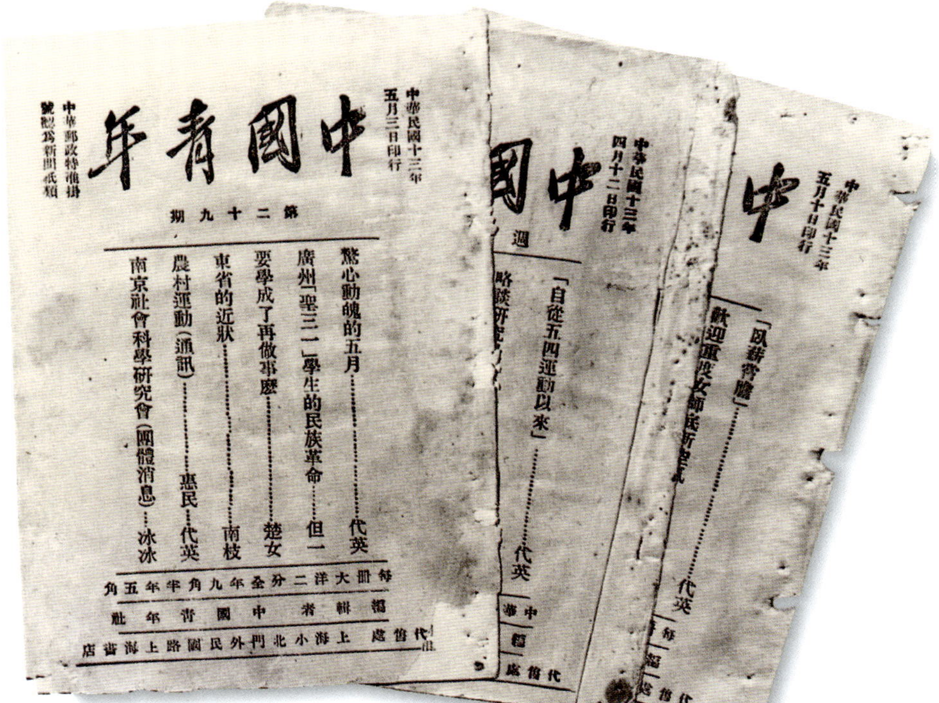

中國青年

中華民國十三年五月三日印行

中華郵政特准掛號認為新聞紙類

第二十九期

驚心動魄的五月……代英
廣州「聖三一」學生的民族革命……但一
要學成了再做事麼……楚女
東省的近狀……南枝
農村運動（通訊）……惠民 代英
南京社會科學研究會（團體消息）……冰冰

每冊大洋二分 全年九角 半年五角
編輯者 中國青年社
代售處 上海北門外民國路上海書店

中國 週
中華民國十三年四月十二日印行
「自從五四運動以來」……代英

中
中華民國十三年五月十日印行
「臥薪嘗膽」
歡迎重慶女師底……代英

2-37

2-38

2-

2-40

2-38

1924年国共合作时，恽代英任国民党上海执行部宣传部秘书。图为国民党上海执行部成员合影。前排左一邓中夏，右一向警予；中排左五王荷波；后排左二毛泽东，左八恽代英，左九邵力子。

2-39

恽代英担任黄埔军校政治总教官时的照片。

2-40

黄埔军校旧址。

2-41

恽代英编著的黄埔军校教材。

2-42

1926年，恽代英曾在广州农民运动讲习所讲授《中国史概要》。图为该所旧址。

2-43

1927年“四·一二”反共政变发生后，恽代英主编的《革命生活》出了《讨蒋特刊》。

2-41

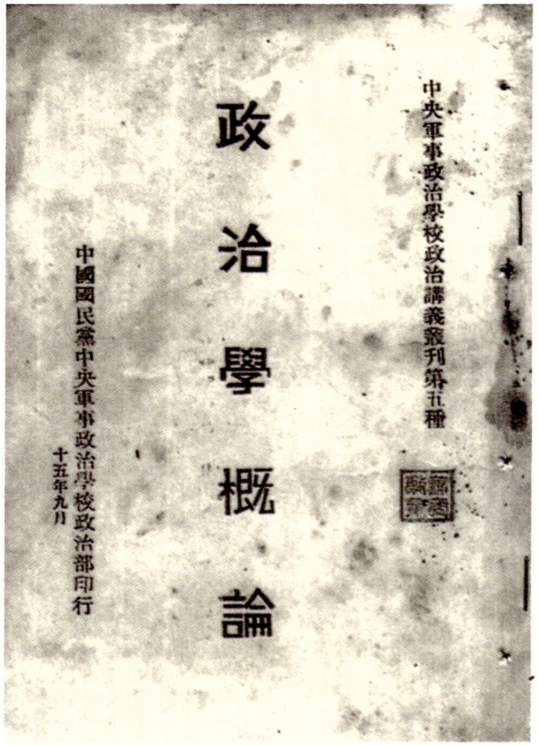

中央軍事政治學校政治講義叢刊第五種

政治學概論

中國國民黨中央軍事政治學校政治部印行

十五年九月

2-42

2-43

討蔣特刊

十六，四，二十三。

革命生活日刊社

討蔣通電

告各期全體同學書

討蔣大會開會秩序

中央軍事政治學校各期學生討蔣宣傳大綱

中央軍事政治學校政治部印行

革命生活

第六十一期

中華民國十六年四月二十三日星期六出版

打倒青紅幫的領袖蔣介石

中央全體委員聯名討蔣通電

2-43

2-44

2-46
恽代英参加了 1927 年 4 月 27 日在武汉召开的中国共产党第五次全国代表大会，并被选为中央委员。图为中共“五大”会议旧址。

2-47
1927 年 8 月 1 日，周恩来、恽代英、贺龙等领导了南昌起义，恽代英任前敌委员会委员。图为起义总指挥部旧址。

2-48
1927 年 12 月 11 日，中国共产党在广州起义后成立了广州苏维埃政府，恽代英当选为秘书长。图为广州苏维埃政府所在地。

2-49
1930 年 5 月 6 日，恽代英在上海不幸被捕，当时他化名王作霖，真实身份尚未暴露，被判刑 5 年。图为恽代英被捕后给中共中央的信，报告他被捕的经过。

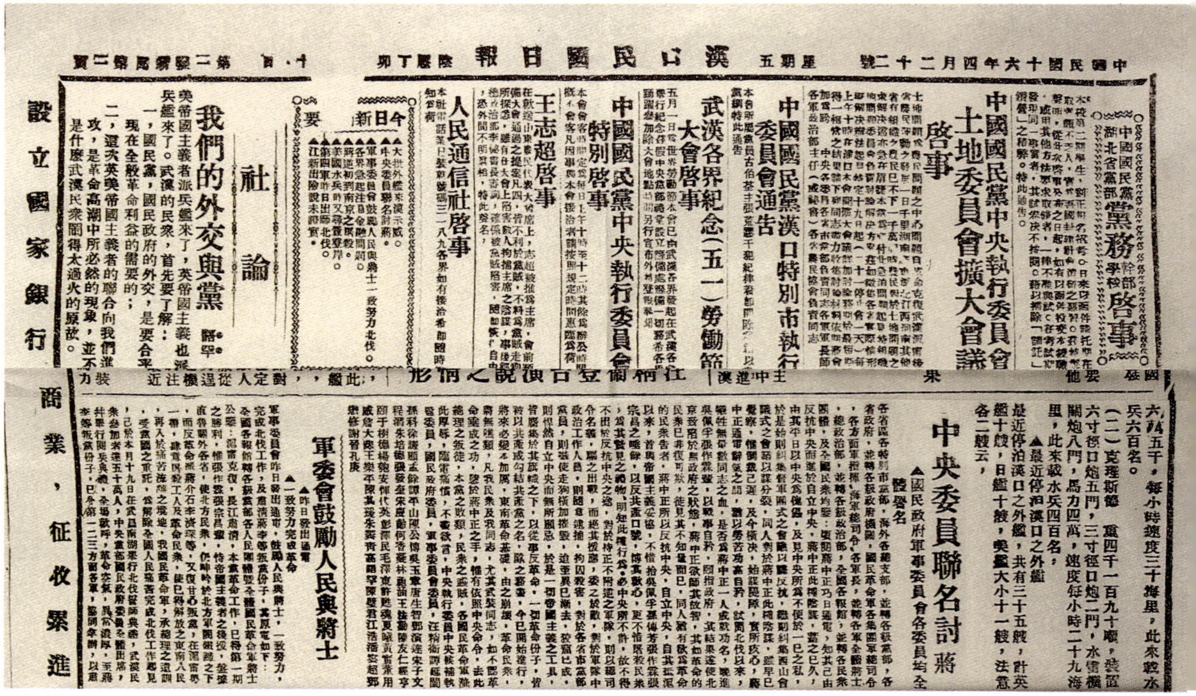
漢口民國日報
中華民國十六年四月二十二號 星期五

中國國民黨湖北省黨部黨務學校啟事

中國國民黨中央執行委員會土地委員會擴大會議啟事

中國國民黨漢口特別市執行委員會通告

武漢各界紀念（五一）勞動節大會啟事

中國國民黨中央執行委員會特別啟事

王志超啟事

人民通信社啟事

社論 我們的外交與黨

設立國家銀行

中央委員聯名討蔣

軍委會鼓勵人民與將士

商業，征收累進

2-45

2-44
1927 年 3 月 10 日，在武汉召开的国民党二届三中全会，通过了限制蒋介石权力的决议。图为会议执行委员会委员合影。前排左六宋庆龄；二排左二董必武，左八毛泽东；三排左七恽代英，左八邓演达。

2-45
1927 年 4 月 22 日，武汉《民国日报》发表的宋庆龄、恽代英、邓演达、毛泽东等人联合讨蒋通电。

2-46

2-47

2-48

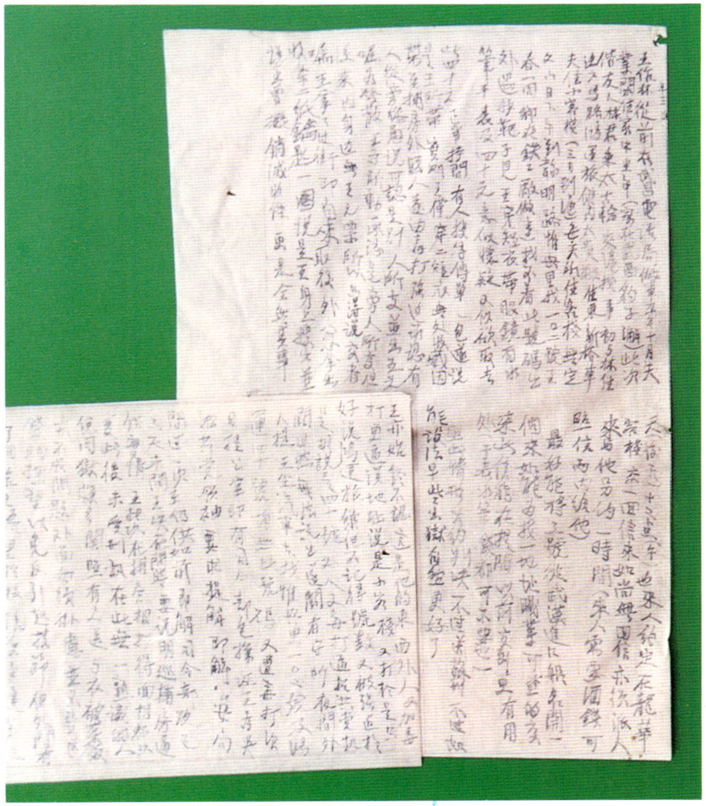
2-49

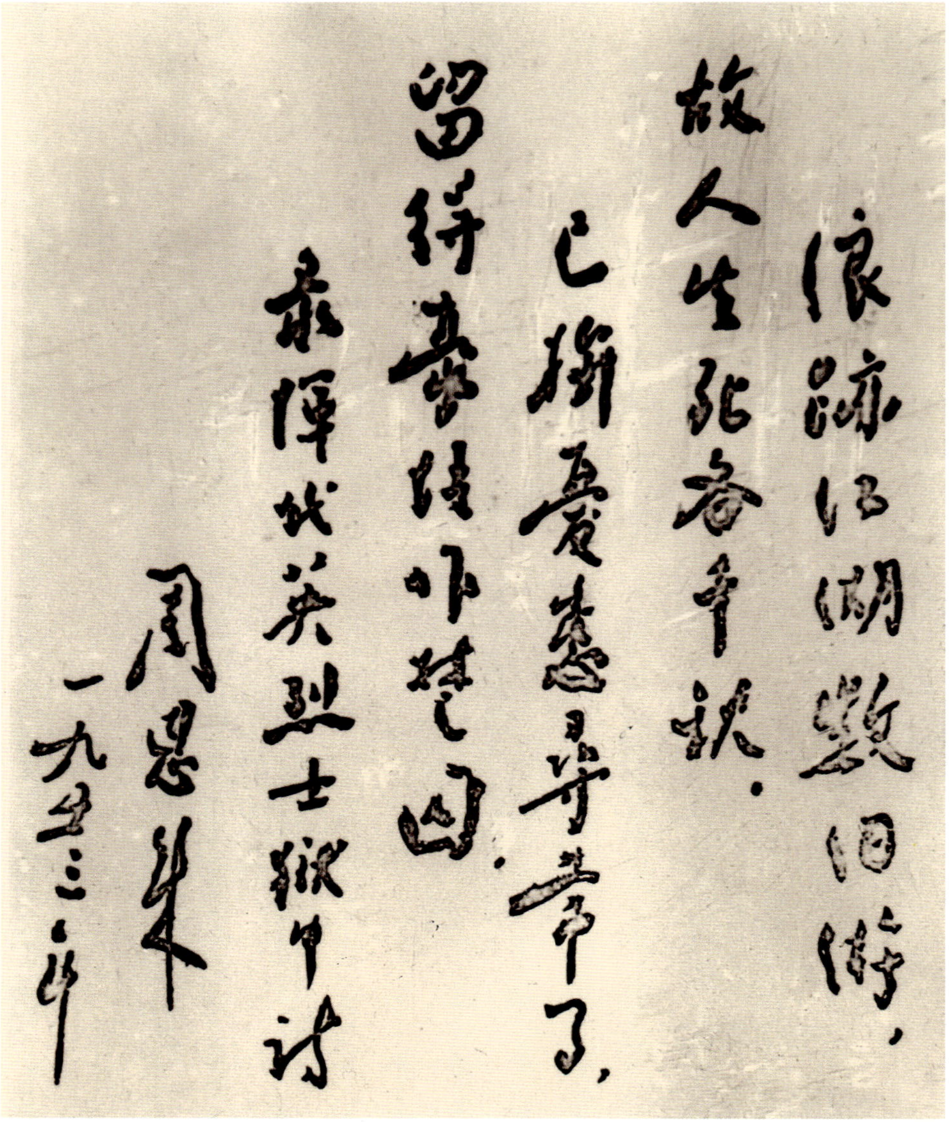

2-50

2-51

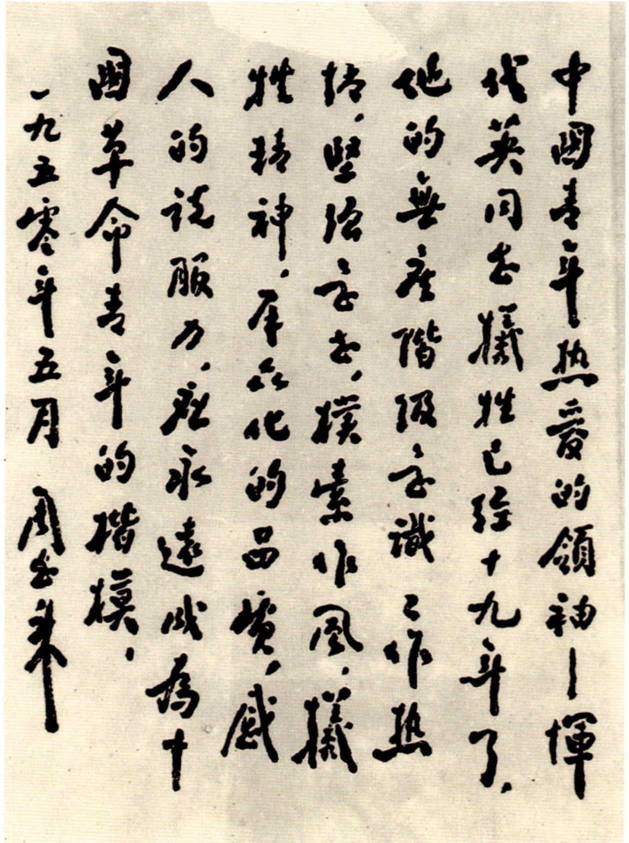

2-52

2-50

图为 1953 年周恩来录写的恽代英狱中诗。

2-51

1931 年 2 月，恽代英被押到南京中央军人监狱，因叛徒出卖，身份暴露。4 月 29 日被杀害于狱中刑场。图为 1985 年南京市人民政府在恽代英就义处建立的纪念雕塑。

2-52
周恩来为纪念恽代英牺牲 19 周年的题词。
2-53
董必武为纪念恽代英牺牲 30 周年的题词。
2-54
宋庆龄为纪念恽代英的题词。
2-55
叶剑英为纪念恽代英的题词。

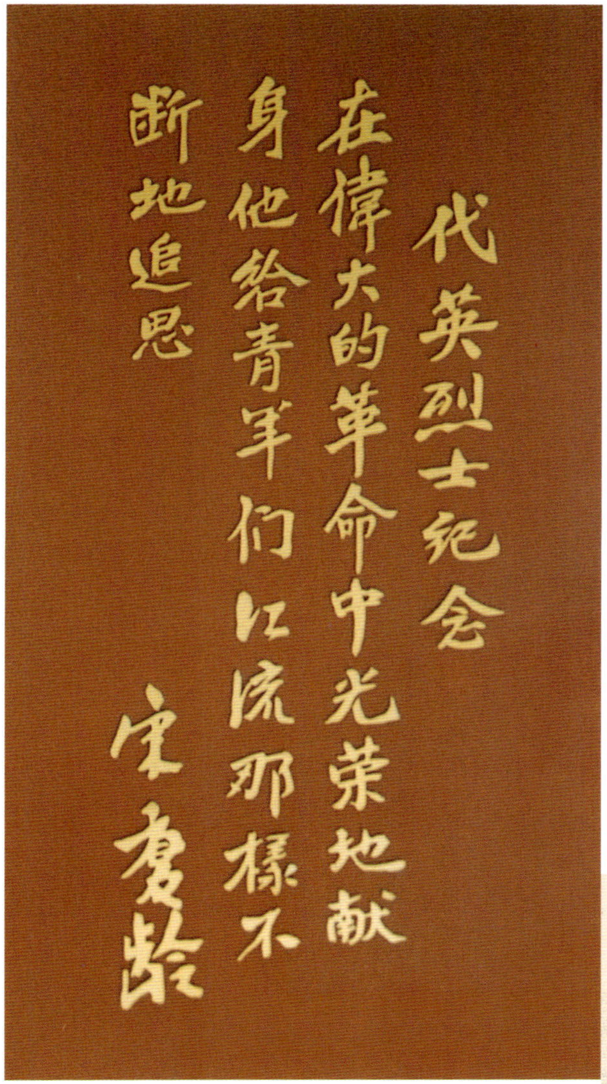

2-54

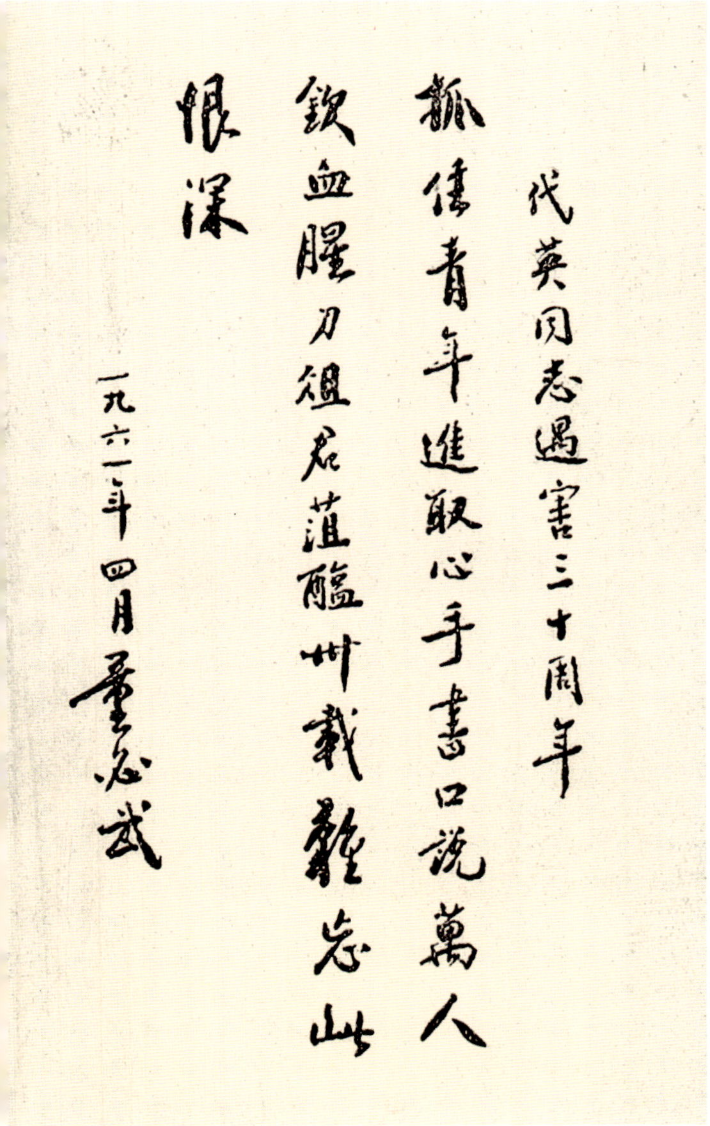

2-53

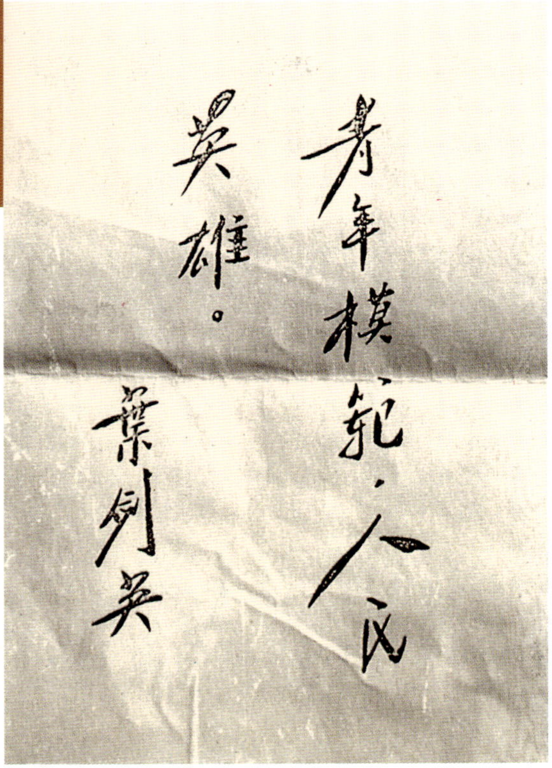

2-55

邓中夏（1894—1933），原名邓康，字仲澥，又名重远。湖南宜章人。1917年考入北京大学。1920年，参与组织马克思学说研究会和北京共产主义小组。1921年，在长辛店铁路工人中开办劳动补习学校，建立长辛店工人俱乐部。1922年，在中共第二次全国代表大会上，被选为中央执行委员会候补委员。同年任中国劳动组合书记部主任，先后领导长辛店铁路、开滦煤矿、京汉铁路等工人大罢工。1923年任上海大学校务长。1925年组织领导了著名的省港大罢工。1927年在中共第五次全国代表大会上被选为中央委员。同年参加党的“八七”会议，被选为临时中央政治局候补委员。后历任中共江苏省委书记、广东省委书记、中华全国总工会驻赤色职工国际代表及赤色职工国际执行委员等职。1930年任中共湘鄂西苏区特委书记和红二军团政委。1933年任全国互济总会主任兼党团书记。同年5月在上海被捕。8月解来南京。9月在雨花台英勇就义。

2-56

中国工人运动领袖——邓中夏。

2-57

2-58

2-59

2-61

2-60

2-56

雨花台烈士纪念馆中的邓中夏塑像。

2-57

邓中夏在小学读书抄写课本时用过的煤油灯。

2-58

中学时代的邓中夏。

2-59

邓中夏在中学时代画的“醒狮图”，象征着觉醒了的中国人民起来革命。

2-60

大学时代的邓中夏。

2-61

1919 年 7 月，邓中夏加入少年中国学会时的照片。

2-62

2-63

2-64

2-65

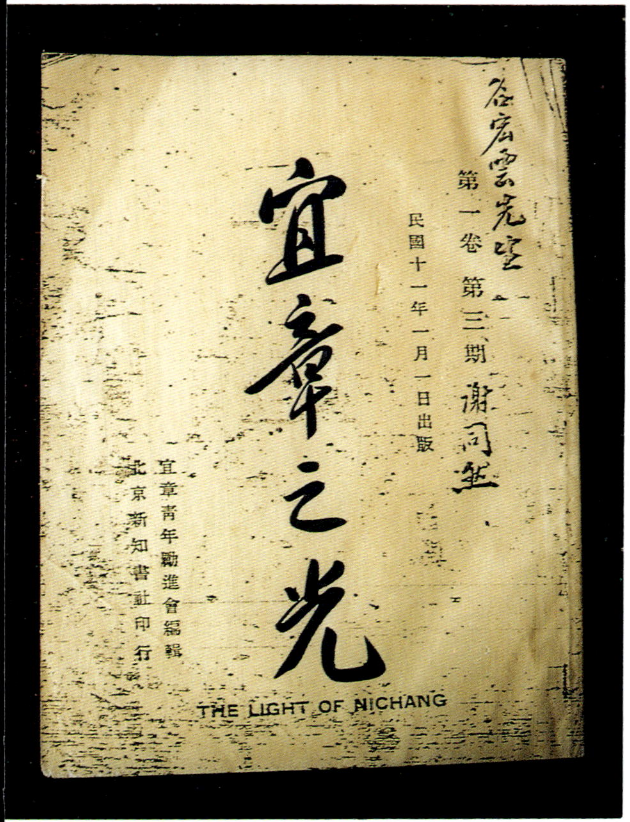

2-66

2-67

2-62

1920 年初，邓中夏在北京陶然亭和友人合影。左七为邓中夏，左四为毛泽东。

2-63

1920 年 3 月，李大钊等在北京成立了我国第一个研究马克思学说的团体——马克思学说研究会。图为该会会员合影。后排右七为邓中夏。

2-64

1920 年 7 月，邓中夏与李大钊等在北京岳云别墅集会，庆祝少年中国学会成立一周年时的合影。左二为邓中夏，右三为李大钊。

2-65

邓中夏在北京读书期间创办的刊物《宜章之光》。

2-66

1921 年夏，去四川讲学的邓中夏（前）、黄日葵在重庆合影。

2-67

1921 年，邓中夏在长辛店主持铁路工人劳动补习学校。图为该校旧址。

2-68

2-69

2-68

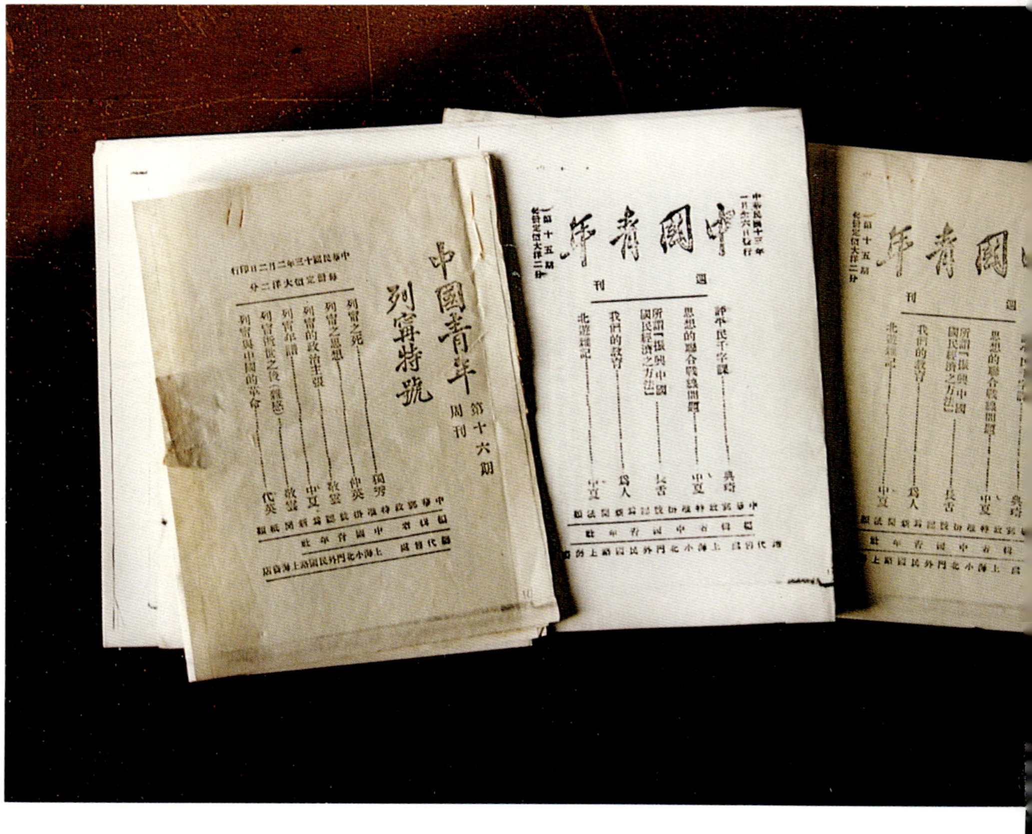

2-70

2-68

1922 年，中共第二次全国代表大会期间的邓中夏及“二大”旧址。

2-69

1923 年，邓中夏受中国共产党的委派，出任上海大学校务长。这是中共培养革命人才的一所学校。图为上海大学旧址。

2-70

1923 年 8 月，邓中夏在中国社会主义青年团第二次全国代表大会上当选为团中央执行委员和组织部长。同年 10 月，团中央机关刊物《中国青年》在上海创刊，邓中夏是该刊创办者和初期主要编辑之一。封面上的“中国青年”四字为邓中夏手笔。

2-71

1924 年 3 月，中国社会主义青年团第二届中央扩大会议部分与会者在上海合影。前排右一邓中夏，右二夏明翰；后排右二恽代英。

2-72

在 1925 年 5 月召开的第三次全国劳动大会上，邓中夏当选为中华全国总工会秘书长兼宣传部部长。图为全国总工会旧址。

2-71

2-72

2-73

2-75

2-74

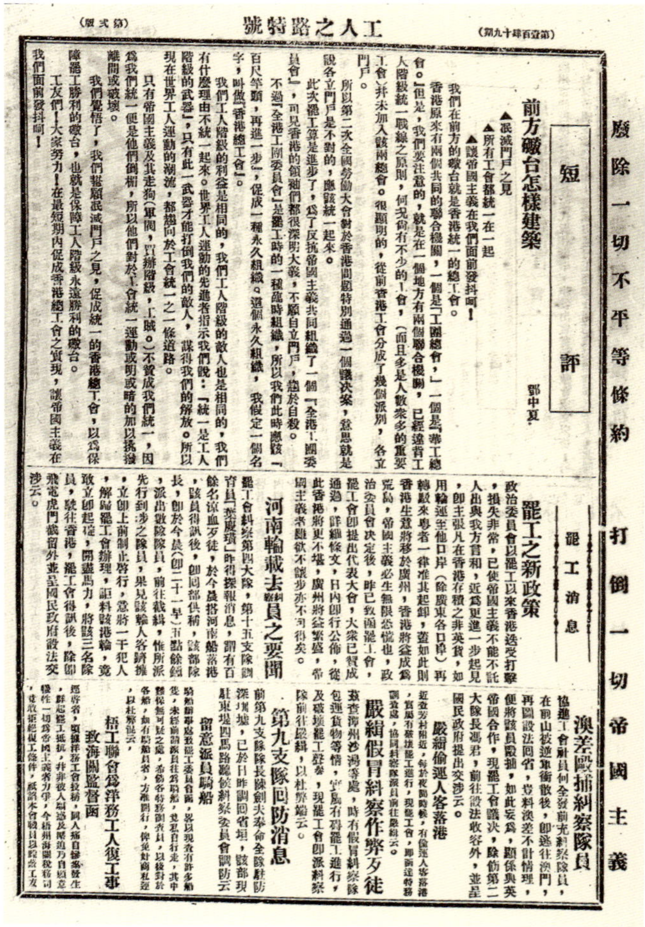

(第壹百肆十九期)　工人之路特號　(第弍版)

廢除一切不平等條約　打倒一切帝國主義

短評

前方礮台怎樣建築

鄧中夏

▲泯滅門戶之見
▲所有工會都統一在一起
▲讓帝國主義在我們面前發抖呵！

我們在前方的礮台就是香港統一的總工會。

香港原來有兩個共同的聯合機關，一個是「華工總會，」一個是「工團總會。」但是，我們要注意的，就是在一個地方有兩個聯合機關，已經違背工人階級統一戰線之原則，何况尚有不少的工會，(而且多是人數衆多的重要工會)并未加入該兩總會。很顯明的，從前香港工會分成了幾個派別，各立門戶。

所以第二次全國勞働大會對於香港問題特別通過一個議決案，意思就是說各立門戶是不對的，應該統一起來。

此次罷工算是進步了，爲了反抗帝國主義共同組織了一個「全港工團委員會」，可見香港的領袖們都很深明大義，不願自立門戶，趨於自殺。不過「全港工團委員會」是罷工時的一種臨時組織，所以我們此時應該「百尺竿頭，再進一步」，促成一種永久組織。這個永久組織，我假定一個名字，叫做「香港總工會」。

我們工人階級的利益是相同的，我們工人階級的敵人也是相同的，我們有什麼理由不統一起來。世界工人運動的先進者指示我們說：「統一是工人階級的武器」，只有此一武器才能打倒我們的敵人，謀得我們的解放。所以現在世界工人運動的潮流，都趨向於工會統一之一條道路。

只有帝國主義及其走狗(軍閥，買辦階級，工賊。)不贊成我們統一，因爲我們統一便是他們倒楣，所以他們對於工會統一運動或明或暗的加以挑撥離間或破壞。

我們覺悟了，我們甚願泯滅門戶之見，促成統一的香港總工會，以爲保障罷工勝利的礮台，也就是保障工人階級永遠勝利的礮台。

工友們！大家努力！在最短期內促成香港總工會之實現，讓帝國主義在我們面前發抖呵！

罷工消息

罷工之新政策

政治委員會以罷工以來香港迭受打擊，損失非常，已使帝國主義不能不託人出與我方言和，近爲更進一步起見，即主張凡在香港存積之非英貨，如用輪運至他口岸(除廣東各口岸)再轉駁來粵者一律准其起卸，蓋如此則香港生意將移於廣州，香港將益成爲荒島，帝國主義必生無限恐慌也，政治委員會决定後，昨已致函罷工會，罷工會即提出代表大會，大衆已贊成通過，詳細條文，日內即行公佈，從此香港將更不堪，廣州將益繁盛，帝國主義者雖欲不讓步亦不可得矣。

河南輪截去糾察員之要聞

罷工會糾察第四大隊，第十五支隊調査員「梁慶璜」昨得探報消息，謂有百餘名凉血歹徒，於今晨搭河南船落港，該員得訊後，即囘部供稱，該部隊長，即於今晨(即二十一早)五點餘鐘，派出數隊隊員，前往截緝，惟所派先行到涉之隊員，果見該輪人客擠擁，立即上前制止啓行，意將一干犯人，解歸罷工會辦理，詎料該港輪，竟敢立即起碇，開盡馬力，將該三名隊員，駛往香港，罷工會得訊後，除即飛電虎門截留外並呈國民政府設法交涉云。

澳差毆捕糾察隊員

協進工會糾員何全發前充糾察隊員，在前山被逆軍衝散後，即逃往澳門，再圖設法回省，豈料澳差不計情理，便將該員毆捕，如此妄爲，顯係與英帝國合作，現罷工會議決，除飭第二大隊長馮君，前往設法收容外，並呈國民政府提出交涉云。

嚴緝偷運人客落港

近查芳村附近，每於夜間時候，有偷運人客落港，實屬有破壞罷工進行，現罷工會，即函達特務調査處，協同糾察隊派員前往嚴緝云。

嚴緝假冒糾察作弊歹徒

茲查潮州沙渦等處，時有假冒糾察隊包運貨物等情，實屬有碍罷工進行，及破壞罷工聲譽，現罷工會即派糾察隊前往嚴緝，以杜弊端云。

第九支隊回防消息

前第九支隊隊長陳劍夫奉命全隊駐防深圳墟，已於日昨調回省垣，該部現駐東堤四馬路聽候糾察委員會調防云

留意派員騎船

騎船辦事處致罷工委員會函，略以現查有許多船隻，未經辦事處派員往爲騎船，竟私自行走，其中難保無可疑之處，希飭各特務調查員，以後對於各船，如有騎船員者，方准開行，俾免奸商私運，以杜弊端云，

梧工聯會爲洋務工人復工事致海關監督函

逕啓者，頃據洋務工會投稱，同人等自滬案發生，群起罷工抵抗，并非被人煽惑及壓迫乃自願意犧性一切爲帝國主義者力爭，今梧州海關稅務司，竟敢拒絕復工條件，祇許本會職員以控告工友

2-76

2-77

2-73

1925 年 6 月爆发的坚持 16 个月之久、参加者达 30 万人的省港大罢工，其领导机构罢工委员会由苏兆征、邓中夏分任正、副主席。图为罢工委员会机关旧址。

2-74

图为省港大罢工 10 万工人举行大游行。

2-75

邓中夏在省港大罢工中向工人群众演讲。

2-76

邓中夏在《工人之路》（省港罢工委员会的机关报）上发表了数十篇文章。

2-77

邓中夏与苏兆征在领导省港大罢工期间一起研究工作。右一为邓中夏，右二为苏兆征。

2-78

《省港罢工概观》、《省港罢工中之中英谈判》、《拥护省港罢工》都是邓中夏论述省港大罢工运动的著作，封面题词和漫画均为邓中夏手迹。

2-79

邓中夏（左四）与省港罢工纠察委员会委员们的合影。

78

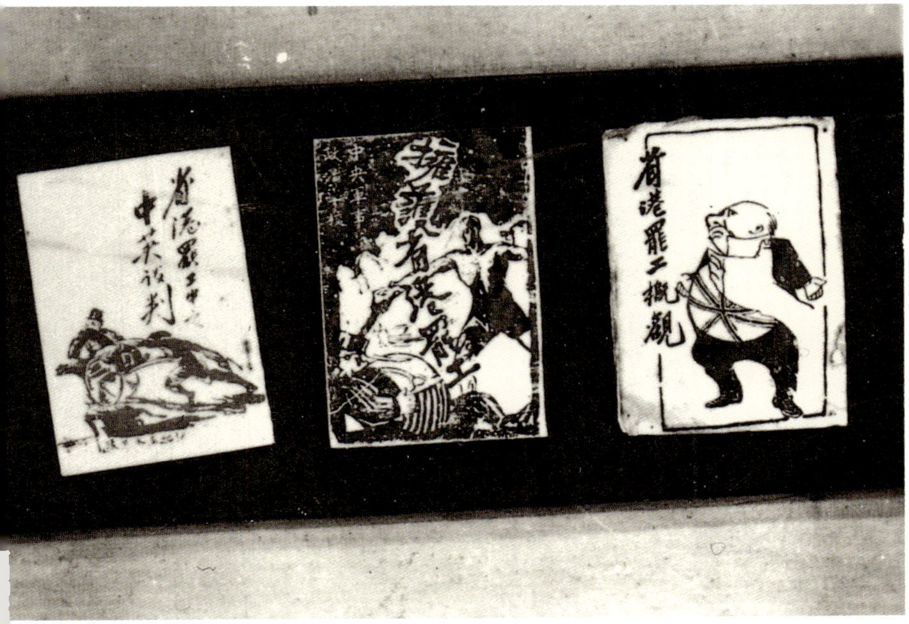

2-79

2-80

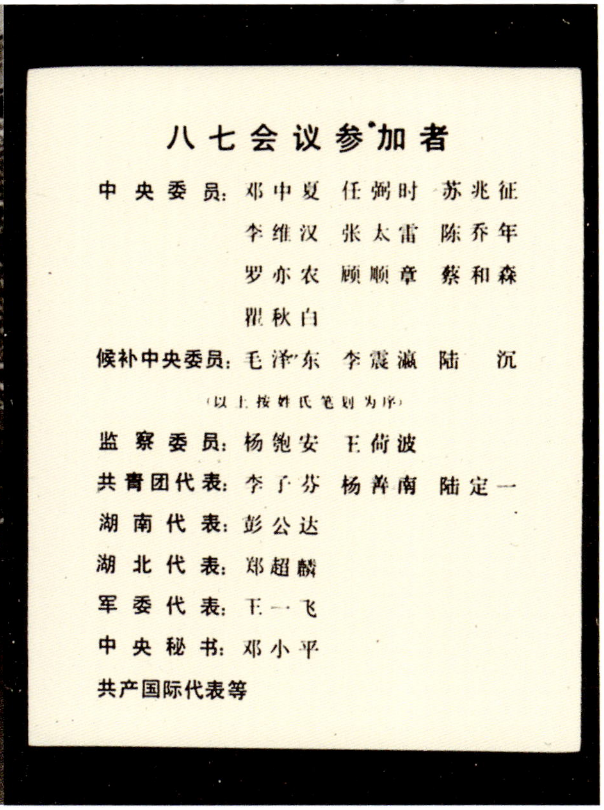

八七会议参加者

中央委员：邓中夏 任弼时 苏兆征
李维汉 张太雷 陈乔年
罗亦农 顾顺章 蔡和森
瞿秋白

候补中央委员：毛泽东 李震瀛 陆沉

（以上按姓氏笔划为序）

监察委员：杨匏安 王荷波

共青团代表：李子芬 杨善南 陆定一

湖南代表：彭公达

湖北代表：郑超麟

军委代表：王一飞

中央秘书：邓小平

共产国际代表等

2-80

2-

2-82

2-83

2-80

1927 年 8 月 7 日，邓中夏出席了中共中央在汉口召开的紧急会议(即“八七”会议)，并当选为临时中央政治局候补委员。图为“八七”会议旧址及参加会议的人员名单。

2-81

1928 年，邓中夏任中华全国总工会驻赤色职工国际代表及赤色职工国际执行委员。这是他在莫斯科期间与妻子夏明及孩子的合影。

2-82

1928 年，邓中夏在莫斯科期间所著《中国职工运动简史》一书的各种版本。

2-83

1933 年 5 月 15 日，邓中夏在上海被捕。图为被捕地点——上海环龙路骏德里 37 号。

2-84

上海法租界巡捕房所制的“犯人”档案照片。邓中夏的头部被打伤，但他神情坚毅。

2-85

邓中夏被捕后，化名施义。照片上的邓中夏流露出对敌人既憎恶又蔑视的神态。1933 年 9 月 21 日，他在雨花台蒙难。

2-86

邓中夏的豪言。

2-87

1954 年 5 月 1 日，邓中夏烈士夫人夏明来雨花台凭吊并读祭文。

2-84

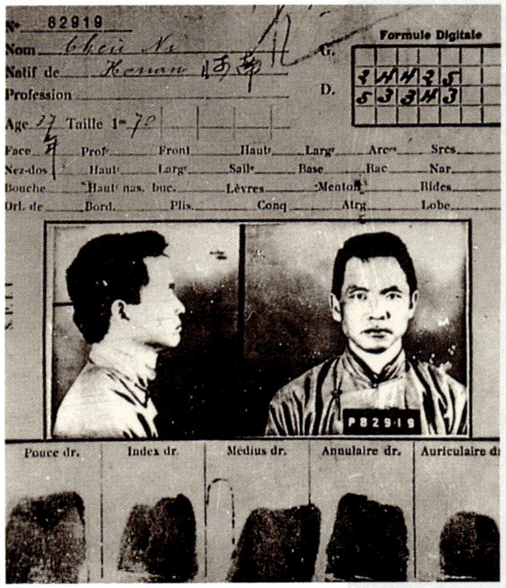

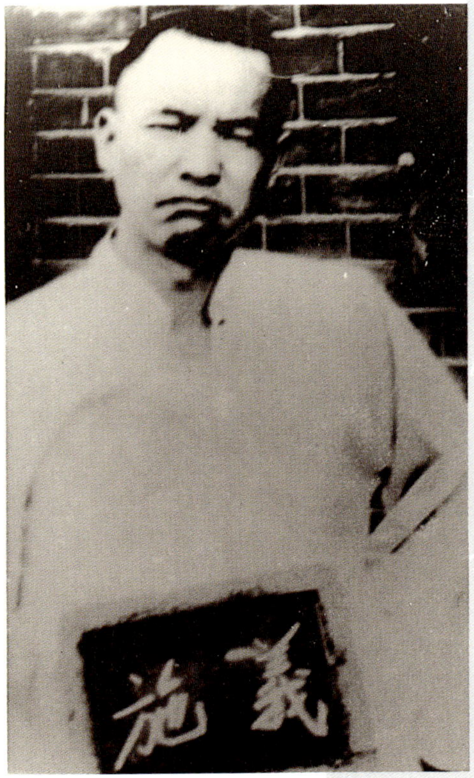

2-85

“敌人只能伤害我们的肉体，不能摧毁我们的革命意志，更不能动摇我们忠于马列主义。”

“共产主义者不怕死，活要活的坚强，死要死的光明磊落，我们要在斗争中考验我们自己。”

“为了个人升官发财而活，那是苟且偷生的活，也叫做虽生犹死，真比鸿毛还轻。一个人能为了最多数中国民众的利益，为了勤劳大众的利益而死，这是虽死犹生，比泰山还重。”

2-86

2-87

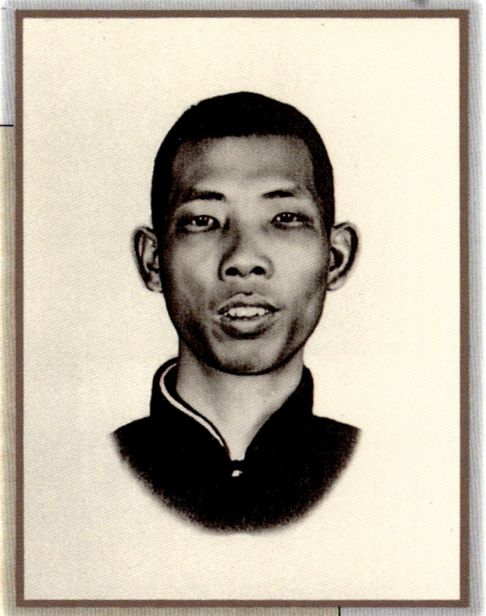

罗登贤（1905—1933），原名罗光，化名达平。广东南海人。早年在香港英商太古船厂做工。1925年加入中国共产党。曾参与组织省港大罢工。1926年任中共香港市委常委。1927年参与组织广州起义。1928年6月，在中共第六次全国代表大会上当选为中央委员、中央政治局候补委员。同年任中共江苏省委书记。1930年先后任中华全国总工会党团书记、中共广东省委书记及中共中央南方局书记等职，领导全国工人运动。1931年任中共中央驻东北代表兼满洲省委书记，领导东北的抗日运动。1932年任中华全国总工会上海执行局书记。1933年3月28日，因叛徒出卖，在上海被捕。4月解来南京。8月29日英勇就义于雨花台。

2-88

2-90

2-88
雨花台烈士纪念馆中的罗登贤塑像。

2-89
“九·一八”事变爆发后，罗登贤领导的中共满洲省委在哈尔滨市小戎街2号召开会议，作出组织抗日武装斗争，坚决抗击日本侵略者的决议。图为这次会议旧址。

2-90
罗登贤与妻子周冷波的合影。

2-91
罗登贤、廖承志被捕时的照片。左为罗登贤。

2-92
宋庆龄为营救狱中的罗登贤，揭露国民党当局迫害革命志士的无耻行径，发表了《告中国人民》一文。

2-93
罗登贤遗言。

2-89

中国工人运动领袖——罗登贤。

2-91

“个人死不足惜，全国人民未解放，责任未了，才是千古的遗憾。”

“我是始终要为无产阶级利益奋斗的，什么也不能动摇我，我将我的生命献给我们的党与无产阶级。”

2-93

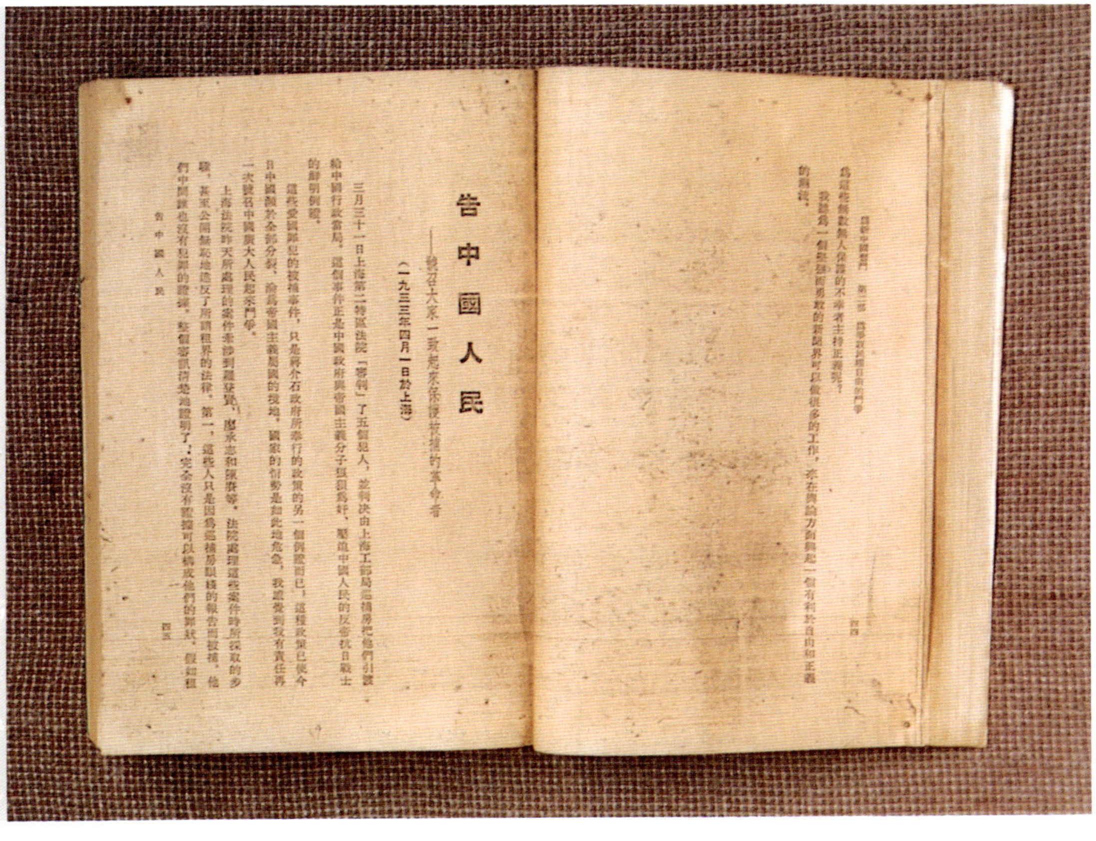

告中國人民

——號召大家一致起來保護被捕的革命者

（一九三三年四月一日於上海）

2-92

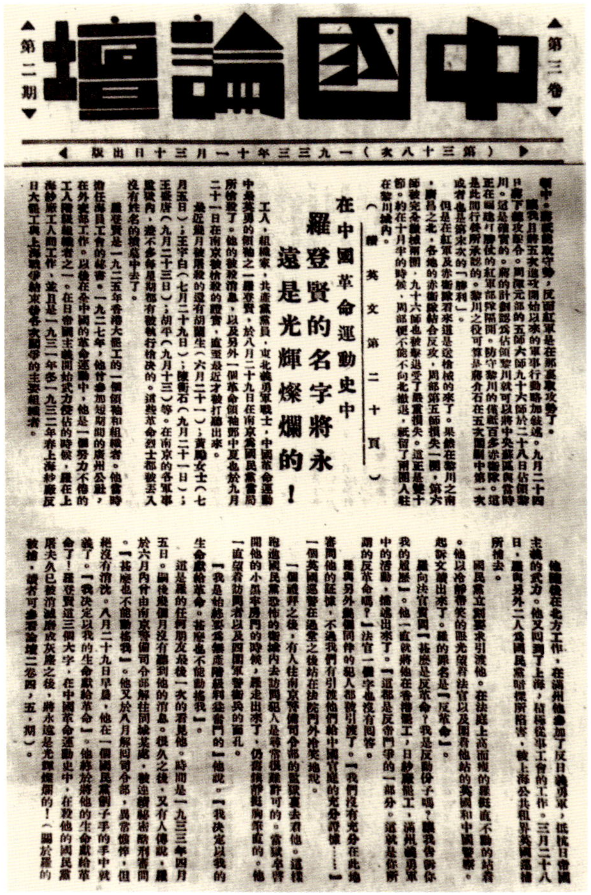
第三卷 中國論壇 第二期
（第三十八次）一九三三年十一月三十日出版

在中國革命運動史中
羅登賢的名字將永遠是光輝燦爛的！
（譯英文第二十頁）

2-94

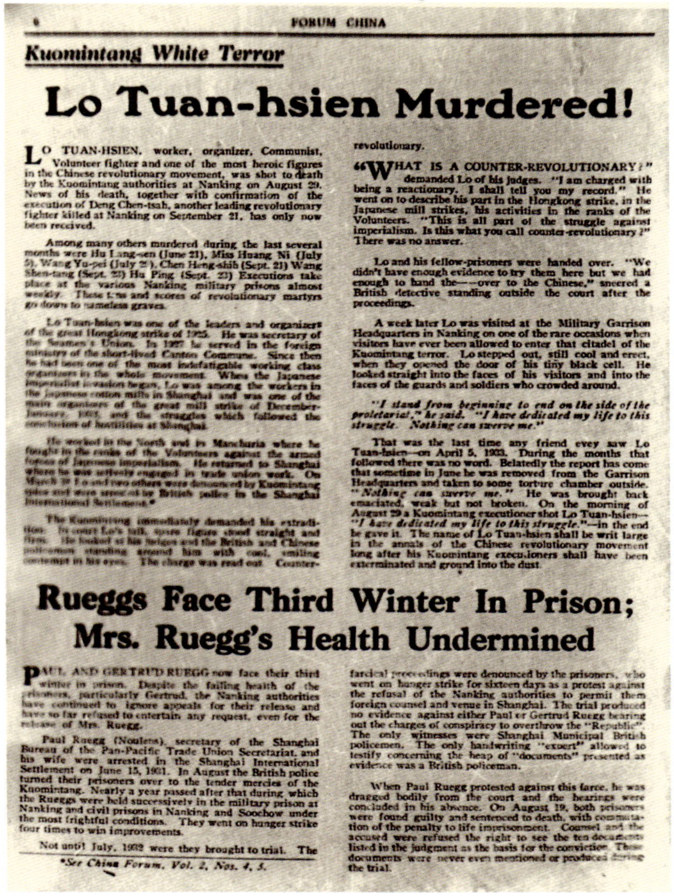
FORUM CHINA

Kuomintang White Terror

Lo Tuan-hsien Murdered!

LO TUAN-HSIEN, worker, organizer, Communist, Volunteer fighter and one of the most heroic figures in the Chinese revolutionary movement, was shot to death by the Kuomintang authorities at Nanking on August 29. News of his death, together with confirmation of the execution of Deng Chen-tsah, another leading revolutionary fighter killed at Nanking on September 21, has only now been received.

Among many others murdered during the last several months were Hu Lang-sen (June 21), Miss Huang Ni (July 5), Wang Yu-pei (July 2?), Chen Heng-shih (Sept. 21) Wang Shen-tang (Sept. 2?) Hu Ping (Sept. 23) Executions take place at the various Nanking military prisons almost weekly. These [illegible] and scores of revolutionary martyrs go down to nameless graves.

Lo Tuan-hsien was one of the leaders and organizers of the great Hongkong strike of 1925. He was secretary of the Seamen's Union. In 1927 he served in the foreign ministry of the short-lived Canton Commune. Since then he had been one of the most indefatigable working class organizers in the whole movement. When the Japanese imperialist invasion began, Lo was among the workers in the Japanese cotton mills in Shanghai and was one of the main organizers of the great mill strike of December-January, 1932, and the struggles which followed the conclusion of hostilities at Shanghai.

He worked in the North and in Manchuria where he fought in the ranks of the Volunteers against the armed forces of Japanese imperialism. He returned to Shanghai where he was actively engaged in trade union work. On March 28 Lo and two others were denounced by Kuomintang spies and were arrested by British police in the Shanghai International Settlement.*

The Kuomintang immediately demanded his extradition. In court Lo's tall, spare figure stood straight and firm. He looked at his judges and the British and Chinese policemen standing around him with cool, smiling contempt in his eyes. The charge was read out. Counter-revolutionary.

"WHAT IS A COUNTER-REVOLUTIONARY?" demanded Lo of his judges. "I am charged with being a reactionary. I shall tell you my record." He went on to describe his part in the Hongkong strike, in the Japanese mill strikes, his activities in the ranks of the Volunteers. "This is all part of the struggle against imperialism. Is this what you call counter-revolutionary?" There was no answer.

Lo and his fellow-prisoners were handed over. "We didn't have enough evidence to try them here but we had enough to hand the——over to the Chinese," sneered a British detective standing outside the court after the proceedings.

A week later Lo was visited at the Military Garrison Headquarters in Nanking on one of the rare occasions when visitors have ever been allowed to enter that citadel of the Kuomintang terror. Lo stepped out, still cool and erect, when they opened the door of his tiny black cell. He looked straight into the faces of his visitors and into the faces of the guards and soldiers who crowded around.

"I stand from beginning to end on the side of the proletariat," he said. "I have dedicated my life to this struggle. Nothing can swerve me."

That was the last time any friend evey saw Lo Tuan-hsien—on April 5, 1933. During the months that followed there was no word. Belatedly the report has come that sometime in June he was removed from the Garrison Headquarters and taken to some torture chamber outside. *"Nothing can swerve me."* He was brought back emaciated, weak but not broken. On the morning of August 29 a Kuomintang executioner shot Lo Tuan-hsien—*"I have dedicated my life to this struggle."*—in the end he gave it. The name of Lo Tuan-hsien shall be writ large in the annals of the Chinese revolutionary movement long after his Kuomintang executioners shall have been exterminated and ground into the dust.

Rueggs Face Third Winter In Prison; Mrs. Ruegg's Health Undermined

PAUL AND GERTRUD RUEGG now face their third winter in prison. Despite the failing health of the prisoners, particularly Gertrud, the Nanking authorities have continued to ignore appeals for their release and have so far refused to entertain any request, even for the release of Mrs. Ruegg.

Paul Ruegg (Noulens), secretary of the Shanghai Bureau of the Pan-Pacific Trade Union Secretariat, and his wife were arrested in the Shanghai International Settlement on June 15, 1931. In August the British police turned their prisoners over to the tender mercies of the Kuomintang. Nearly a year passed after that during which the Rueggs were held successively in the military prison at Nanking and civil prisons in Nanking and Soochow under the most frightful conditions. They went on hunger strike four times to win improvements.

Not until July, 1932 were they brought to trial. The farcical proceedings were denounced by the prisoners, who went on hunger strike for sixteen days as a protest against the refusal of the Nanking authorities to permit them foreign counsel and venue in Shanghai. The trial produced no evidence against either Paul or Gertrud Ruegg bearing out the charges of conspiracy to overthrow the "Republic". The only witnesses were Shanghai Municipal British policemen. The only handwriting "expert" allowed to testify concerning the heap of "documents" presented as evidence was a British policeman.

When Paul Ruegg protested against this farce, he was dragged bodily from the court and the hearings were concluded in his absence. On August 19, both prisoners were found guilty and sentenced to death, with commutation of the penalty to life imprisonment. Counsel and the accused were refused the right to see the ten documents listed in the judgment as the basis for the conviction. These documents were never even mentioned or produced during the trial.

*See China Forum, Vol. 2, Nos. 4, 5.

2-94

2-94

罗登贤牺牲后，在上海出版的《中国论坛》（中英文合刊）杂志上刊登了纪念罗登贤的文章。

2-95

1998 年 10 月，罗登贤烈士之子、媳、孙来雨花台凭吊。

2-95

马克昌（1906—1931），云南河西人。1929 年在昆明加入中国共产主义青年团。1930 年在上海加入中国共产党，任中共上海江湾区区委书记。同年 12 月在上海被捕，解来南京。1931 年 4 月就义于南京。同时牺牲的还有陈仲模、刘希雨。

在上海等地的中共优秀党员马克昌、谭寿林、毛福轩、黄励、施滉、徐全直、何葆珍、许包野等遭国民党当局逮捕，解来南京，牺牲在雨花台。

刘希雨（1909—1931），又名希禹、西雨。云南昆明人。中共党员。早年在昆明参加革命活动。1930 年任中共上海江湾街道支部书记。同年 12 月与马克昌等同时在上海被捕，解来南京。1931 年 4 月英勇就义。

2-96
1928 年 2 月，马克昌在昆明参加运动会时的留影。
2-97
1931 年 4 月，刘希雨致同学李志伟的诀别信。

2-96

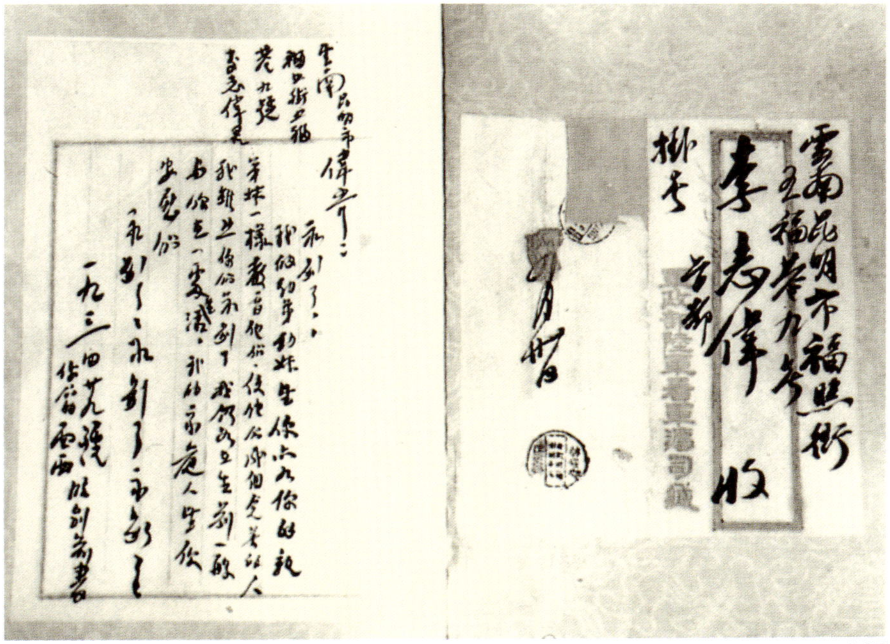
李志伟 收

2-97

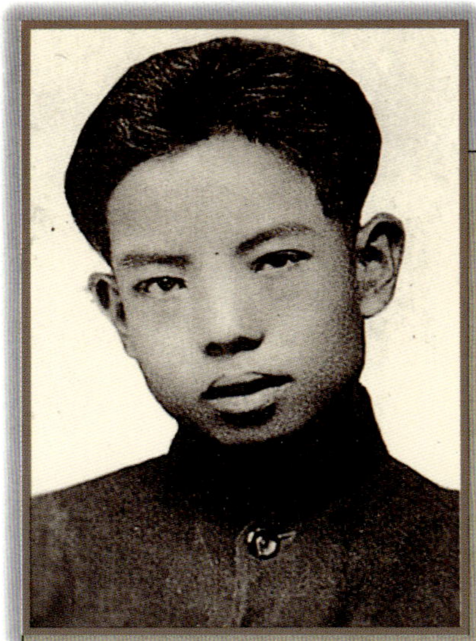

陈仲模（1911—1931），又名陈凯、陈楷。云南昆明人。中共党员。曾在昆明、上海等地从事革命工作。1930 年 12 月，与马克昌等同时在上海被捕，解来南京。1931 年 4 月英勇就义。

2-98

2-100

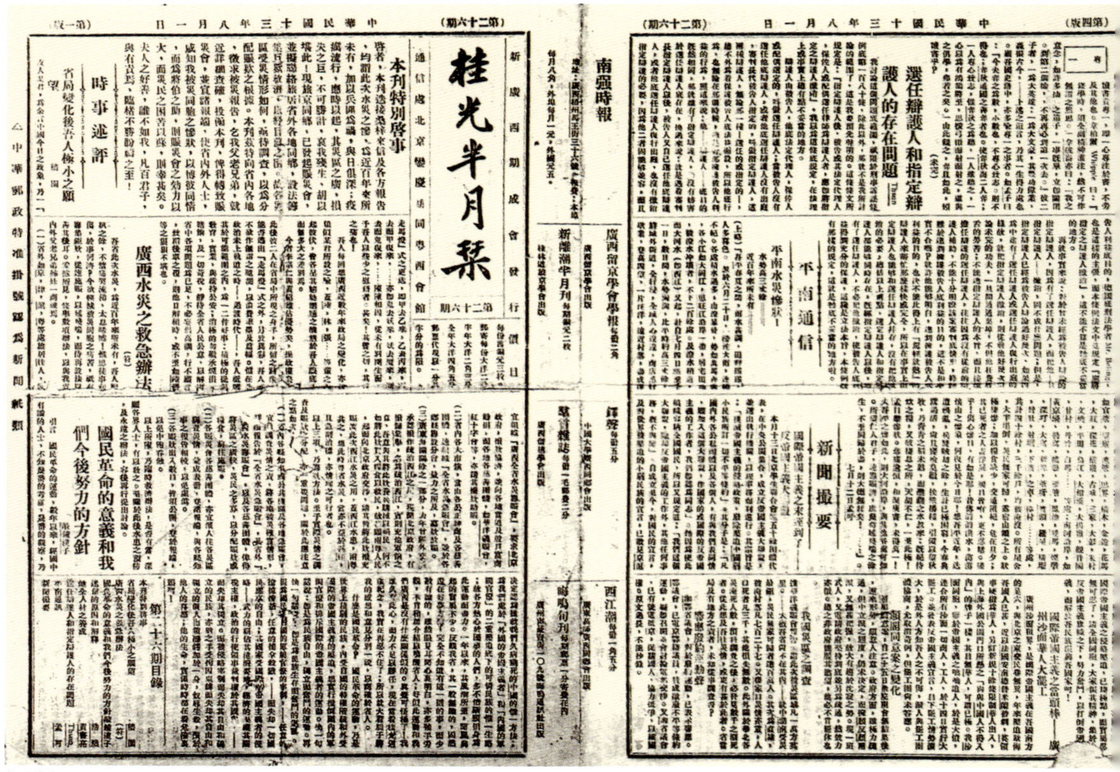

（第一版）　中華民國十三年八月一日　（第二十六期）

桂光半月刊

新廣西期成會發行

第二十六期

本刊特別啓事

時事述評

廣西水災之救急辦法

國民革命的意義和我們今後努力的方針

第二十六期目錄

南強時報

廣西留京學會學報

新離潮半月刊

（第四版）　中華民國十三年八月一日　（第二十六期）

選任辯護人和指定辯護人的存在問題

平南通信

平南水災慘狀

新聞撮要

2-101

谭寿林(1896—1931),又名勉予。广西贵县人。1925年在北京大学读书时,加入中国共产党。1926年担任中共梧州地委书记兼梧州《国民日报》社社长。1928年任全国海员总工会秘书长。1931年任全国总工会秘书长。同年4月在上海被捕,解来南京。5月壮烈就义于雨花台。

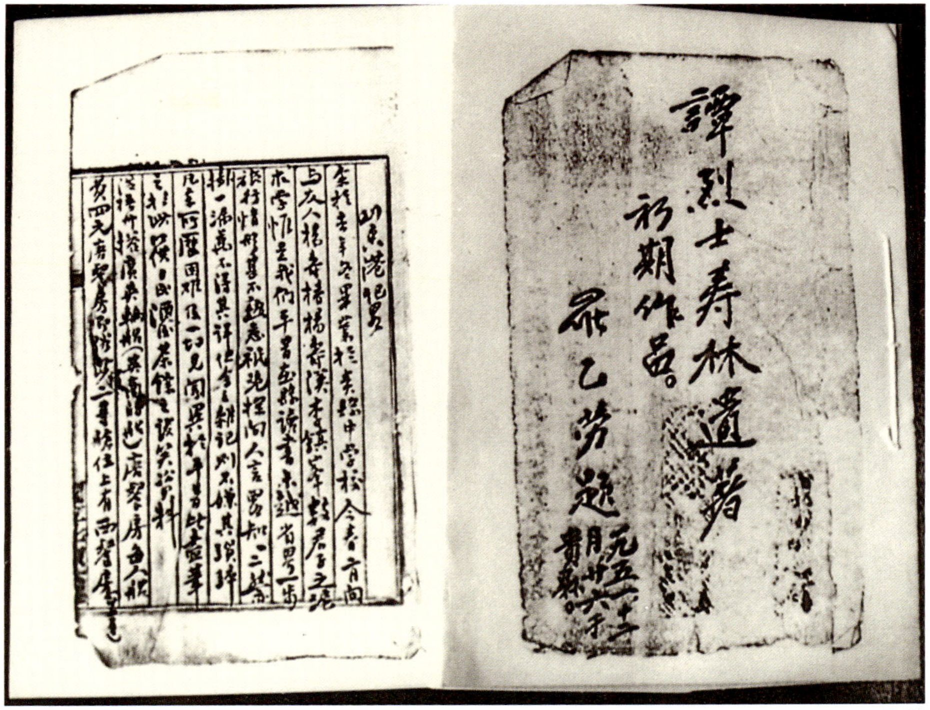
谭烈士寿林遗著
初期作品
罗乙劳题

2-99

2-98
1928年,陈仲模与刘希雨合影。右坐者为陈仲模。

2-99
1921年,谭寿林经香港去上海求学时的手稿《到香港记略》。

2-100
1923年,谭寿林考入北京大学读书。图为北京大学旧址。

2-101
谭寿林在北京大学读书时主编的《桂光》半月刊。

2-102
1926年,谭寿林任梧州《国民日报》主编。图为该报副刊《冲锋》。

2-103
1926年,谭寿林任中共梧州地委书记,当时他的社会职业是广西二中国文教员。图为中共梧州地委旧址。

2-102

2-103

2-104

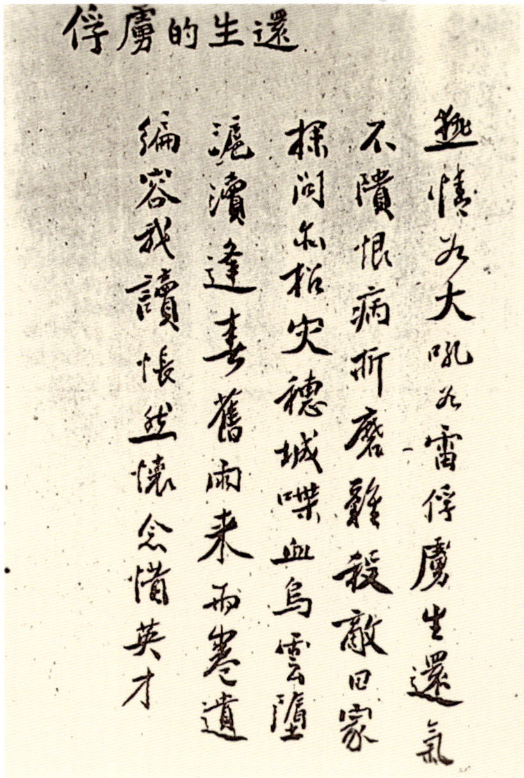
俘虜的生還

豪情如大吼如雷俘虜生還氣
不隤恨病折磨難殺敵回家
探問尔時突穗城喋血烏雲墮
滬瀆逢春舊雨來兩卷遺
編容我讀悵然懷念惜英才

2-105

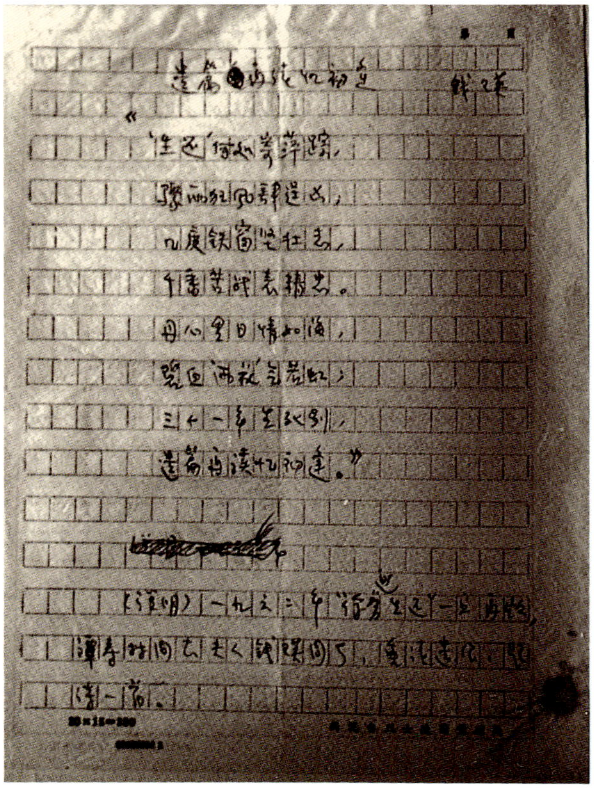

2-106

杨峻德（1900—1931），原名克宽，又名占魁、杨适。福建建瓯人。“五四”时期参与领导了建瓯的爱国学生运动。1928 年加入中国共产党。历任中共建瓯支部宣传委员、福州市委书记、闽北特委书记、福建省委秘书长等职。1928 年 10 月，到崇安等地帮助建立闽北红军独立团。1930 年秋，在福建厦门一带进行秘密工作。1931 年 3 月在厦门被捕，解来南京。同年 5 月牺牲。

2-108

朱杏南(1898—1931),江苏江阴人。1926年参加中国共产党。大革命时期曾领导江阴农民运动。1929年春任中共吴县县委书记,积极在太湖、阳澄湖附近建立革命根据地。1929年9月在苏州被捕,解来南京。1931年5月牺牲于雨花台。

2-107

2-104
1928年,谭寿林在上海任全国海员总工会秘书长时,写了《俘虏的生还》一书,回忆1926年在梧州被捕坐牢和获释的经过。
2-105
1962年4月,董必武读了《俘虏的生还》后所作诗。
2-106
钱瑛(谭寿林之妻)为纪念谭寿林烈士所作的诗文。
2-107
朱杏南烈士在江苏江阴夏港镇的故居,也是当时党的秘密活动地点。
2-108
1930年,杨峻德在中共福建省第二次代表大会上被选为省委执行委员。图为这次会议旧址。

高文华(1907—1931),化名程清。江苏无锡人。黄埔军校三期学生。1925年加入中国共产党。曾参加讨伐军阀陈炯明的东征战役,任部队连党代表。1926年参加北伐战争。1927年初,任共青团无锡县委书记。1928年3月不幸被捕,解来南京。1931年7月牺牲于狱中。

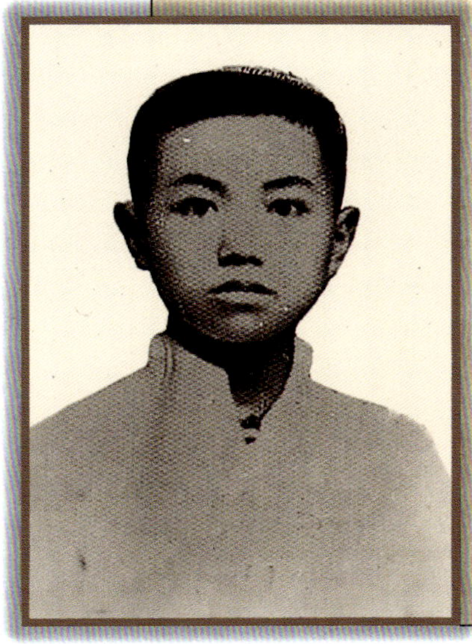

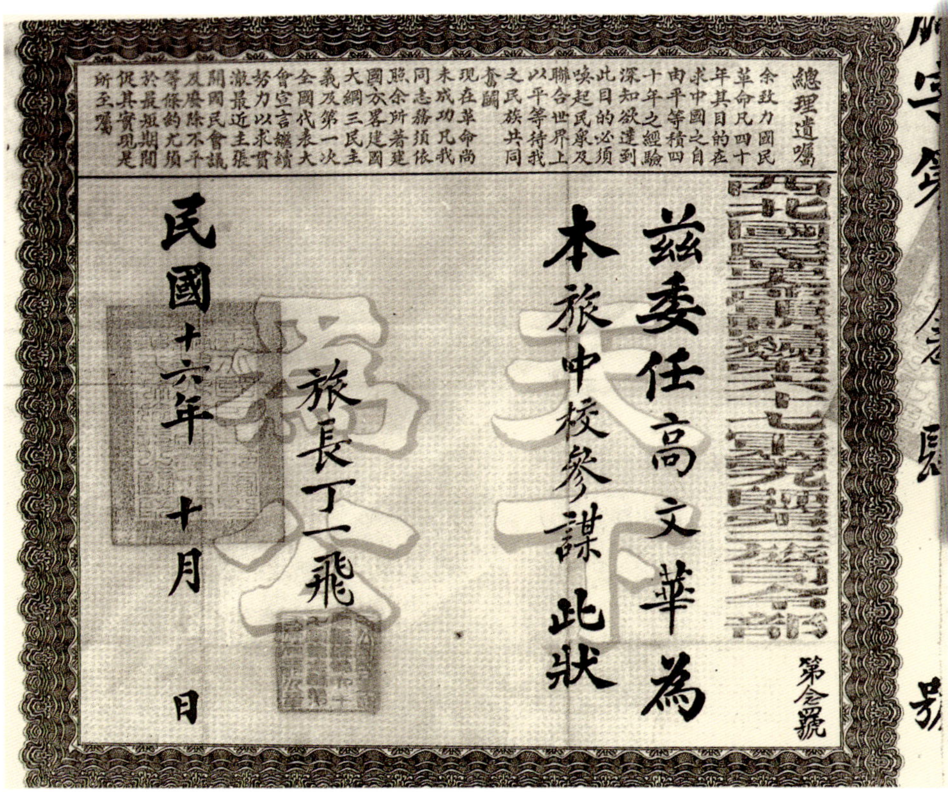

總理遺囑

余致力國民革命凡四十年其目的在求中國之自由平等積四十年之經驗深知欲達到此目的必須喚起民衆及聯合世界上以平等待我之民族共同奮鬥現在革命尚未成功凡我同志務須依照余所著建國方略建國大綱三民主義及第一次全國代表大會宣言繼續努力以求貫徹最近主張開國民會議及廢除不平等條約尤須於最短期間促其實現是所至囑

茲委任高文華為本旅中校參謀此狀

旅長丁一飛

民國十六年十月　日

第〇號

2-109

文绍珍（1908—1931），又名文丹慈。湖南石门人。大革命时期，考入长沙国民革命军军官学校第六期政治科。1926 年加入中国共产党。北伐战争期间，任东路先遣军连党代表。1929 年，进入南京中央军校，任中共支部书记兼任炮校党支部书记。1931 年，考入中央陆军军官学校高级班。同年 6 月，因中共南京党组织遭破坏，转移北平。7 月不幸被捕，解来南京。8 月牺牲于雨花台。

张阿春（？—1932），浙江绍兴人。苏州鸿生火柴厂工人。1931 年春加入中国共产党。任中共苏州中心县委组织部长，兼火柴厂党支部负责人。曾领导该厂工人反对资本家压迫，要求提高生活待遇的斗争。1932 年，因叛徒出卖在苏州被捕，解来南京。同年 4 月，就义于雨花台。同时遇难的有梁传贵、吕小和尚等 25 人。

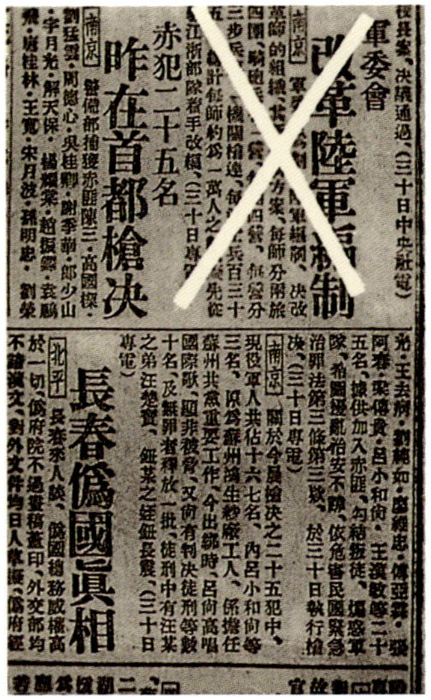

軍委會改革陸軍編制

赤犯二十五名昨在首都槍決

長春偽國真相

2-112

2-109
1927 年 10 月，高文华被任命为国民革命军第六十七军第九师第二旅中校参谋的委任状。

2-110
1927 年 4 月 8 日，北伐军到达杭州，文绍珍在岳坟前留影。照片两侧“革命化、纪律化、国际化、集体化”字样，系文绍珍手迹。

2-111
文绍珍就读的中央陆军军官学校（黄埔军校迁南京后改此校名）旧址。

2-112
1932 年 5 月 1 日，南京《民生报》关于吕小和尚就义时高唱《国际歌》壮烈情景的报道。

2-113
1925 年，陈原道参加全国学生联合会第七次代表大会的出席证。

2-114
陈原道代表河南省委致党中央的信。

2-110

2-110

2-111

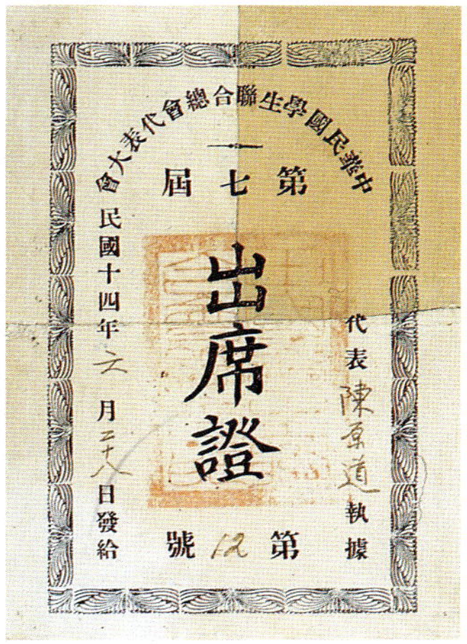
中華民國學生聯合總會代表大會
第七屆
出席證
代表 陳原道 執據
第 12 號
民國十四年六月二十八日發給

2-113

陈原道(1901—1933)，又名伯康、革新。安徽合肥人。中共党员。安徽省立第二甲种农业学校学生。1925 年赴苏联学习。1928 年回国。历任中共河北省委、河南省委常委，江苏省委常委及宣传部长等职。1932 年底在上海被捕，解来南京。1933 年 3 月牺牲于雨花台。

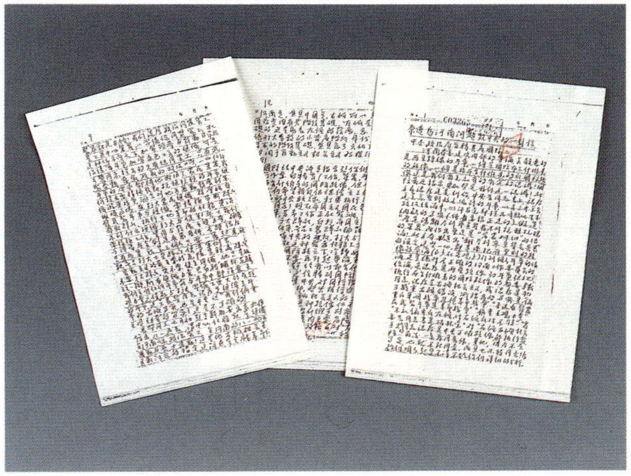

2-114

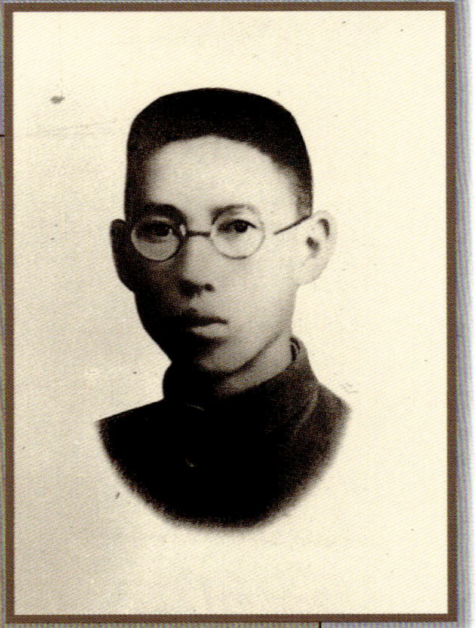

杨振铎（1905—1933），又名杨泽。山西芮城人。中共党员。1926年考入上海大学，任该校共青团支部书记。曾参加过上海工人第三次武装起义。1929年任共青团江苏省委书记。1930年9月在上海被捕，解来南京。1933年4月牺牲于雨花台。

十年寒窗易铁窗，年争日斗履冰霜。
监牢饮马长江水，禁遏英雄呈豪光。

2-115

张炽（1898—1933），字子昌，名章阿昌。云南路南人。1925年入中国共产党。历任中共民国大支部书记、中共北京地委西部委会委员、中共大连地委宣传部长、共云南省临时工委宣传部长等职1930年，在上海从事工人运动，幸被捕，解来南京。1933年4月雨花台就义。

毛福轩（1900—1933），化名毛文豪、毛思灏。湖南韶山人。早年跟随毛泽东参加革命，后被派赴安源煤矿工作。1925年，由毛泽东介绍加入中国共产党。历任中共韶山支部书记、湘潭农协特派员、中共湘潭县委书记、中共湖南省委委员等职。1928年赴上海，在国民党金山县公安局从事地下工作。1933年2月，因叛徒出卖被捕，解来南京。同年5月殉难于雨花台，同时蒙难者4人。

2-118

2-117

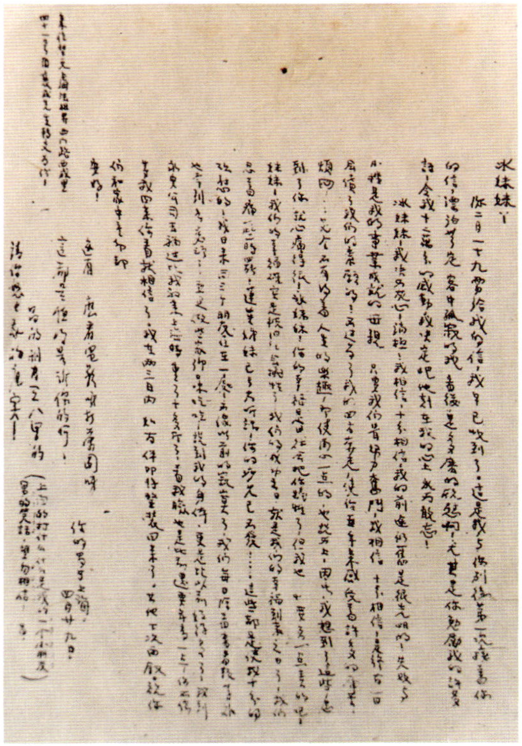

2-116

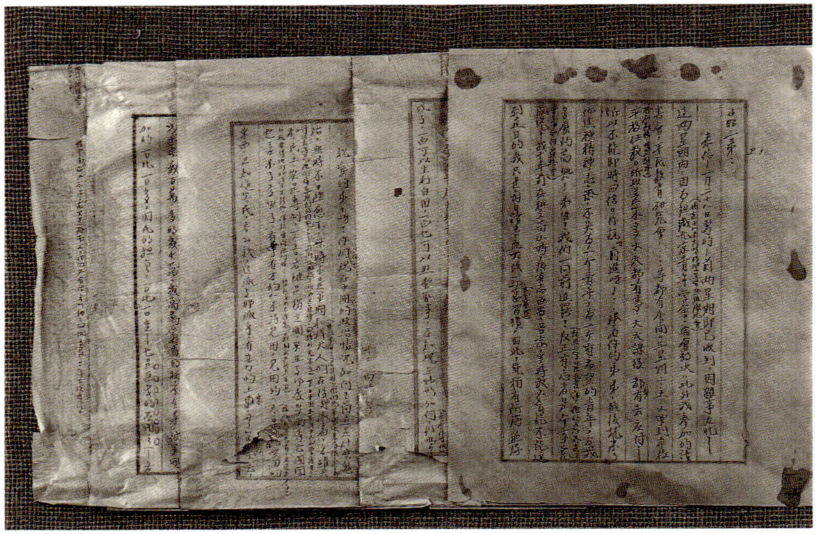

2-119

2-115

杨振铎的狱中诗。

2-116

1925年，张炽在北京给弟弟子昭写信说："现在要想救中国，使中国人民得到平等自由，不致冻饿和受人压迫，当为奴隶，就得要革命，要实行国民革命，打倒帝国主义，打倒帝国主义的走狗、工具——军阀。除了这条路，中国是不可救了。"

2-117

张炽在上海从事革命活动期间写给妻子的信。信中说："我决不灰心消极！我相信，十分相信，我的前途仍旧是很光明的！失败与小挫是我的事业成就的母亲！只要我们肯努力奋斗，我相信，十分相信，是终有一日会偿了我们的夙愿的！"

2-118

中共韶山支部旧址。1925年，毛泽东建立了该党支部，毛福轩任第一任支部书记。

2-119

1959年，毛泽东回韶山时，接见毛福轩烈士妻子时的合影。

胡南生（1905—1933），又名胡兰生，化名吴芝生、吴继才。湖北武昌人。大革命时期加入中国共产党。后赴苏联学习，1930 年回国。1931 年任上海工联会青工部长。1932 年任共青团上海法南区委书记。同年 9 月调共青团江苏省委任青工部长、组织部长等职。1933 年 3 月，由于叛徒出卖在上海被捕，解来南京。同年 6 月就义于雨花台。

2-120

吴振鹏（1906—1933），安徽怀宁人。1923 年在安徽省立第一师范学校读书时加入中国社会主义青年团。1926 年在上海大学读书时转为中共党员。1927 年任中共江西省委青年部长、团省委书记。后历任团中央委员、团江苏省委书记、中共中央视察员等职。1933 年 5 月在上海被捕，解来南京。同年 6 月牺牲于狱中。

2-120
胡南生牺牲后，共青团中央机关刊物《列宁青年》第 11 期上发表了纪念胡南生的文章。

2-121
吴振鹏在共青团中央机关刊物《列宁青年》、《无产青年》上发表的《最近香港青年工人之活动（香港通信）》等文章。

2-122
1926 年，黄励在莫斯科中山大学学习期间与同学、教师合影。第二排坐者右二为黄励。

2-123
1926 年，黄励与丈夫杨放之在莫斯科合影。

2-124
1933 年 5 月 3 日，中共江苏省委关于营救黄励的紧急通知。

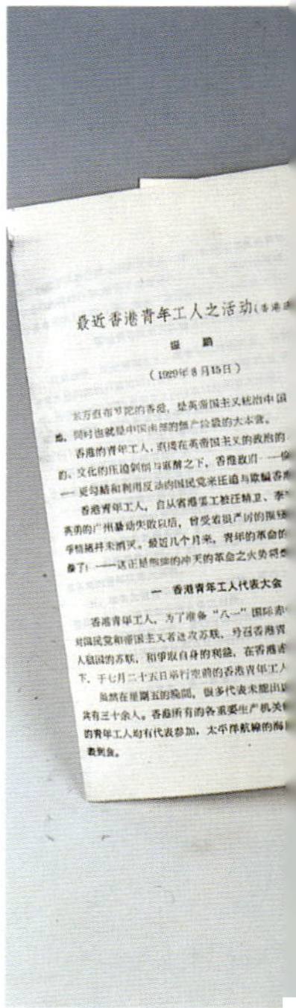

黄励（1905—1933），又名黄丽。湖南益阳人。1925 年加入中国共产党。同年 10 月去莫斯科中山大学学习。1928 年随瞿秋白到德国柏林出席世界反帝大同盟会议。1929 年随邓中夏到海参崴参加第二次太平洋地区职工代表会议，并留会议书记处工作。1931 年秋回国，任上海全国互济总会主任兼党团书记。1932 年 7 月调任中共江苏省委组织部部长。1933 年 4 月因叛徒告密在上海被捕，解来南京。同年 7 月在雨花台慷慨就义。

2-123

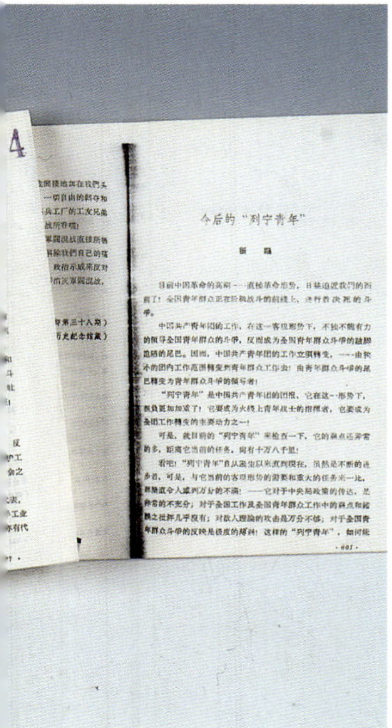

2-121

2-122

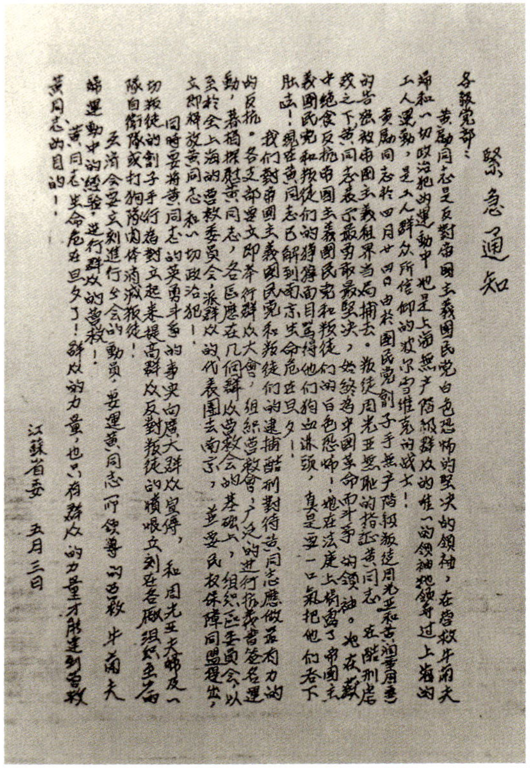

紧急通知

各级党部：

黄励同志是反对帝国主义国民党白色恐怖的坚决的领袖，在营救牛兰夫妇和一切政治犯的运动中也是上海无产阶级群众的唯一的领袖，她领导过上海的工人运动，是工人群众所信仰的坚强的战士！

黄励同志於四月廿四日由於国民党刽子手無产阶级叛徒周光亚和黄润霖的告密被帝国主义租界当局捕去。叛徒周光亚無耻的指证黄同志，在酷刑虐政之下，黄同志表示最勇敢最坚决，始終为中国革命而斗争的领袖。她在狱中絕食反抗帝国主义国民党和叛徒们的白色恐怖！她在法庭上揭露了帝国主義国民党和叛徒们的狰狞面目，骂得他们狗血淋头，真是要一口氣把他们吞下肚去！现在黄同志已解到南京，生命危在旦夕！！

我们对帝国主义国民党和叛徒们的逮捕酷刑對待黄同志應做最有力的的反抗。各支部要立即举行群众大會，组织营救會，广泛的进行抗议书签名運動，募捐慰勞黄同志，各區應在几個群众营救会的基础上，组织区委员会，以至於全上海的营救委员会，派群众的代表團去南京，並要民权保障同盟提出，立即释放黄同志和一切政治犯！

同時要将黄同志的英勇斗争的事实向廣大群众宣傳，和周光亚夫婦及一切叛徒的刽子手行為對立起来提高群众反對叛徒的憤恨立刻在各厰组织赤色队自衛队或打狗队肉体消滅叛徒！

互济会要立刻進行全会的動員，要運黄同志所领导的营救牛兰夫婦運動中的經驗，進行群众的营救！

黄同志生命危在旦夕了！群众的力量，也只有群众的力量才能達到营救黄同志的目的！！

江蘇省委　五月三日

2-124

2-125
黄励遗言。

“我黄励决不贪生怕死！不要用什么‘自由’、‘职位’来引诱我。我们共产党人正是为了自由，为了解放全人类而起来革命！为了达到这个目的，我们可以用生命去换取，任何的压迫、利诱都见鬼去吧！”

“笑话！共产党员不宣传共产主义宣传什么?!叫我不宣传共产主义吗?那除非等我死了之后！”

“革命不怕死，怕死不革命！”

施滉（1900—1933），化名赵琛、罗森。云南洱源人。1917年考入北京清华学校（清华大学前身）。1924年毕业，赴美国斯丹福大学学习东方史。1927年加入美国共产党，任美共中国局书记。1929年被派往莫斯科，任少共国际工人学校翻译。1930年回国，在中共中央从事翻译工作。后历任香港海员工会秘书，中共河北省委委员、宣传部部长及省委书记等职。1933年因叛徒出卖，在北平不幸被捕，解来南京，壮烈就义。

2-126

2-127

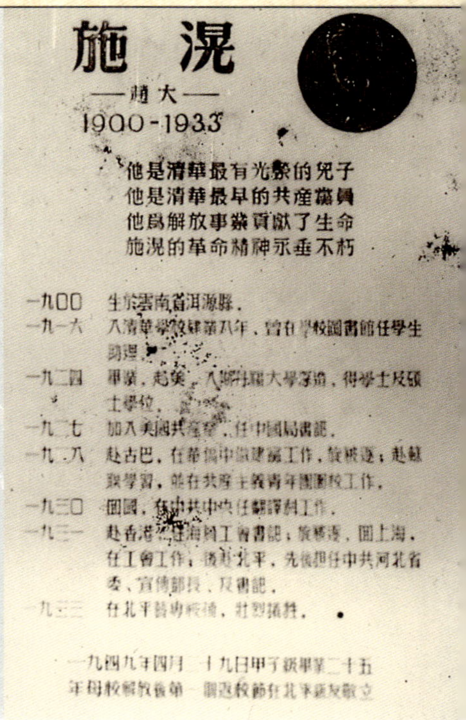

施 滉
——趙大——
1900-1933

他是清華最有光榮的兒子
他是清華最早的共産黨員
他爲解放事業貢獻了生命
施滉的革命精神永垂不朽

一九〇〇 生於雲南省洱源縣。
一九一六 入清華學校肄業八年，曾在學校圖書館任學生助理。
一九二四 畢業，赴美，入斯坦福大學深造，得學士及碩士學位。
一九二七 加入美國共產黨，任中國局書記。
一九二八 赴古巴，在華僑中從事組織工作，旋被逐；赴蘇聯學習，並在共產主義青年團團校工作。
一九三〇 回國，在中共中央任翻譯科工作。
一九三一 赴香港，任海員工會書記；旋被逐，回上海，在工會工作；後赴北平，先後擔任中共河北省委、宣傳部長、及書記。
一九三三 在北平被捕，壯烈犧牲。

一九四九年四月二十九日甲子級畢業二十五年母校解放後第一個返校節在北平級友敬立

徐全直（1902—1934），又名徐虔之，化名黄世英。湖北沔阳人。1922年加入中国社会主义青年团。1923年转为中共党员。1925年与陈潭秋结婚。曾任湖北妇女协会执行委员。1927年“七·一五”政变后，随陈潭秋一起辗转华北、东北、华东等地从事党的秘密工作。1933年6月在上海被捕，解来南京。1934年2月在雨花台就义。

2-126
“五四”运动以后，施滉在清华学校组织了唯真学会。主要成员有冀朝鼎、徐永英等。图为该会部分成员在清华园内“水木清华”施东亭（现为自清亭）前合影。前排右三为施滉。

2-127
1924年，施滉毕业前和国语辩论会的同学合影留念。前排左三为施滉。

2-128
1949年4月29日，北平的清华大学1924级校友，在清华图书馆门厅正面墙上，建立了施滉烈士纪念碑，其上镶嵌着施滉烈士的铜像，刻着他的简历及纪念他的诗句。

2-129
湖北妇女协会办的刊物——《湖北妇女》（原为《武汉妇女》），发行人徐虔之即徐全直。

2-130
徐全直（中）与战友和长子的合影。

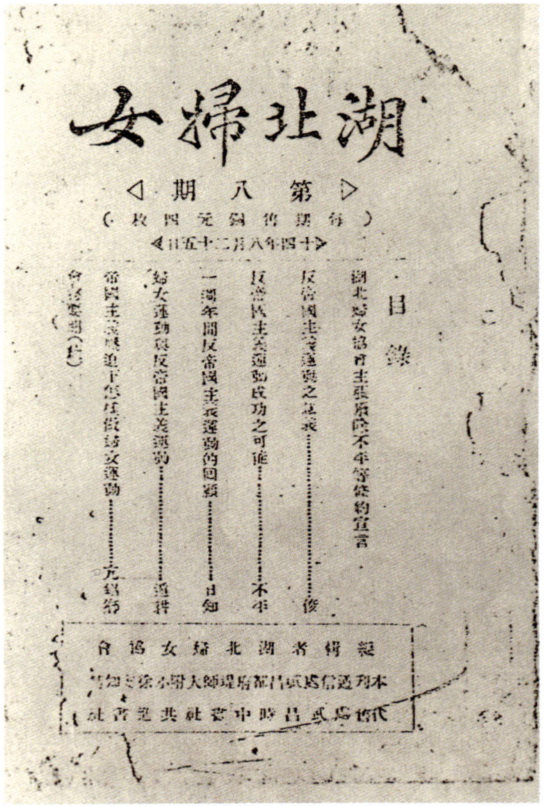

湖北婦女

第八期

（每册售銅元四枚）

十四年八月二十五日

目錄

湖北婦女協會主張廢除不平等條約宣言

反帝國主義運動之意義……[illegible]

反帝國主義運動成功之可能……[illegible]

一週年間反帝國主義運動的回顧……[illegible]

婦女運動與反帝國主義運動……[illegible]

帝國主義壓迫下怎樣做婦女運動……[illegible]

總發行者 湖北婦女協會

[illegible]

2-129

2-130

2-128

2-131

2-131

2-131

徐全直、陈潭秋夫妇居住和战斗过的地方——原武昌高级师范附属小学，当时他们以教师职业为掩护，从事革命工作。

2-132

1929 年，洪灵菲在上海与妻子秦静、儿子洪小灵的合影。

2-133

1930 年 3 月 2 日，中国左翼作家联盟在上海成立，鲁迅、洪灵菲、夏衍、冯乃超、钱杏邨、田汉、郑伯奇当选为常务委员，组成了“左联”领导核心。图为“左联”旧址。

2-134

“左联”等组织出版的部分刊物。

2-135

洪灵菲的部分著作与译作。

2-136

洪灵菲烈士之子、媳来雨花台凭吊。

2-133

2-134

洪灵菲(1902—1934),原名伦修。广东潮安人。1926年加入中国共产党。同年毕业于国立广东高等师范学校。曾在东南亚一带从事革命活动和文学创作。1930年初,在上海与鲁迅等组织中国左翼作家联盟及反帝大同盟,并任"左联"常务委员。1933年春,任中共中央驻北方代表秘书处处长。同年7月在北平被捕,解来南京。1934年牺牲。

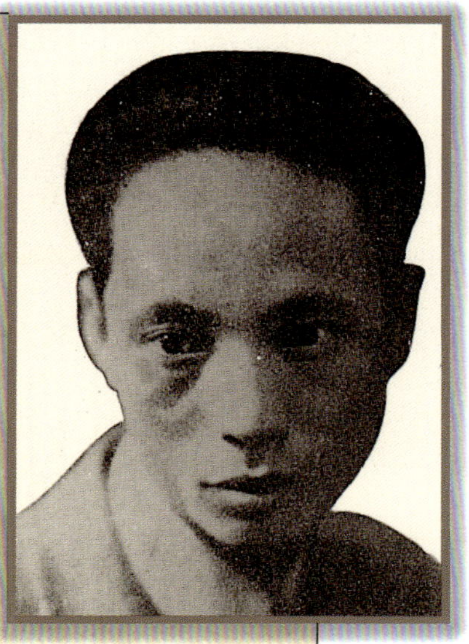

2-132

2-136

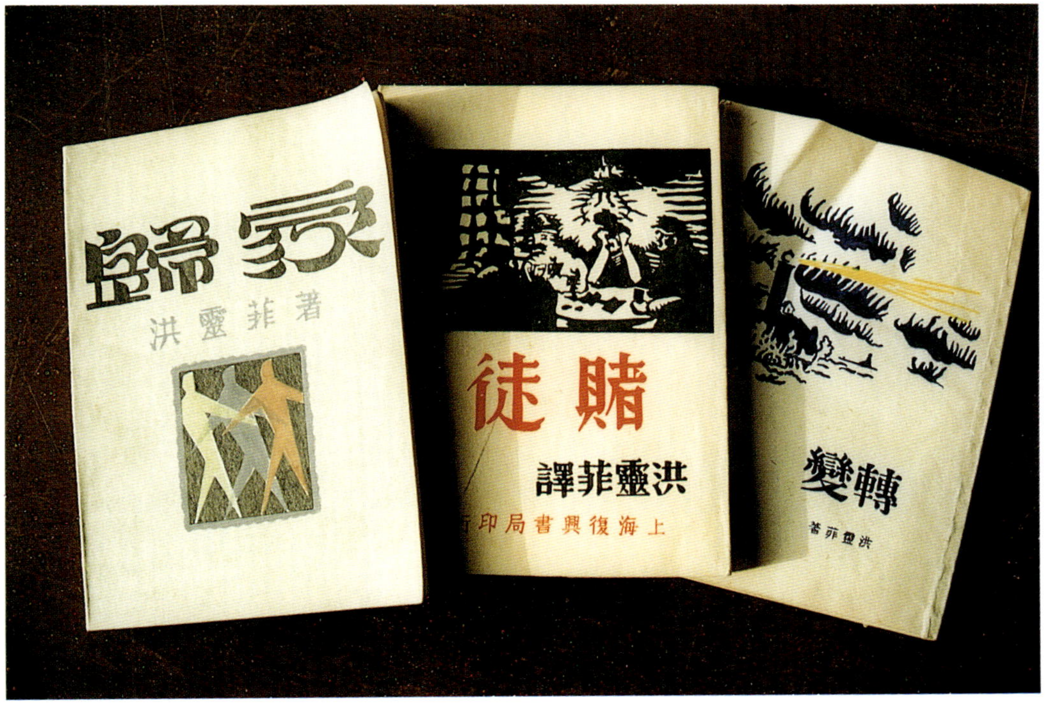

2-135

何葆珍（1902—1934），化名黄芬芳。湖南道县人。1918 年入湖南衡阳省立第三女子师范学校读书。1922 年参加中国社会主义青年团。1923 年转入中国共产党。同年到安源路矿工人子弟学校教书，并与刘少奇结婚。后随刘少奇到上海、长沙、武汉、广州、天津、东北等地从事革命工作。1933 年在上海不幸被捕，解来南京，判刑 15 年。因在狱中坚持对敌斗争，不稍退缩，改判死刑。1934 年在雨花台就义。

2-137

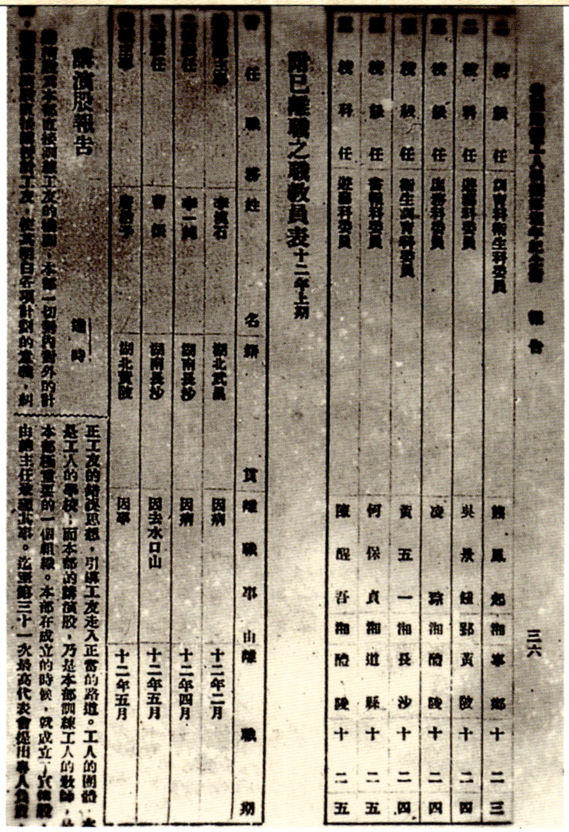

已離職之職教員表 十二年上期

職務	姓名	籍貫	離職事由	離職日期
[illegible]	李載石	湖北武昌	因病	十二年二月
[illegible]	[illegible]	湖南長沙	因病	十二年四月
[illegible]	[illegible]	湖南長沙	因去水口山	十二年五月
[illegible]	[illegible]	湖北黃陂	因事	十二年五月

講演股報告

2-140

2-137
何葆珍与母亲的合影。

2-138
湖南衡阳省立第三女子师范学校旧址。何葆珍曾在该校读书。

2-139
1922 年，何葆珍在衡阳省立第三女子师范读书时，因积极投身学生运动，被学校当局开除学籍。图为 1922 年 10 月 8 日湖南《大公报》关于此事的报道。

2-140
1923 年，何葆珍奉中共党组织派遣到安源路矿工人子弟学校任教。这是该校教职员表。

2-141
1923 年 7 月 1 日，安源路矿工人子弟学校三校全体教职员和学生在学校操场的合影。

2-138

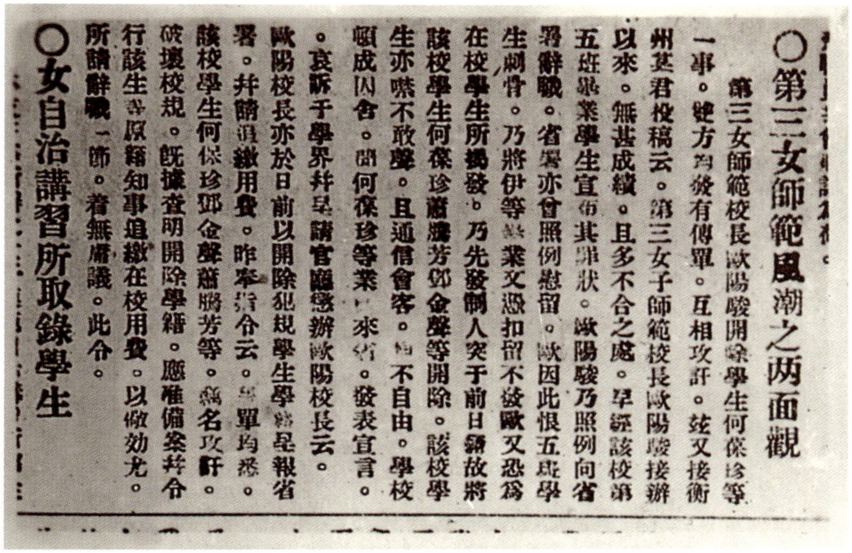

○第三女師範風潮之兩面觀

第三女師範校長歐陽駿開除學生何葆珍等一事。雙方均發有傳單。互相攻訐。玆又接衡州某君投稿云。第三女子師範校長歐陽駿接辦以來。無甚成績。且多不合之處。早經該校第五班畢業學生宣布其罪狀。歐陽駿乃照例向省署辭職。省署亦曾照例慰留。歐因此恨五班學生刺骨。乃將伊等畢業文憑扣留不發。歐又恐爲在校學生所揭發。乃先發制人。突于前日藉故將該校學生何葆珍蕭鵬芳鄧金聲等開除。該校學生亦噤不敢聲。且通信會客。均不自由。學校頓成囚舍。聞何葆珍等業已來省。發表宣言。哀訴于學界。幷呈請官廳懲辦歐陽校長云。歐陽校長亦於日前以開除犯規學生學籍呈報省署。幷請追繳用費。昨奉指令云。呈單均悉。該校學生何保珍鄧金聲蕭鵬芳等。爲名攻訐。破壞校規。既據查明開除學籍。應准備案。幷令行該生等原籍知事追繳在校用費。以儆効尤。所請辭職一節。着無庸議。此令。

○女自治講習所取錄學生

2-139

2-141

许包野（1900—1935），又名许鸿藻、许金海。广东澄海人。1900年出生于泰国一个华侨家庭，少年时回国。1920年赴法国、德国、奥地利留学，获博士学位。1923年由朱德介绍加入中国共产党，参加中共旅欧支部。后到苏联莫斯科东方大学任教。1932年初回国，历任中共厦门中心市委巡视员、中心市委书记，中共江苏省委书记，河南省委书记。1935年春在河南被捕，解来南京，同年5月就义。

2-143

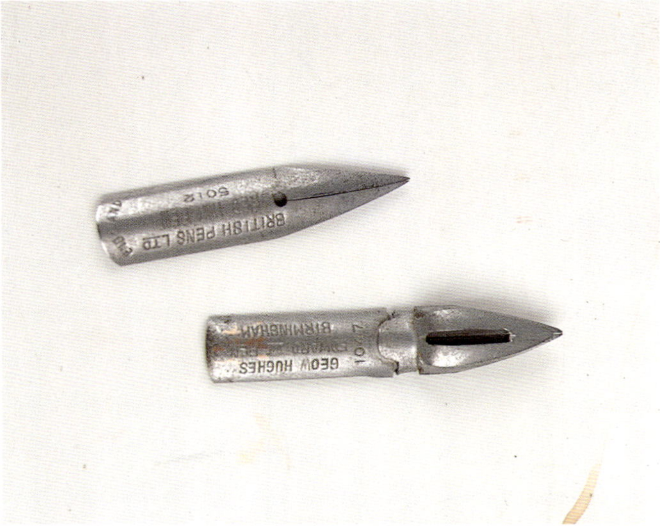

2-142

2-144

2-145

2-146

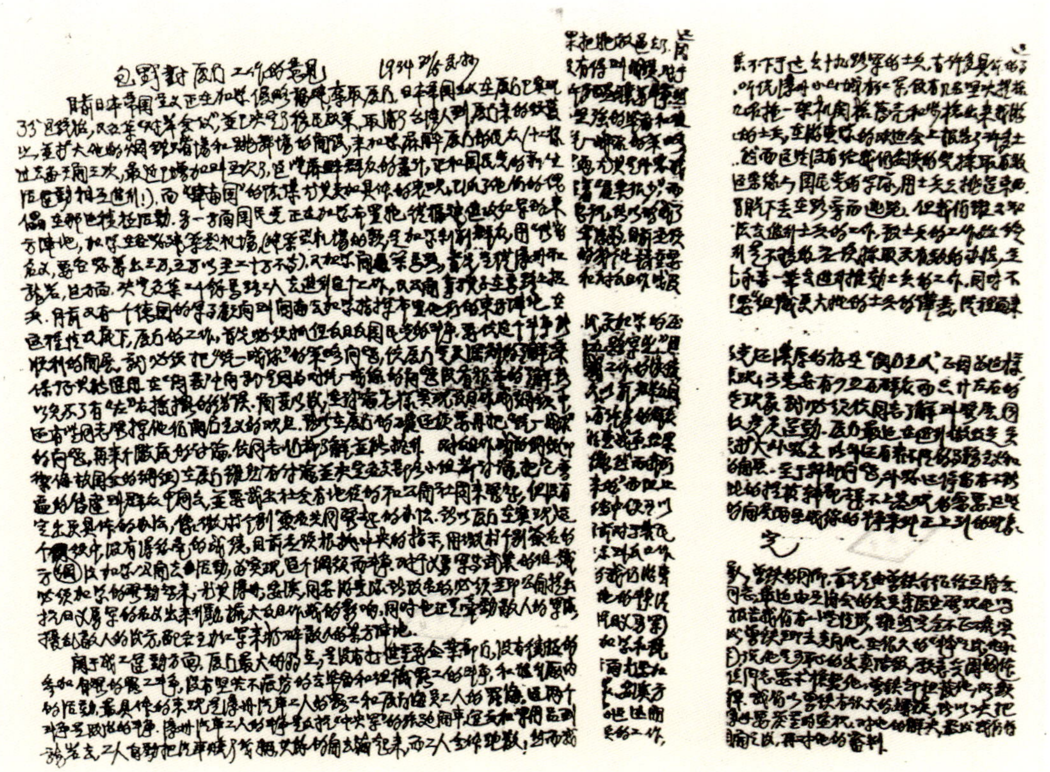

包野对厦门工作的意见 1934 5/31

2-147

2-142

1924 年 6 月 15 日，何葆珍等在安源路矿工会工人学校的合影。第一排坐者右一陈潭秋；第二排坐者右四何葆珍，右五徐全直；第三排立者右二刘少奇。

2-143

何葆珍曾用这些蘸水笔抄写过许多党的文件和传单。

2-144

1984 年 8 月，何葆珍烈士之女刘爱琴在“缅怀先烈，振兴中华”座谈会上发言。

2-145

许包野留学时与同学的合影。站立者为许包野。

2-146

1923 年 10 月，许包野在德国哥丁根与朱德等人的合影。后排右二为许包野，前排坐者右四为朱德。

2-147

1934 年 5 月 31 日，许包野给党中央的信。信中汇报了厦门开展反对帝国主义斗争的情况，同时对继续开展职工运动、农民运动和士兵运动提出了建议。

邓演达（1895—1931），字择生。广东惠阳人。早年入广东陆军小学，加入同盟会。后毕业于武昌陆军第二预备学校和保定陆军军官学校。1923年任孙中山大元帅府大本营警卫团长。1924年国共合作后，历任黄埔军校教育长、国民党中央执行委员会委员、中央军事委员会主席团成员、中央农民部部长、国民革命军总司令部政治部主任、湖北省政府主席等职。“四·一二”政变后，仍坚决维护孙中山的三大政策，与蒋介石进行斗争。曾赴欧洲和苏联进行社会考察。1930年5月回国，在上海领导创建了严重威胁蒋介石独裁统治的中国国民党临时行动委员会（今农工民主党前身），被推选为总干事。1931年8月在上海被捕，解来南京。蒋介石诱以高官厚禄，企图使其改变反蒋立场，邓不为所动。同年11月，邓演达被杀害于南京。

2-148

2-149

2-15

中国国民党临时行动委员会创始人、国民党左派领袖——邓演达。

2-148
邓演达烈士雕塑像。

2-149
广东惠阳鹿颈村邓演达故居。

2-150
邓演达在武昌陆军第二预备学校和保定陆军军官学校毕业的证书。

2-151
1923 年，孙中山赠邓演达的签名照片和手书对联。

2-151

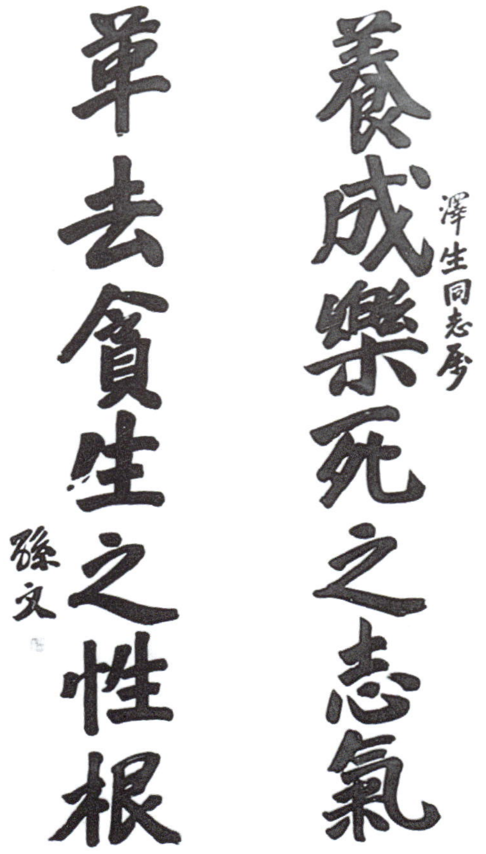

2-151

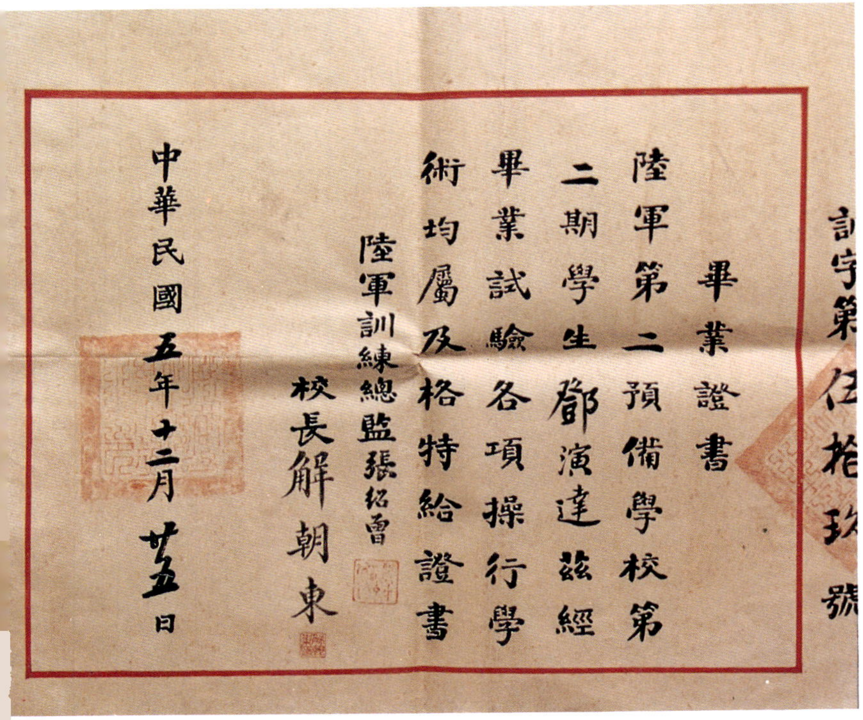

畢業證書

陸軍第二預備學校第二期學生鄧演達茲經畢業試驗各項操行學術均屬及格特給證書

陸軍訓練總監張紹曾

校長解朝東

中華民國五年十二月廿五日

訓字第伍拾玖號

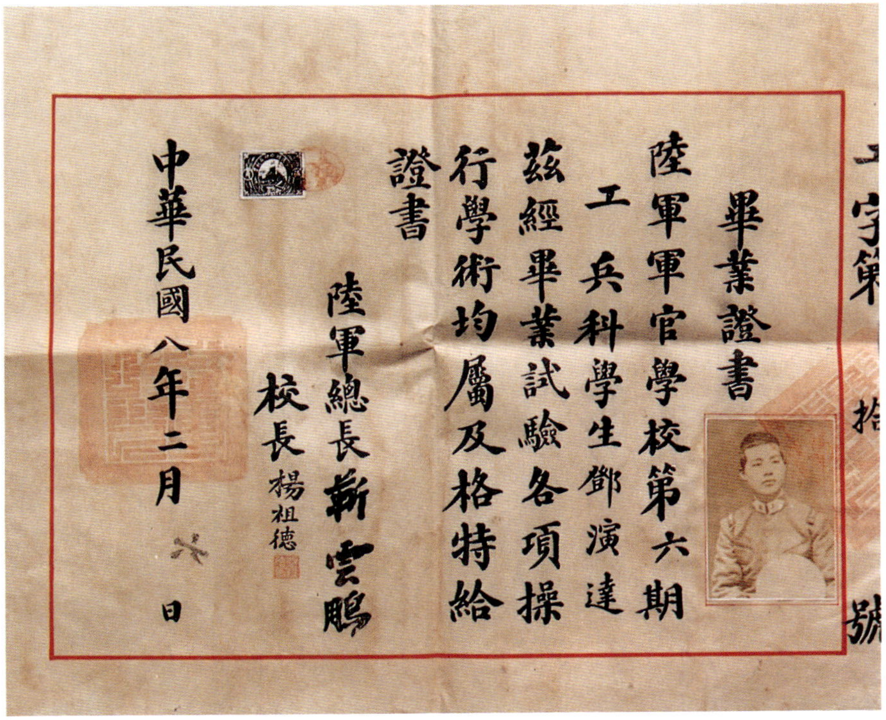

畢業證書

陸軍軍官學校第六期工兵科學生鄧演達茲經畢業試驗各項操行學術均屬及格特給證書

陸軍總長靳雲鵬

校長楊祖德

中華民國八年二月六日

字第 拾 號

2-150

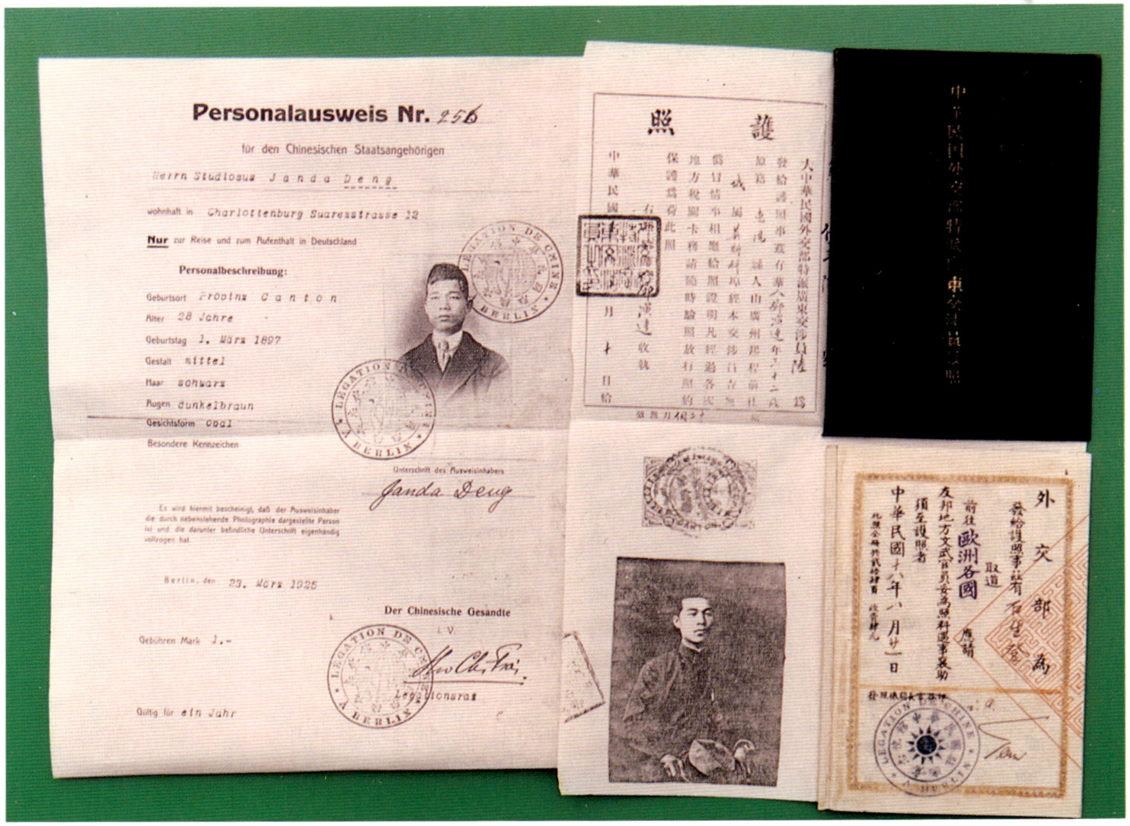

2-152

2-153

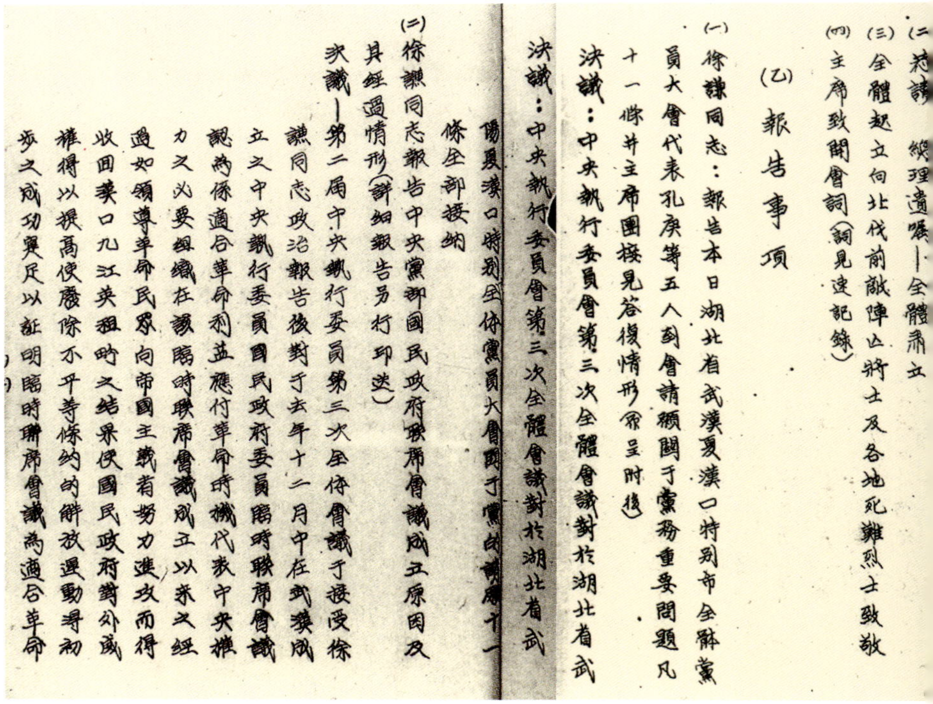

(二)恭讀 總理遺囑——全體肅立

(三)全體起立向北伐前敵陣亡將士及各地死難烈士致敬

(四)主席致開會詞（詞見速記錄）

(乙)報告事項

(一)徐謙同志：報告本日湖北省武漢夏漢口特別市全體黨員大會代表孔庚等五人到會請願關于黨務重要問題凡十一條並主席團接見答復情形（另呈附後）

決議：中央執行委員會第三次全體會議對於湖北省武

決議：中央執行委員會第三次全體會議對於湖北省武陽夏漢口特別全体黨員大會關于黨的請願十一條全部接納

(二)徐謙同志報告中央黨部國民政府聯席會議成立原因及其經過情形（詳細報告另行印送）

決議——第二屆中央執行委員第三次全体會議于接受徐謙同志政治報告後對于去年十二月中在武漢成立之中央執行委員國民政府委員臨時聯席會議認為係適合革命利益應付革命時機代表中央權力之必要組織在該臨時聯席會議成立以來之經過如領導革命民眾向帝國主義者努力進攻而得收回漢口九江英租界之結果使國民政府對外威權得以提高使廢除不平等條約的解放運動得初步之成功實足以証明臨時聯席會議為適合革命

2-152

邓演达 1924 年、1925 年及 1929 年的出国护照。

2-153

1926 年 7 月，邓演达任国民革命军总司令部政治部主任。图为邓演达（中）在北伐途中与苏联顾问铁罗尼（左）及郭沫若的合影。

2-154

邓演达（右）和铁罗尼在武昌城下督战。

2-155

1927 年 3 月 10 日，国民党第二届中央执行委员会第三次全体会议在武汉召开。邓演达当选为中央执行委员会委员、中央政治委员会委员、中央军事委员会主席团成员和中央农民部部长。图为该次会议的记录。

2-156

1927 年 3 月 30 日，邓演达在湖北武昌参加了粤、湘、鄂、赣、豫农协的联席会议，被推举为临时执行委员和宣传部部长。图为关于此次会议的报道。

2-154

中國國民黨第二屆中央執行委員第三次全體會議第一日會議議事錄 十六年三月十日

中國國民黨第二屆中央執行委員第三次全體會議第一日開會議事錄 十六年三月十日

地點：漢口南洋大樓

時間：下午二時

列席者：詹大悲 經亨頤 譚延闓 惲代英 謝晉
丁惟汾 孫科 周啟剛 朱霽青 徐謙
夏曦 孫宋慶齡 于樹德 毛澤東 陳其瑗
王法勤 吳玉章 丁超五 林祖涵 董用威
宋子文 陳友仁 顧孟餘 鄧懋修 何香凝
李宗仁 陳公博 彭澤民 江浩 鄧演達
許甦魂 王樂平 柏文蔚

主席團：譚延闓 徐謙 孫科 孫宋慶齡 顧孟餘

主席：譚延闓 秘書長：陳其瑗

(1)(一)

(甲)開會秩序

2-155

，三月三十日，粵湘鄂贛等省農民協會代表，及河南武裝農民自衛軍代表，在武昌舉行聯席會議，推舉鄧演達毛澤東譚延闓譚平山徐謙孫科唐生智張發奎彭湃易禮容陸沉蕭人鵠方志敏等十三人，爲臨時執行委員，組織中華全國農民協會臨時執行委員會，就職視事，並推定鄧演達爲宣傳部長，毛澤東爲組織部長，彭湃爲祕書長，吾國農民之痛苦，皆爲國際帝國主義之侵略，與國內封建階級之壓迫，農民之解放，即國民革命之成功，故國民革命勢力之進展農民亦隨之組織起來，同人深此爲信不易之道，誓立於革命的地位，領導全國農民，努力奮鬥，以完成國民革命。與一切帝國主義者及封建階級作最後之鬥爭，謹此電聞諸希敎正，中華全國農民協會臨時執行委員會齊印，○○○

2-156

2-157

2-158

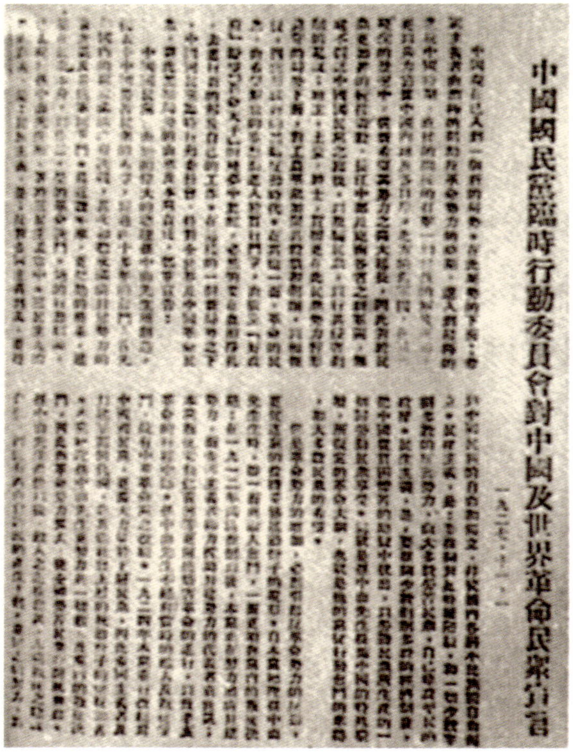

中國國民黨臨時行動委員會對中國及世界革命民衆宣言

2-161

2-162

2-163

2-157

1927 年 3 月，邓演达与夫人郑立真在武昌合影。

2-158

1927 年，邓演达与黄埔军校政治部全体职员合影。前排右四为邓演达。

2-159

1927 年 6 月，邓演达给国民党中央执行委员会的告别信，谴责了蒋介石屠杀工农群众的罪行。

2-160

1927 年秋，邓演达（右）同宋庆龄（中）、鲍罗廷（左）、王人达（前坐者）在苏联高加索的合影。

2-161

1927 年 11 月 1 日，邓演达、宋庆龄、陈友仁在莫斯科发表的《中国国民党临时行动委员会对中国及世界革命民众宣言》(《莫斯科宣言》)。

2-162

1928 年，中国共产党派廖承志到德国国际海员工会工作。图为邓演达（右二）和廖承志（左一）等在柏林郊区“绿色森林”合影。

2-163

1927 年至 1930 年间，邓演达曾先后到德国、意大利、保加利亚、土耳其、苏联等五国考察。图为他在国外的留影。

2-159

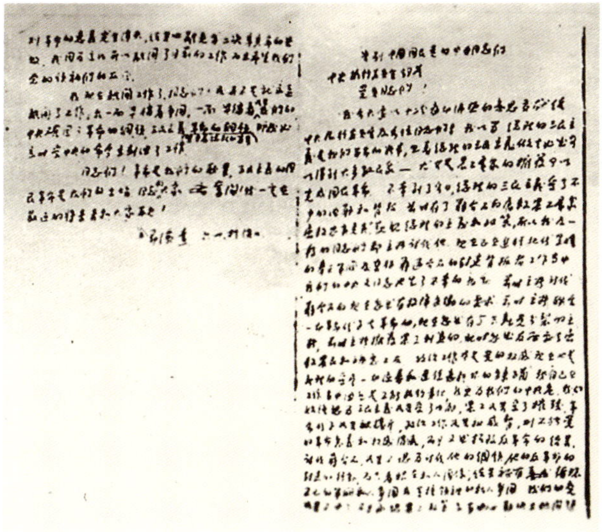

2-160

2-163

2-163

2-164

中國國民黨臨時行動委員會政治主張

2-165

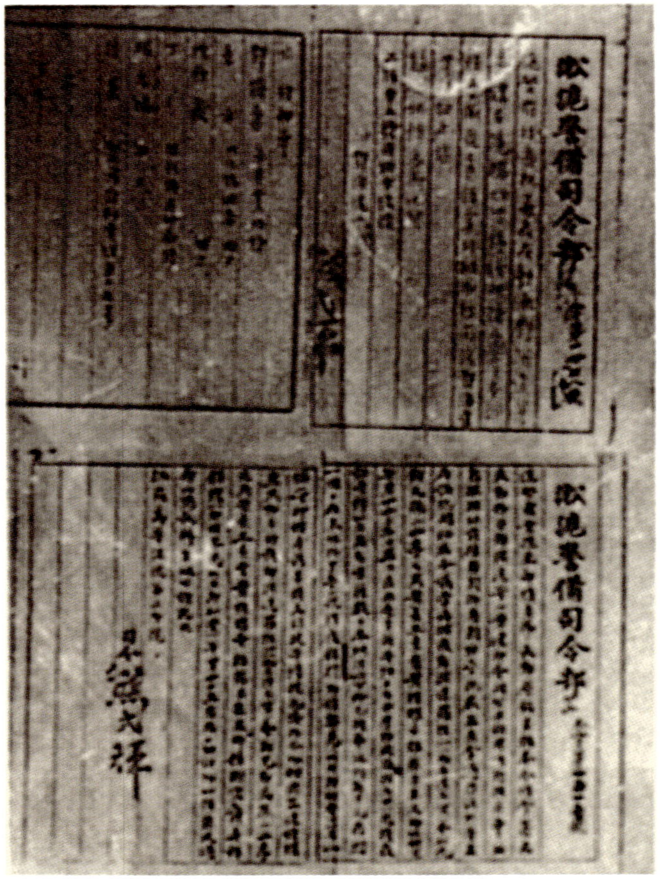
淞滬警備司令部

淞滬警備司令部

2-168

2-164

1930 年 8 月 9 日，邓演达主持召开第一次全国干部会议，将中华革命党易名为中国国民党临时行动委员会。图为干部会议会址——上海隆坡赛路 290 号。

2-165

第一次全国干部会议通过的《中国国民党临时行动委员会政治主张》。

2-166

中国国民党临时行动委员会中央机关刊物《革命行动》半月刊。

2-167

1930 年，邓演达从国外回到上海。图为他在上海中国国民党临时行动委员会中央秘密机关办公室的照片。

2-168

淞沪警备司令部发出的逮捕邓演达等人的通缉令。

2-169

1931 年 8 月 17 日，邓演达在干部训练班讲课时被捕。图为被捕地点——上海愚园路愚园坊 20 号。

2-170

身着灰色西服的邓演达戴着手铐，昂首挺胸，在数名特务押解下走向囚车。

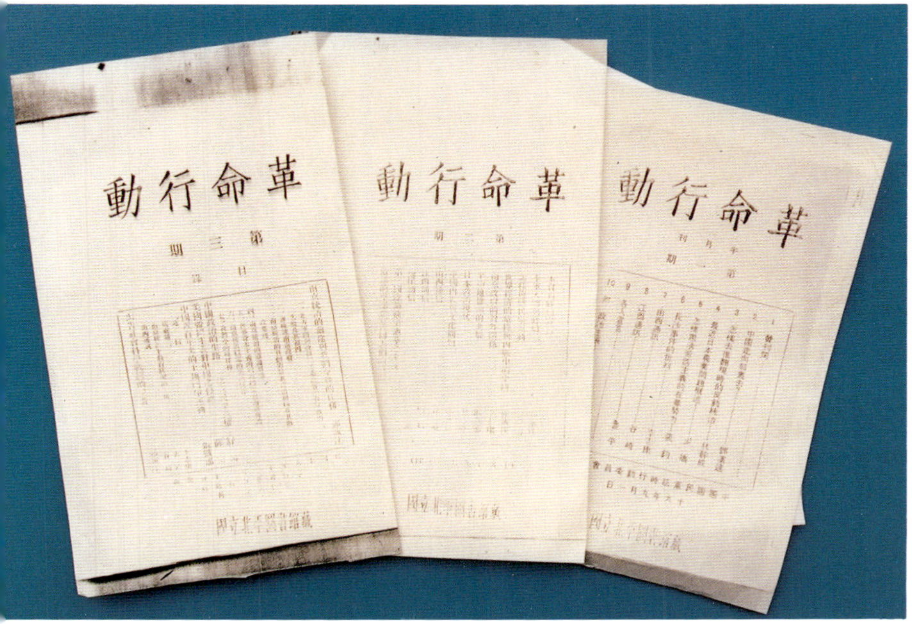

2-166

2-167

2-169

2-170

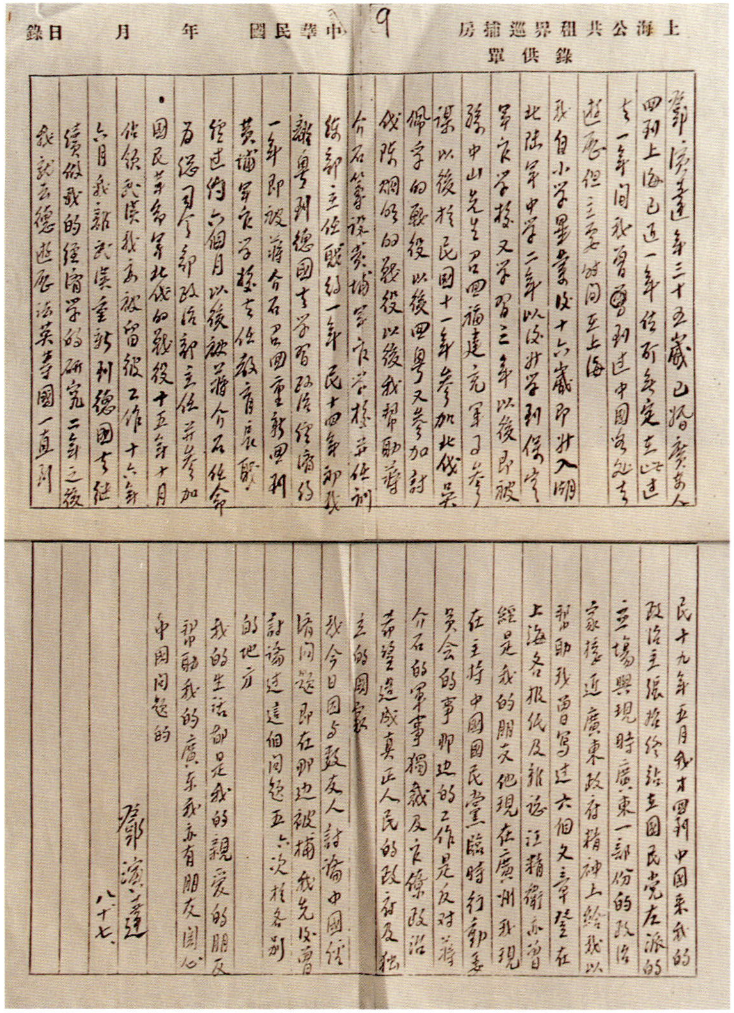

2-171

2-172

2-175

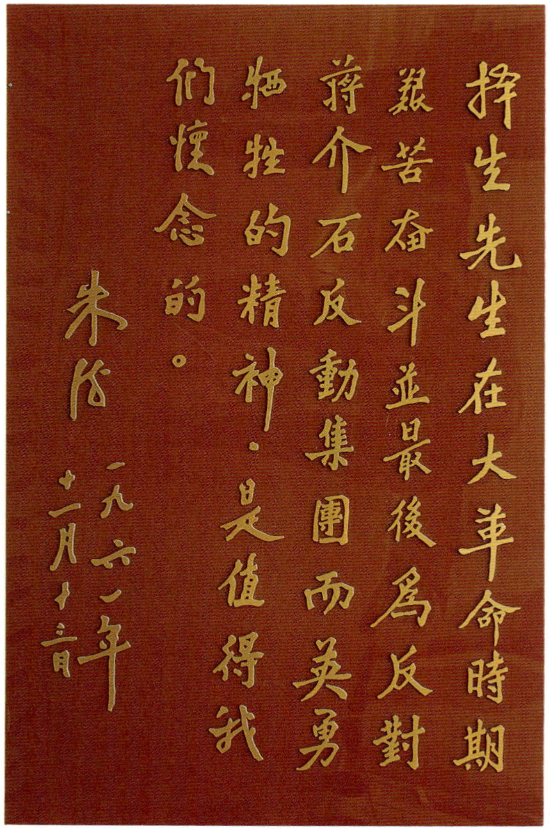

2-176

2-171

图为上海公共租界捕房的一份口供录单，上面记录着邓演达的谈话：“反对蒋介石的军事独裁及官僚政治，希望造成真正人民的政府及独立的国家。”

2-172

1931 年 11 月 26 日，邓演达被秘密杀害于南京麒麟门外沙子岗。图为邓演达遇难地点。

2-173

邓演达遇害后，为抗议蒋介石的卑劣行径，宋庆龄在上海发表著名通电——《宋庆龄宣言》。图为 1931 年 12 月 20 日上海《申报》对此事的报道。

2-174

南京麒麟门外小营岗邓演达之墓，碑文“故友邓择生先生之墓”由陈铭枢题。

2-175

1957 年，邓演达烈士忠骸迁葬于中山陵左侧。图为迁葬后的邓演达烈士墓。碑文由何香凝题写。

2-176

1961 年 11 月，朱德为纪念邓演达殉难 30 周年题词。

2-177

1961 年，宋庆龄为邓演达烈士题词。

2-178

1981 年 11 月，农工民主党中央在全国政协礼堂举行纪念邓演达烈士殉难 50 周年大会。

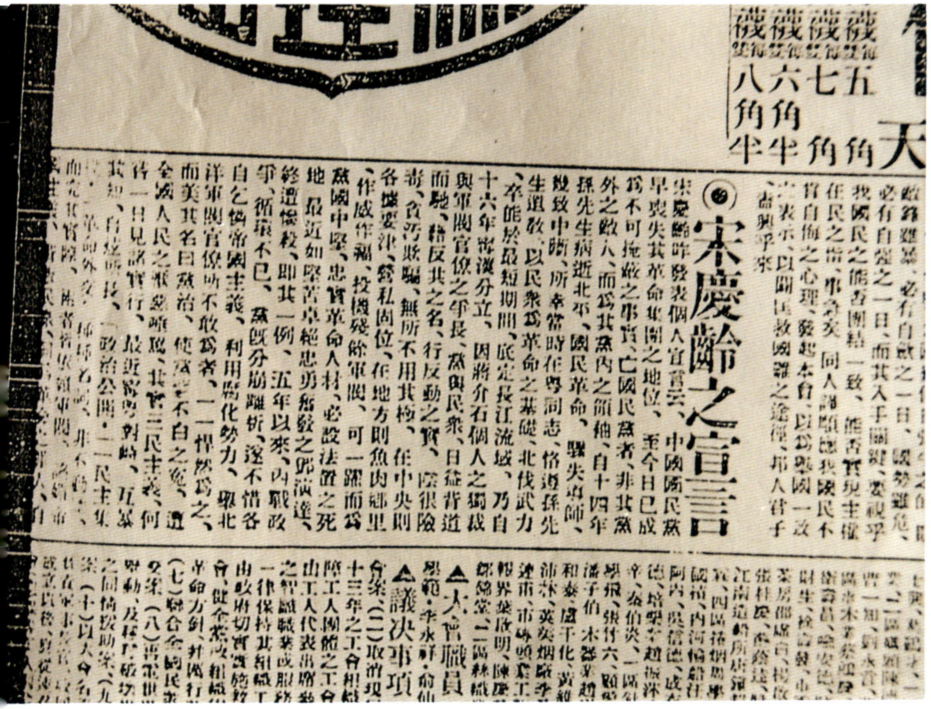
宋慶齡之宣言

宋慶齡昨發表個人宣言云、中國國民黨早喪失其革命集團之地位、至今日已成爲不可掩蔽之事實、亡國民黨者、非其黨外之敵人、而爲其黨內之領袖、自十四年孫先生病逝北平、國民革命、驟失導師、幾致中斷、所幸當時在粵同志、恪遵孫先生遺教、以民衆爲革命之基礎、北伐武力、卒能於最短期間、底定長江流域、乃自十六年寧漢分立、因蔣介石個人之獨裁與軍閥官僚之爭長、黨與民衆、日益背道而馳、格反其之名、行反動之實、陰很險毒、貪污欺騙、無所不用其極、在中央則各據要津、營私固位、在地方則魚肉鄉里、作威作福、投機殘餘軍閥、可一躍而爲黨國中堅、忠實革命人材、必設法置之死地、最近如堅苦卓絕忠勇奮發之鄧演達、終遭慘殺、即其一例、五年以來、內戰政爭、循環不已、黨既分崩離析、遂不惜各自乞憐帝國主義、利用腐化勢力、驅北洋軍閥官僚所不敢爲者、一一悍然爲之、而美其名曰黨治……

2-173

2-174

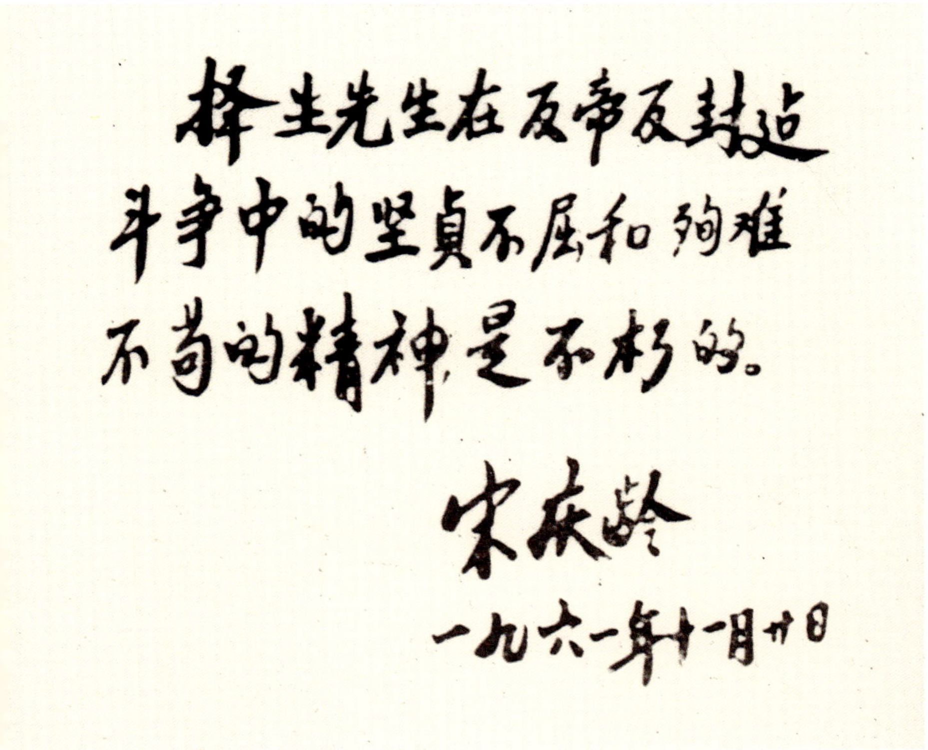

177

2-178

第三章

碧血雨花（下）

蒋介石在“四·一二”反共政变得手的基础上，旋于南京举行国民政府定都典礼，不久又将南京改为特别市。南京作为国民党统治时期的政治中心，反动势力尤为强暴和凶悍，对共产党人革命活动的防范倍加严密，对革命者的镇压格外凶残。

南京国民政府成立后发布的秘字第一号令，就是“通缉”共产党首要分子的“清党命令”。至此，凡国共合作时期共产党所提倡的理论、设立的机关、领导的运动，均属坚决“铲除”之列，绝对禁止示威游行、群众大会与政治罢工。南京笼罩在白色恐怖之中。仅1927—1934年间，中共南京组织就遭到国民党反动派8次严重的破坏。如蒋介石在发动“四·一二”反共政变前，就在南京制造了“四·一〇”事件，侯绍裘等人惨遭杀害，中共南京组织遭到第一次破坏。接着1927年7月、1928年5月、1929年4月、1930年4月、1930年7月、1932年4月、1934年8月，中共南京组织又遭到7次严重破坏，孙津川、姚佐唐、齐国庆、黄瑞生、李济平、夏雨初、黄祥宾、李耘生、冷少农、宋月波、顾衡等共产党优秀干部相继殉难。

1930年4月，国民党当局查封了革命活动的重要据点之一——南京晓庄师范学校，把许多进步学生投入监狱，石俊、叶刚、郭凤韶、谢纬棨、姚爱兰、袁咨桐、沈云楼等在雨花台英勇就义。

1930年7月，南京电报局职工为反对局方政治压迫举行集会，遭到国民党当局的残酷镇压。陈继昌、李传夔、冯百六、蒋宗銮等人被捕，并被杀害于雨花台。

在这一时期，还有史砚芬、陈景星、石璞、冯菊芬、师集贤、陈兆春、陈朝海等共产党员在南京被逮捕、杀害。

中共南京组织虽迭遭破坏，革命者一批批被残杀，但共产党人和革命者前仆后继，英勇不屈，一天也没有停止斗争。

1927 年 4 月 9 日，蒋介石在南京指使右派分子捣毁国民党江苏省党部、南京市党部和市总工会。10 日，又派流氓打手、士兵袭击、镇压游行示威的群众。当晚 11 时，中共南京地委在大纱帽巷 10 号召开紧急扩大会议，研究应变措施。不意便衣特务突然将会场包围，除刘少猷越墙脱险外，参加会议的侯绍裘、谢文锦、张应春、刘重民、陈君起、文化震、钟天樾、梁永、许金元等人被捕，并遭残杀。

3-1

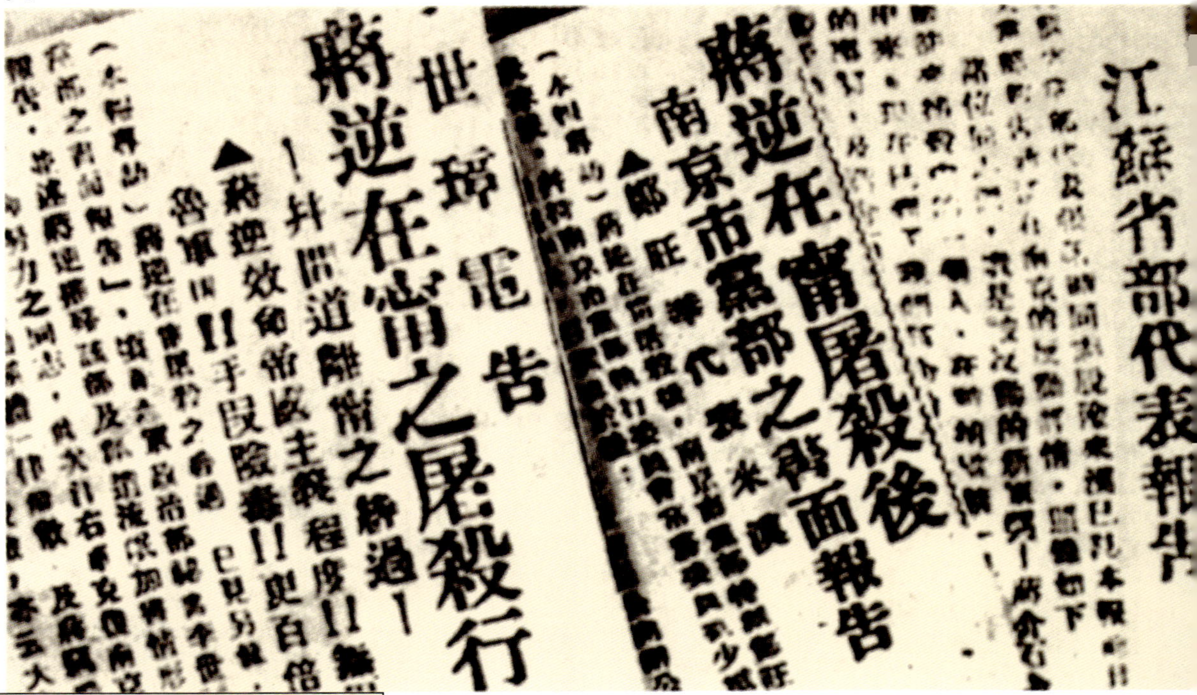
江蘇省部代表報告

蔣逆在甯屠殺後
南京市黨部之書面報告

世界電告
蔣逆在甯之屠殺行

侯绍裘（1896—1927），字墨樵。江苏松江（现属上海市）人。1918 年考入上海南洋公学。1923 年加入中国共产党。国共合作时期任国民党江苏省党部执行委员、中共党团书记。1927 年 4 月 10 日在南京不幸被捕，惨遭杀害。

3-4

3-1

1927 年 4 月，汉口《民国日报》关于南京“四·一〇”事件的报道。

3-2

1927 年 4 月 10 日，中共南京地委召开紧急会议。图为会议地址——南京大纱帽巷 10 号。

3-3

侯绍裘、谢文锦、张应春、刘重民、陈君起、文化震、钟天樾、梁永、许金元等烈士牺牲后，遗体被装入麻袋，抛进通济门外九龙桥下的秦淮河。图为抛掷烈士遗体的地点。

3-4

1918 年，侯绍裘考入上海南洋公学（上海交通大学前身）土木系读书。图为南洋公学大门。

3-5

1919 年，侯绍裘任上海学联职员及全国学联文牍。在南洋公学组织了“九人书报推销处”，宣传新思想，推行新文化。还创办了南洋义务学校。

3-2

3-3

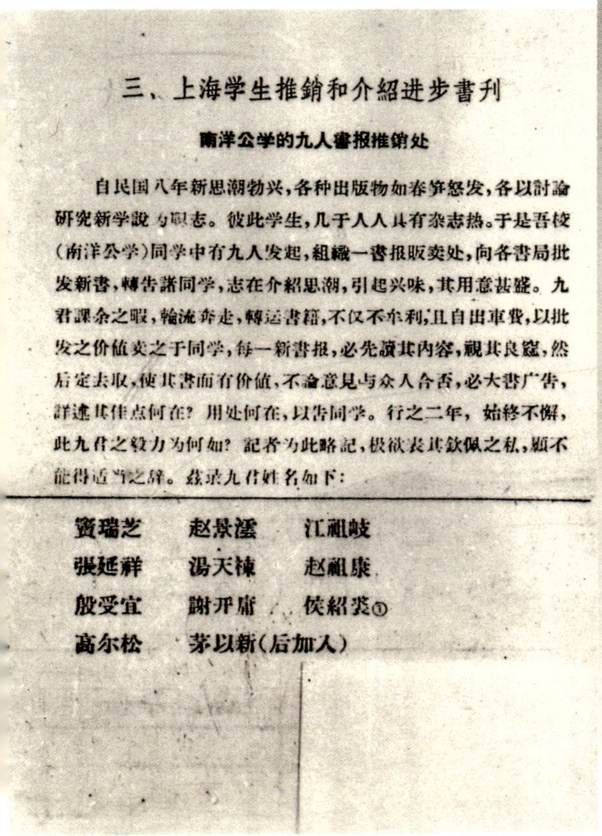

三、上海学生推銷和介紹进步書刊

南洋公学的九人書报推銷处

自民国八年新思潮勃兴，各种出版物如春笋怒发，各以討論研究新学說为職志。彼此学生，几于人人具有杂志热。于是吾校（南洋公学）同学中有九人发起，組織一書报販卖处，向各書局批发新書，轉告諸同学，志在介紹思潮，引起兴味，其用意甚盛。九君課余之暇，輪流奔走，轉运書籍，不仅不牟利，且自出車費，以批发之价值卖之于同学，每一新書报，必先讀其内容，觀其良窳，然后定去取，使其書而有价值，不論意見与众人合否，必大書广告，詳述其佳点何在？用处何在，以告同学。行之二年，始終不懈，此九君之毅力为何如？記者为此略記，极欲表其欽佩之私，顧不能得适当之辞。兹录九君姓名如下：

資瑞芝	赵景澐	江祖岐
張延祥	湯天棟	赵祖康
殷受宜	謝开庸	侯紹裘①
高尔松	茅以新（后加入）	

3-5

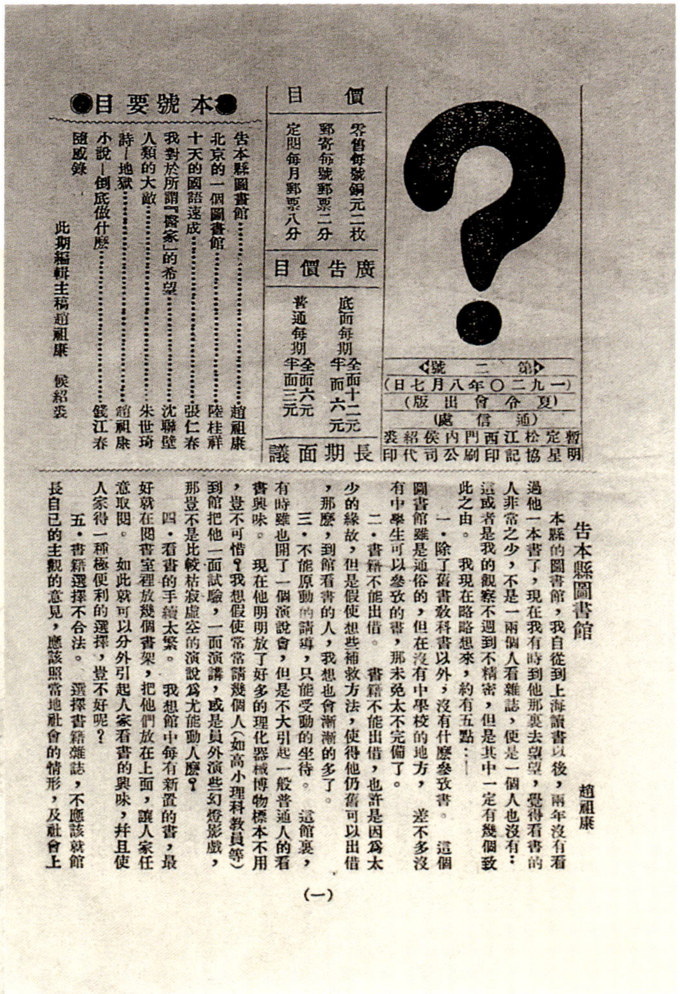

●本號要目●

告本縣圖書館……趙祖康
北京的一個圖書館……陸桂祥
十天的國語速成……張仁春
我對於所謂『醫家』的希望……沈聯璧
人類的大敵……朱世琦
詩—地獄……趙祖康
小說—倒底做什麼……錢江春
隨感錄

此期編輯主稿趙祖康 侯紹裘

價目

零售每號銅元二枚
郵寄每號郵票二分
定閱每月郵票八分

廣告價目

底面每期 全面十二元 半面六元
普通每期 全面六元 半面三元
長期面議

?

〈第二號〉
（一九二〇年八月七日）
（夏令會出版）
（通信處）
暫定松江西門內侯紹裘
明星協記印刷公司代印

告本縣圖書館

趙祖康

本縣的圖書館，我自從到上海讀書以後，兩年沒有看過他一本書了，現在我有時到他那裏去望望，覺得看書的人非常之少，不是一兩個人看雜誌，便是一個人也沒有：這或者是我的觀察不週到不精密，但是其中一定有幾個致此之由。我現在略略想來，約有五點：——

一．除了舊書教科書以外，沒有什麼參攷書。這個圖書館雖是通俗的，但在沒有中學校的地方，差不多沒有中學生可以參攷的書，那未免太不完備了。

二．書籍不能出借。書籍不能出借，也許是因爲太少的緣故，但是假使想些補救方法，使得他仍舊可以出借，那麼，到館看書的人，我想也會漸漸的多了。

三．不能原動的請導，只能受動的坐待。這館裏，有時雖也開了一個演說會，但是不大引起一般普通人的看書興味。現在他明明放了好多的理化器械博物標本不用，豈不可惜？我想假使常常請幾個人（如高小理科教員等）到館把他一面試驗，一面演講，或是員外演些幻燈影戲，那豈不是比較枯寂虛空的演說爲尤能動人麼？

四．看書的手續太繁。我想館中每有新置的書，最好就在閱書室裏放幾個書架，把他們放在上面，讓人家任意取閱。如此就可以分外引起人家看書的興味，并且使人家得一種極便利的選擇，豈不好呢？

五．書籍選擇不合法。選擇書籍雜誌，不應該就館長自己的主觀的意見，應該照當地社會的情形，及社會上

（一）

3-7

3-6

3-6

“五四”运动以后，侯绍裘在家乡松江创办景贤女子中学，从事革命活动。图为景贤女子中学旧址。

3-7

1921 年，侯绍裘在松江创办了《？周刊》，以揭露旧社会的黑暗，启发群众的觉悟。因为用“？”作为刊头，新颖别致，群众亲切地称之为“耳朵报”。

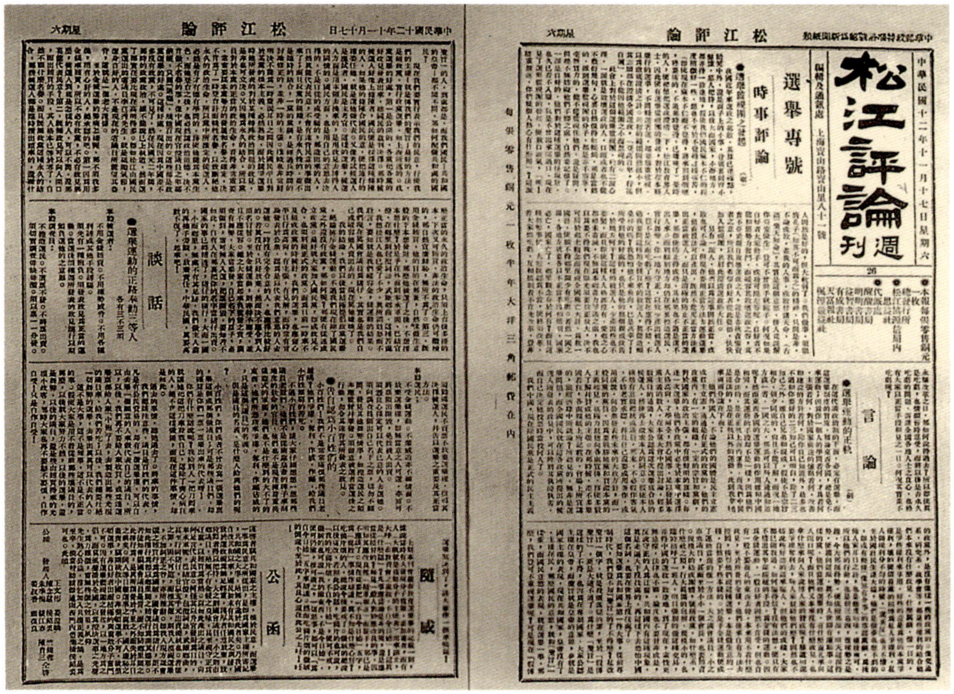

松江評論 週刊

選舉專號

時事評論

談話

言論

公函

3-8

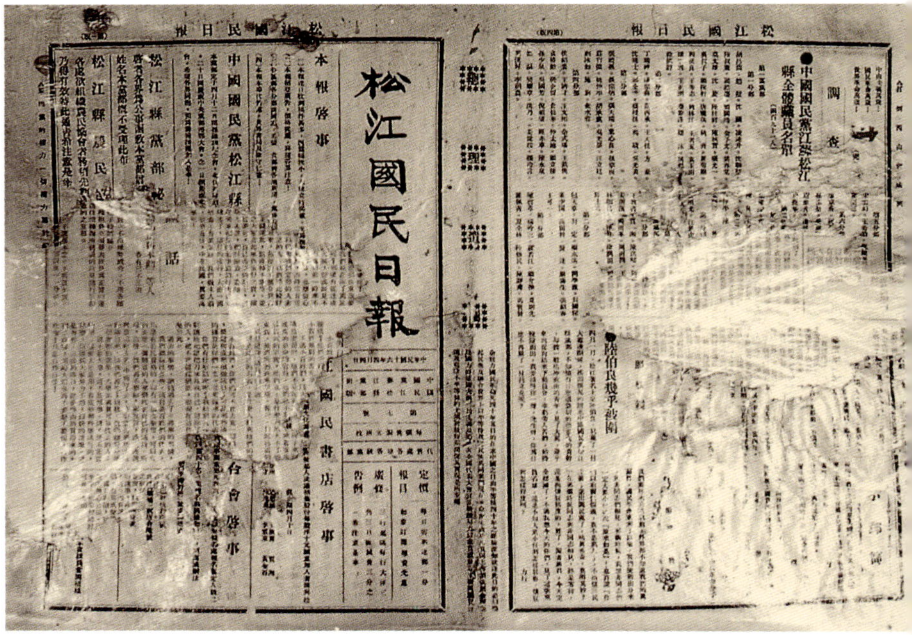

松江國民日報

本報啓事

中國國民黨松江縣黨部

調查

國民書店啓事

3-8

3-10

3-11

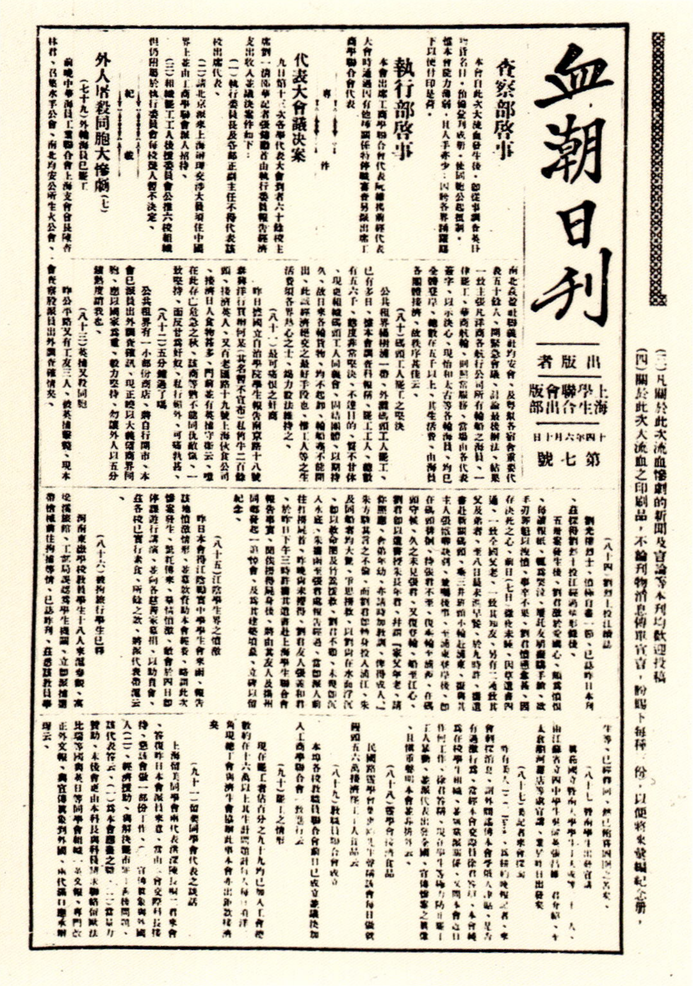
血潮日刊

上海學生聯合會出版部 出版者

第七號

3-9

3-12

1927 年侯绍裘为筹措革命经费给柳亚子的信。

3-13

侯绍裘给友人沈选千的信，信中充溢为革命不怕牺牲的精神。

3-8

侯绍裘在家乡创办的《松江评论》和《松江国民日报》。

3-9

1925 年“五卅”运动中，侯绍裘担任了上海学联总指挥，领导学生勇猛地与帝国主义和军阀斗争。图为上海学联的机关报《血潮日刊》。

3-10

1926 年冬至 1927 年春，北伐军进军江浙，为策应北伐，中国共产党领导上海工人举行三次武装起义。侯绍裘参加了这三次起义。

3-11

上海工人第三次武装起义取得胜利后，侯绍裘被推选为上海特别市临时政府委员。图为上海特别市临时政府委员们在市府门前的合影。后排左二为侯绍裘；前排右一为汪寿华，右四为罗亦农。

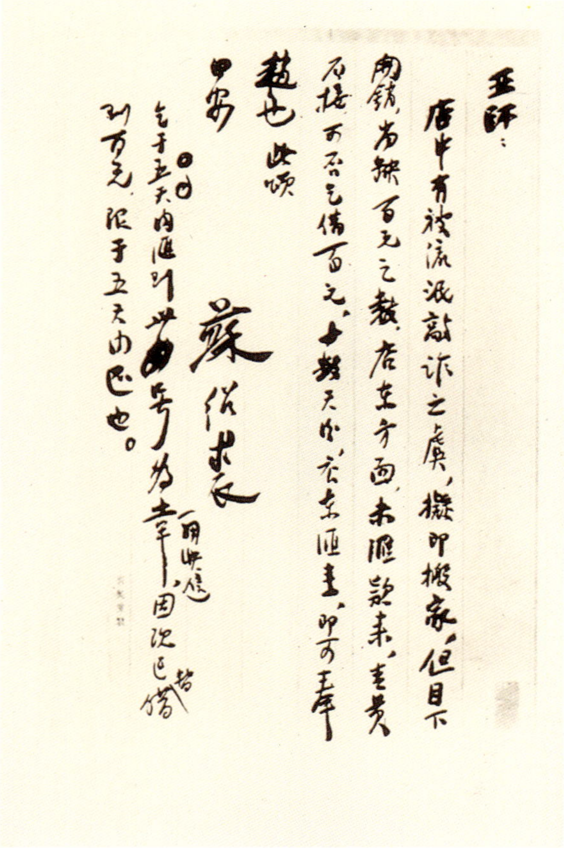

3-12

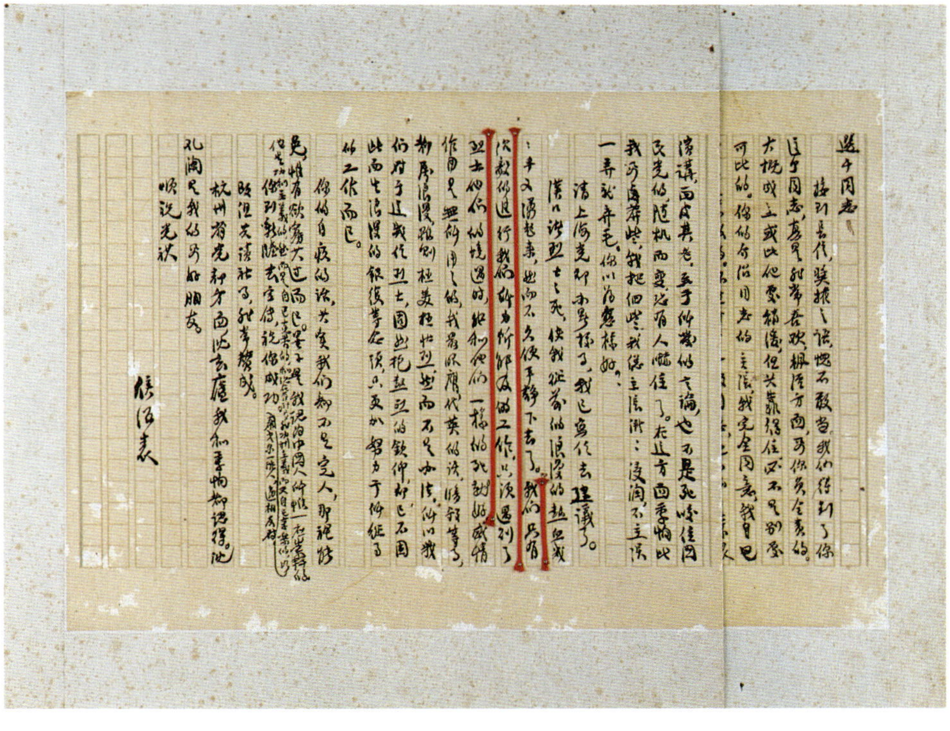

3-13

谢文锦（1894—1927），字斐霞，又名文近。浙江永嘉人。1919年，在上海《新青年》杂志社工作，并积极参加“五四”运动。1921年加入中国共产党。同年被派赴苏联学习。1923年冬回国，在广东从事革命工作。1924年秋，回永嘉创建中共温州独立支部。1925年为上海总工会中共党团成员，次年任中共上海区委委员。1926年7月任中共南京地委书记。1927年4月被捕、遇害。

3-14

张应春（1901—1927），号蓉城，又字秋石。江苏吴江人。1919年，考入上海中国女子体育专门学校。毕业后曾在厦门集美女子中学和松江景贤女子中学任教。1925年加入中国共产党，任中共江浙区委妇女部妇女运动委员会委员。国共合作时期，任国民党江苏省党部执行委员兼妇女部长。1926年1月，赴广州出席国民党第二次全国代表大会。同年3月创办《吴江妇女》。1927年4月被捕、牺牲。

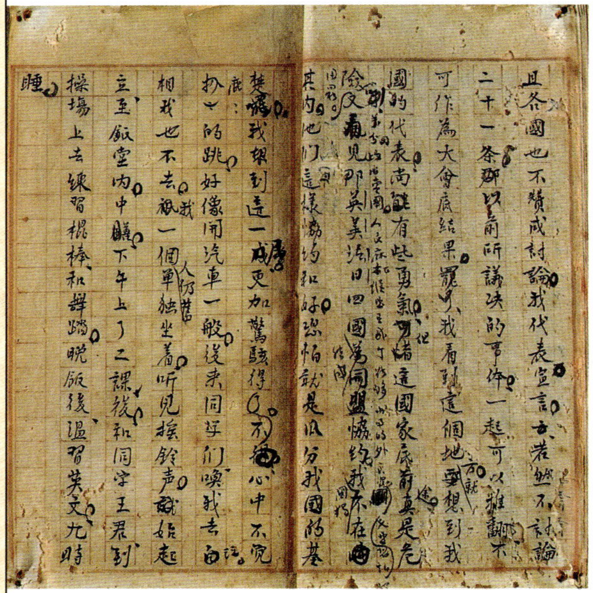
3-17

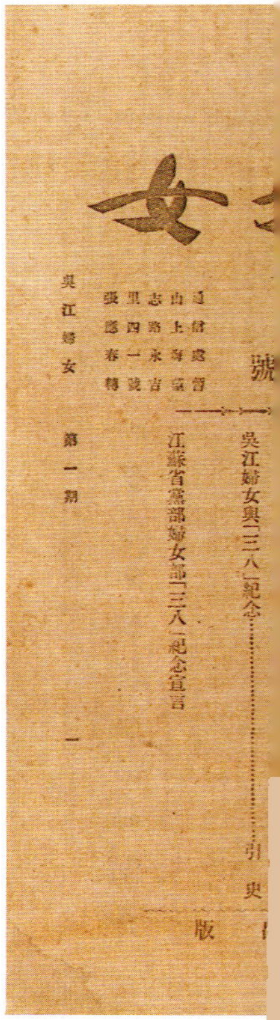

3-19

3-14

3-15

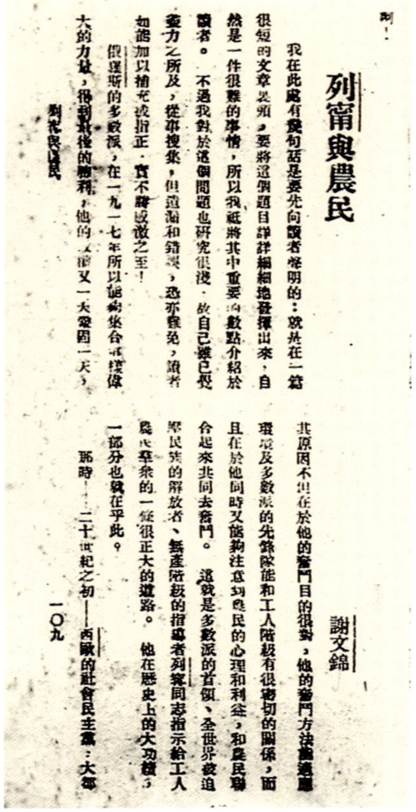

剛！

列甯與農民

謝文錦

我在此處有幾句話是要先向讀者聲明的：就是在一篇很短的文章裏面，要將這個題目詳詳細細地發揮出來，自然是一件很難的事情，所以我祇將其中重要的數點介紹於讀者。不過我對於這個問題也研究很淺，故自己雖已殫盡力之所及，從事搜集，但遺漏和錯誤，恐亦難免，讀者如能加以補充或指正，實不勝感激之至！

俄羅斯的多數派，在一九一七年所以能夠集合群衆偉大的力量，得到最後的勝利，他的文前又一大要因一天，其原因不但在於他的奮鬥目的很對，他的奮鬥方法適應環境及多數派的先鋒隊能和工人階級有很密切的關係，而且在於他同時又能夠注意到農民的心理和利益，和農民聯合起來共同去奮鬥。這就是多數派的首領、全世界被迫壓民族的解放者、無產階級的指導者列甯同志指示給工人農民群衆的一條很正大的道路。他在歷史上的大功績，一部分也就在乎此。

時……二十世紀之初——西歐的社會民主黨：大部

列甯與農民　　一〇九

3-16

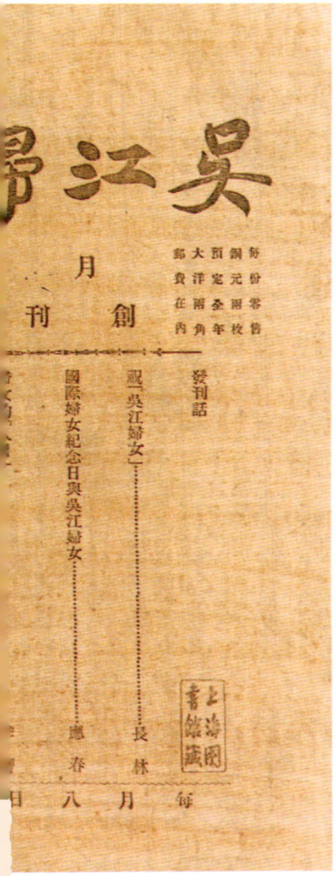

3-14
萧三写的回忆文章《岁月消磨不了的回忆——在“东大”一年半的日子》，记述了谢文锦在苏联东方大学学习的情景。

3-15
1924年，中共中央派谢文锦到温州发展党团组织，创建浙南地区最早的党组织——中共温州独立支部。图为中共温州独立支部所在地旧址。

3-16
谢文锦撰《列宁与农民》一文，刊于1925年4月《新青年》，系统介绍了列宁关于农民问题的论述。此文被列为广州农民运动讲习所教材。

3-17
张应春中学时代的日记。从中可见她关心国事，反对签订卖国的“二十一条”。

3-18
1925年11月17日，张应春在给柳亚子的信中表示要坚决继承孙中山遗志。

3-19
1926年，张应春主编的《吴江妇女》月刊。

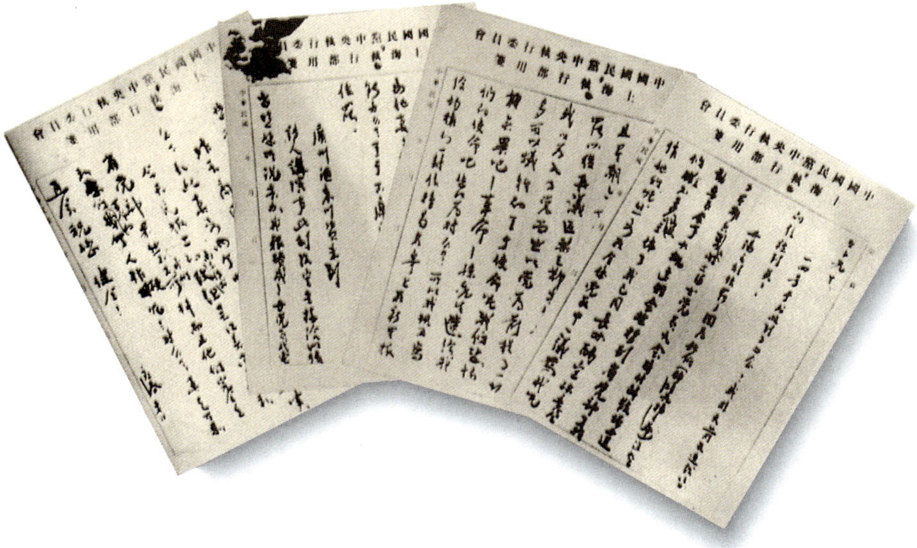

3-18

3-20

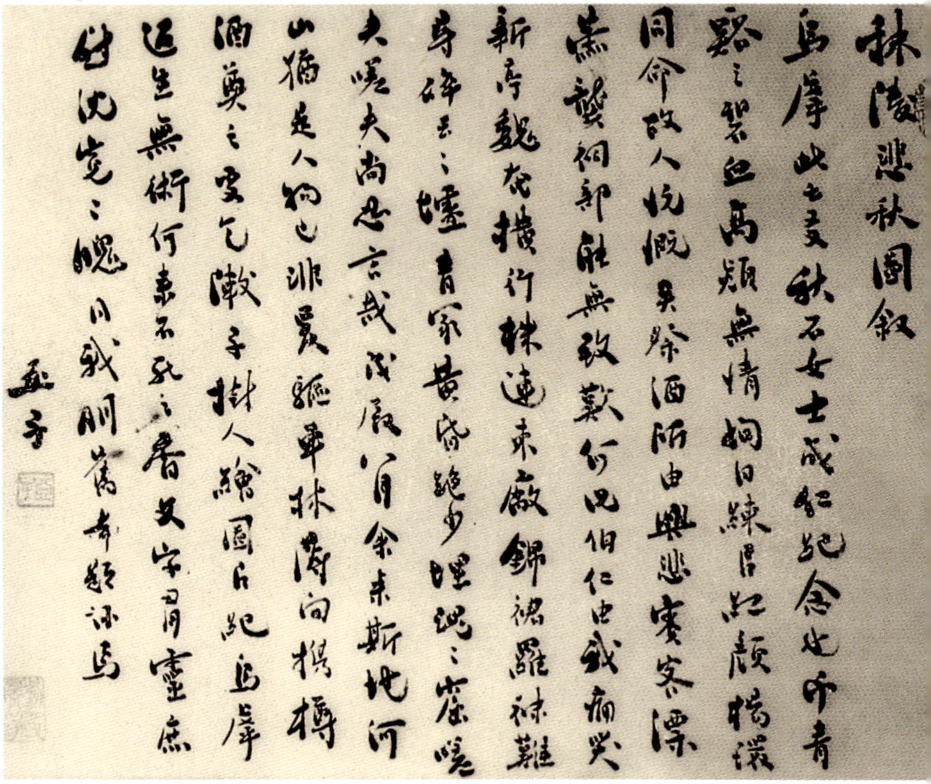

3-21

3-21

3-20

1926 年，张应春在南京参加纪念孙中山逝世一周年活动。执旗者为张应春。

3-21

张应春遇害后，柳亚子悲痛欲绝。为纪念张应春烈士，他请友人绘了《秣陵悲秋图》，并亲自作叙。

3-22

刘重民写给柳亚子的信。

3-23

1926 年 1 月，刘重民与侯绍裘、张应春作为江苏代表出席在广州召开的国民党第二次全国代表大会。图为刘重民、侯绍裘、张应春等在广州出席江苏省旅粤同志欢迎会时的合影。二排左一为刘重民，右三为张应春，右五为侯绍裘。

刘重民（1902—1927），又名刘盛宝。江苏江都人。1924年加入中国共产党。历任国民党上海执行部宣传部秘书，国民党江苏省党部执行委员、调查部长兼工人部长。1926年任中共南京地委委员。1927年4月被捕、牺牲。

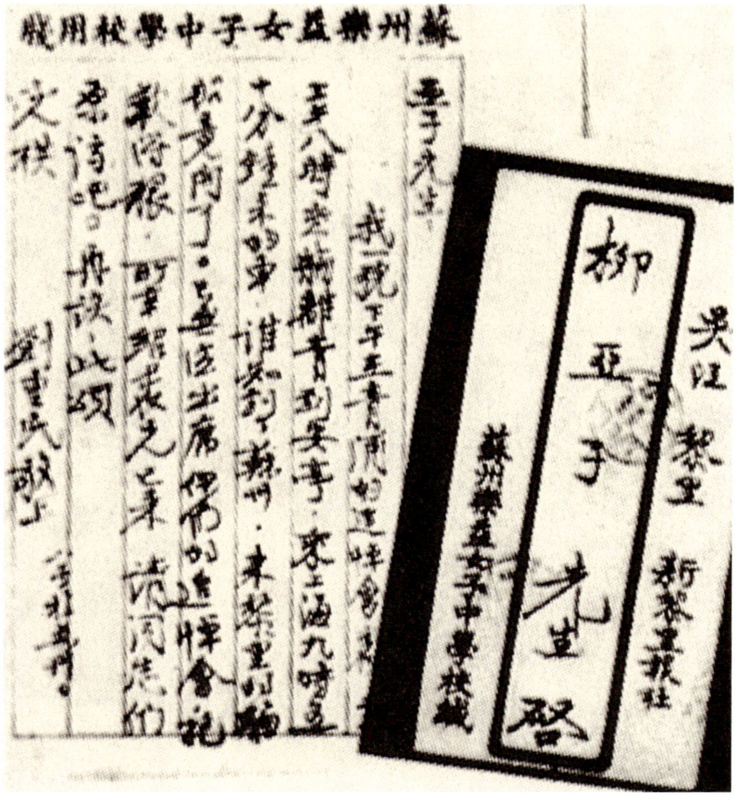

3-22

3-23

陈君起（1885—1927），原名陈振。上海嘉定人。1924年加入中国共产党。曾创建南京妇女问题研究会。历任中共南京地委妇女委员、妇委书记，国民党南京市党部妇女部长，共青团南京地委妇女委员等职。1927年4月被捕、牺牲。

3-24

3-25

3-26

3-26

3-27

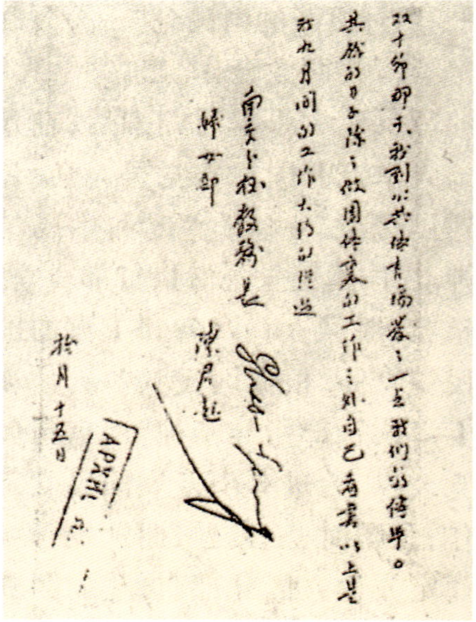

许金元（1906—1927），江苏苏州人。1923年参加中国社会主义青年团。曾在浙江之江大学、广东中山大学求学。1924年底，创建非基督教大同盟苏州支部，任执行委员。同时任国民党苏州县党部常务委员及中共苏州独立支部书记。1927年春，任国民党江苏省党部委员。同年4月被捕、牺牲。

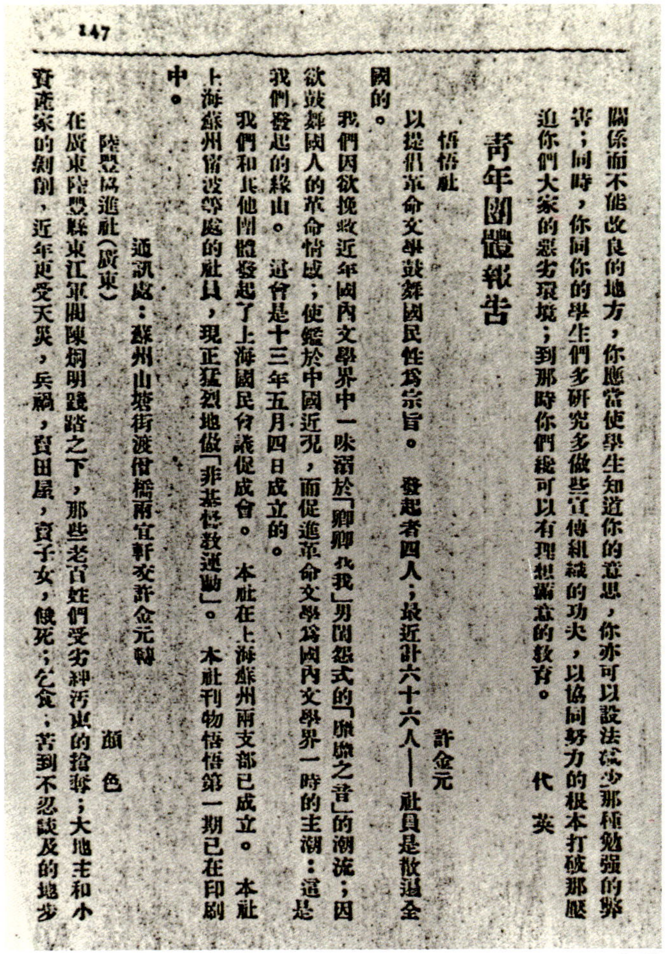

147

關係而不能改良的地方，你應當使學生知道你的意思，你亦可以設法減少那種勉強的弊害；同時，你同你的學生們多研究多做些宣傳組織的功夫，以協同努力的根本打破那壓迫你們大家的惡劣環境；到那時你們纔可以有理想滿意的教育。 代英

青年團體報告

悟悟社 許金元

以提倡革命文學鼓舞國民性爲宗旨。 發起者四人；最近計六十六人——社員是散遍全國的。

我們因欲挽救近年國內文學界中一味溺於「卿卿我我」男閨怨式的「靡靡之音」的潮流；因欲鼓舞國人的革命情感；使鑑於中國近況，而促進革命文學爲國內文學界一時的主潮：這是我們發起的緣由。 這會是十三年五月四日成立的。

我們和其他團體發起了上海國民會議促成會。 本社在上海蘇州兩支部已成立。 本社上海蘇州甯波等處的社員，現正猛烈地做「非基督教運動」。 本社刊物悟悟第一期已在印刷中。

通訊處：蘇州山塘街渡僧橋兩宜軒交許金元轉

陸豐協進社（廣東） 顏色

在廣東陸豐縣東江軍閥陳炯明踐踏之下，那些老百姓們受劣紳污吏的搶奪；大地主和小資產家的剝削，近年更受天災，兵禍，賣田屋，賣子女，餓死；乞食，苦到不忍談及的地步

3-28

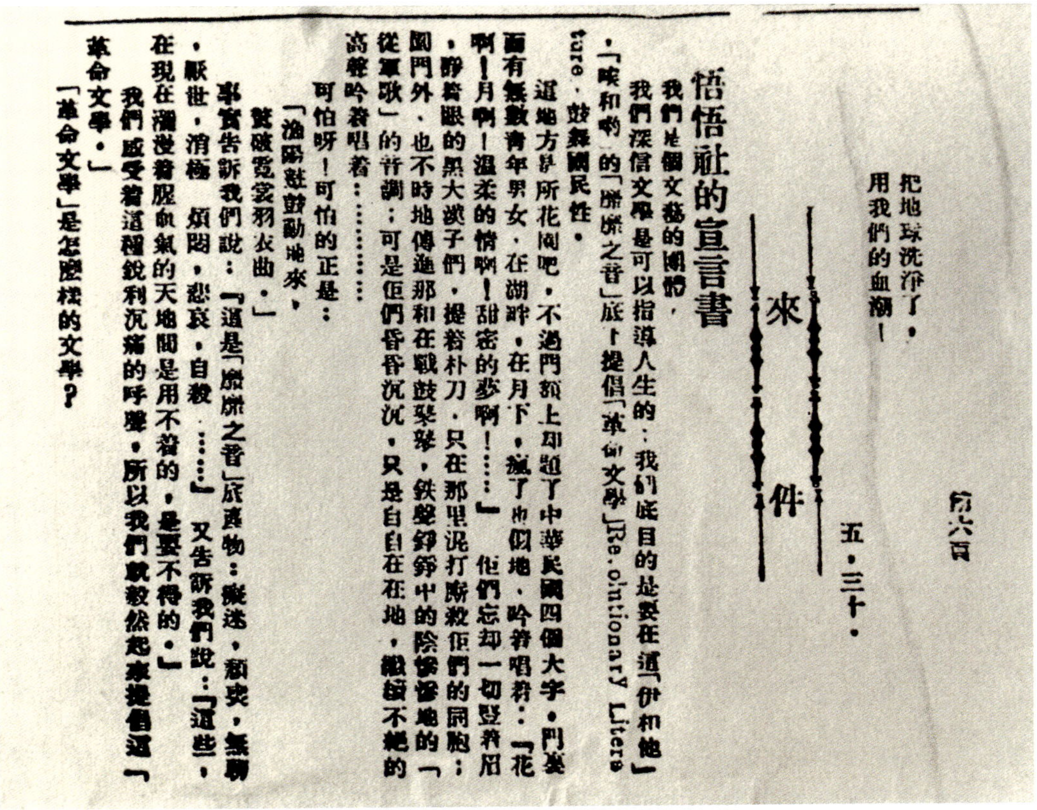

把地球洗淨了，
用我們的血潮！

第六頁

五・三十・

來件

悟悟社的宣言書

我們是個文藝的團體，

我們深信文學是可以指導人生的；我們底目的是要在這「伊和他」・「喉和哦」的「靡靡之音」底下提倡「革命文學」Revolutionary Literature，鼓舞國民性。

這地方是所花園吧，不過門額上却題了中華民國四個大字。門裏面有無數青年男女，在湖畔，在月下，瘋了也似地，吟着唱着：「花啊！月啊！溫柔的情啊！甜蜜的夢啊！……」 他們忘却一切登着屈，靜着眼的黑大漢子們，提着朴刀，只在那裏混打厮殺他們的同胞；園門外，也不時地傳進那和在戰鼓琴琴，鐵蹄錚錚中的陰慘慘地的「從軍歌」的音調；可是他們昏昏沉沉，只是自自在在地，繼續不絕的高聲吟着唱着：………

可怕呀！可怕的正是：

「漁陽鼙鼓動地來，
驚破霓裳羽衣曲。」

事實告訴我們說：「這是「靡靡之音」底產物：癡迷，頹喪，無聊，厭世，消極，煩悶，悲哀，自殺……」 又告訴我們說：「這些，在現在瀰漫着腥血氣的天地間是用不着的，是要不得的。」

我們感受着這種銳利沉痛的呼聲，所以我們就毅然起來提倡這「革命文學。」

「革命文學」是怎麼樣的文學？

3-28

3-24
1909年，陈君起在南京任小学教员时的照片。

3-25
1913年，陈君起与儿子曾鼎乾在南京的合影。

3-26
1926年10月，陈君起第一次被捕时在狱中所作两幅画。《梅花图》表明了革命者的坚贞品格；《村屋图》揭露了当时社会的黑暗。

3-27
陈君起从事妇女运动时的照片和有关文献。

3-28
许金元在之江大学读书时创办了青年文学社团悟悟社，并出版了《悟悟》杂志。这是1924年6月2日上海《民国日报》副刊《觉悟》上刊登的《悟悟社的宣言书》和1924年12月《中国青年》杂志第59期上署名许金元的关于悟悟社的报告。

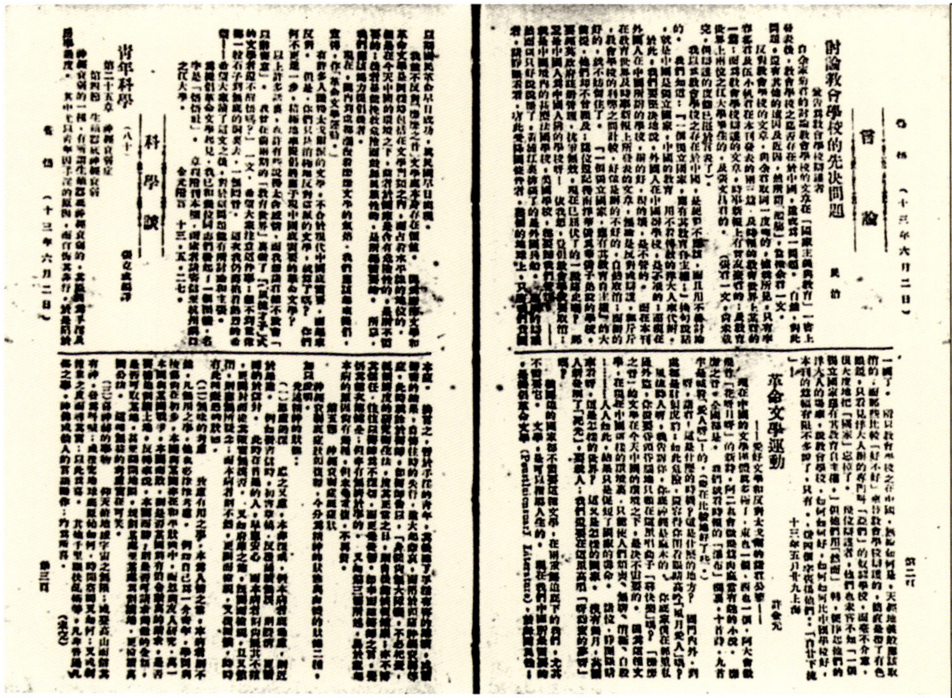

3-29

钟天樾（1905—1927），原名正谯。四川永川人。南京东南大学学生。1926年加入中国共产党。1926至1927年任共青团南京地委负责人。因从事革命活动，被军阀逮捕。北伐军攻克南京后出狱，在市总工会工作。1927年4月被捕、牺牲。

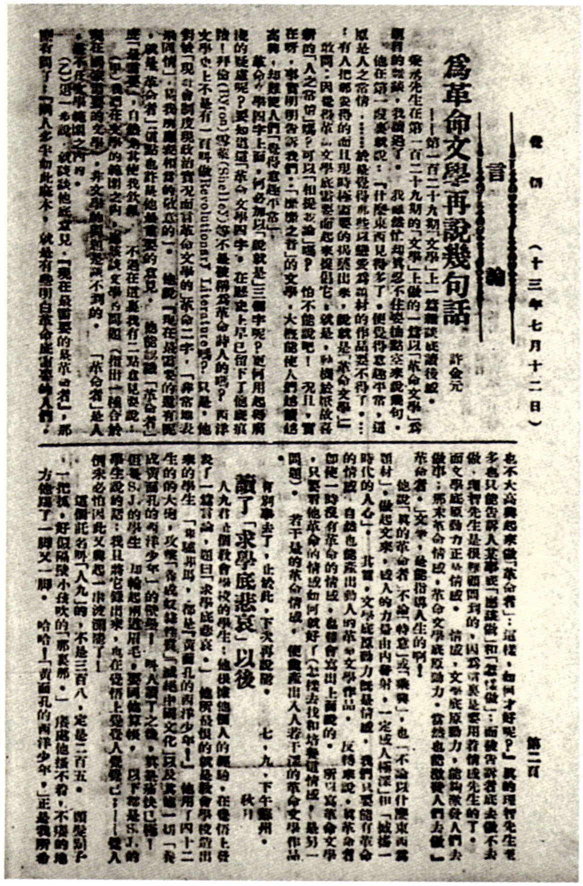

3-29

3-29

1924—1925年，许金元在上海《民国日报》副刊《觉悟》上曾发表过《革命文学运动》、《为革命文学再说几句话》等文章。

3-30

1924年9月，钟天樾考进南京东南大学，图为他的学籍表和学业成绩表。

3-31

钟天樾等烈士生前工作过的地方——南京市总工会旧址明远楼。

文化震（1902—1927），字雨龙。贵州贵阳人。1922年考入南京东南大学。1925年加入中国共产党。曾任中共南京地委委员、共青团南京地委书记。1926年底任国民党南京市党部工人部部长。1927年3月任市总工会总务主任兼秘书主任。1927年4月被捕、牺牲。

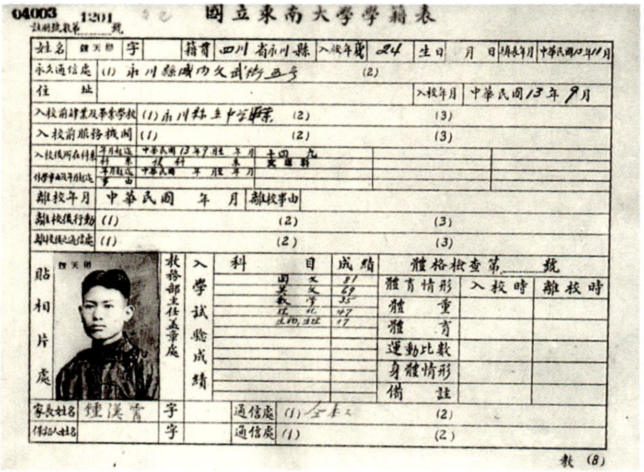

國立東南大學學籍表

04003 1201

姓名 鍾天樾 字　籍貫 四川省永川縣 入校年歲 24 生日 月 日 填表年月 中華民國13年11月

永久通信處 (1) 永川縣城内文武街五号 (2)

住址　入校年月 中華民國13年9月

入校前肄業及畢業學校 (1) 永川縣立中學畢業 (2) (3)

入校前服務機關 (1) (2) (3)

離校年月 中華民國 年 月 離校事由

離校後行動 (1) (2) (3)

離校後通信處 (1) (2) (3)

貼相片處

入學試驗成績

科目	成績
國文	81
英文	69
數學	35
理化	47
史地	17

體格檢查第　號

體育情形	入校時	離校時
體重		
體育		
運動比數		
身體情形		
備註		

家長姓名 鍾漢霄 字　通信處 (1) (2)

保証人姓名　字　通信處 (1) (2)

教 (8)

3-30

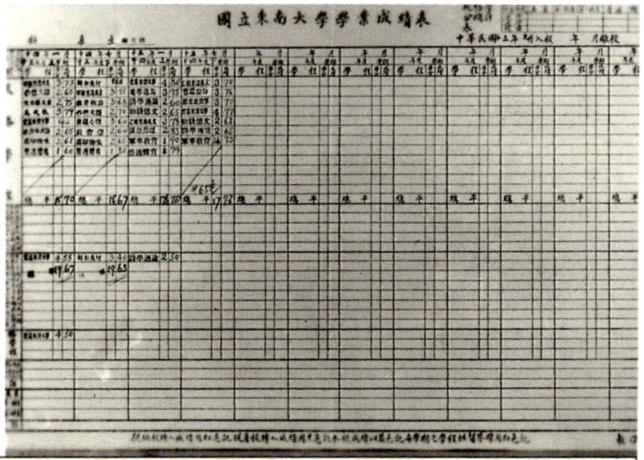

國立東南大學學業成績表

3-30

3-31

梁永（1904—1927），山东东平人。南京东南大学学生。1926年加入中国共产党。同年在南京浦镇机厂领导共青团工作。1927年1月被军阀逮捕。北伐军攻占南京后出狱，在市总工会工作，并负责领导金陵兵工厂的工会工作。1927年4月被捕、牺牲。

继南京“四·一〇”事件后，中共南京市委屡遭国民党反动派的破坏，党的优秀干部惨遭杀害，其中有史砚芬、孙津川、姚佐唐、李济平、夏雨初、李耘生、宋月波、顾衡等。

史砚芬（1904—1928），江苏宜兴人。1927年参加中国共产主义青年团，后转为中共党员。曾任共青团江苏宜兴县委书记，与匡亚明等人领导了宜兴农民暴动。1928年调任共青团南京市委书记、共青团江苏省委沪宁线巡视员。同年5月在南京被捕。9月就义于雨花台。

3-32
1927年，宜兴农民暴动时，史砚芬被选为县革命委员会委员。这是暴动时的革命标语、臂章。

3-33
1928年，共青团南京市委所在地——南京水井巷6号旧址。

3-33

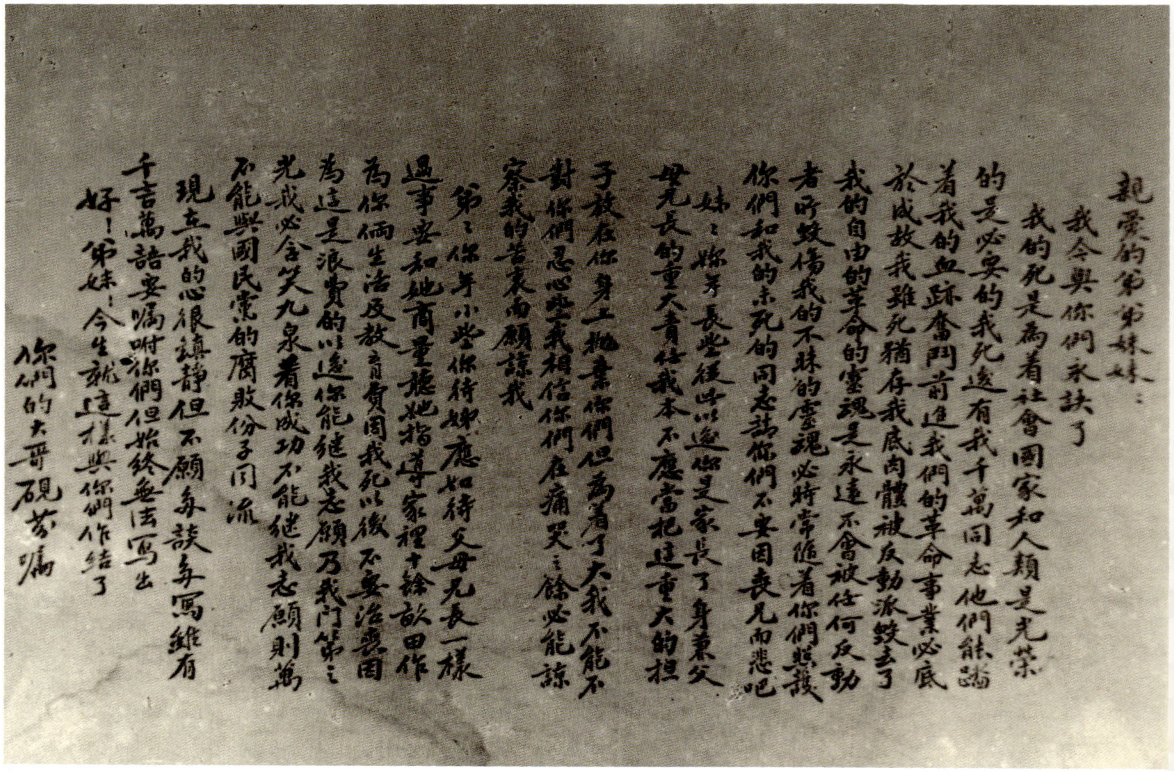

親愛的弟弟妹妹：
我今與你們永訣了
我的死是為着社會國家和人類是光榮的是必要的我死還有我千萬同志他們能踏着我的血跡奮鬥前進我們的革命事業必底於成故我雖死猶存我底肉體被反動派毀去了我的自由的革命的靈魂是永遠不會被任何反動者所毀傷我的不昧的靈魂必時常隨着你們照護你們和我的未死的同志請你們不要因喪兄而悲吧
妹妹你年長些從此以後你是家長了身兼父母兄長的重大責任我本不應當把這重大的担子放在你身上拋棄你們但為着了大我不能不對你們忍心些我相信你們在痛哭之餘必能諒察我的苦衷而原諒我
弟弟你年小些你待姊應如待父母兄長一樣遇事要和她商量聽她指導家裡十餘畝田作為你倆生活及教育費因我死以後不要治喪因為這是浪費的以後你能繼我志願乃我門第之光我必含笑九泉看你成功不能繼我志願則萬不能與國民黨的腐敗份子同流
現在我的心很鎮靜但不願多說多寫雖有千言萬語要囑咐你們但始終無法寫出
好！弟妹！今生就這樣與你們作結了
你們的大哥硯芬囑

3-35

3-32

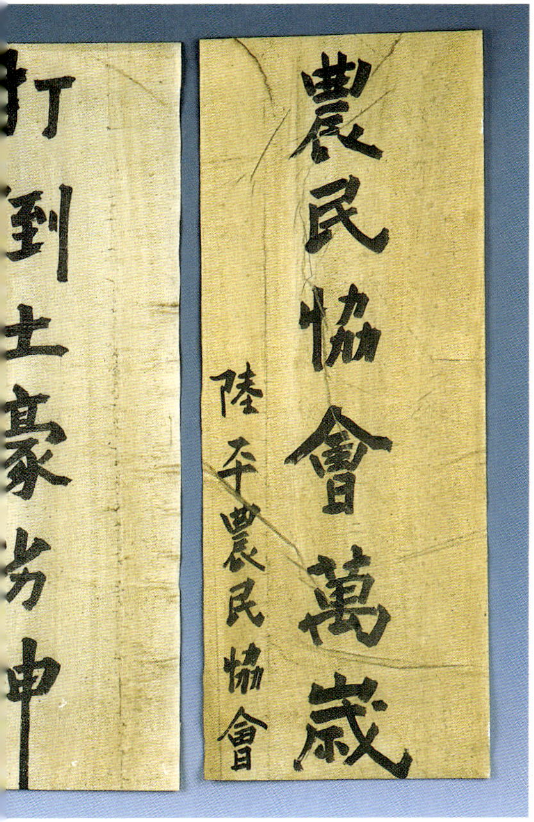

3-32

3-34

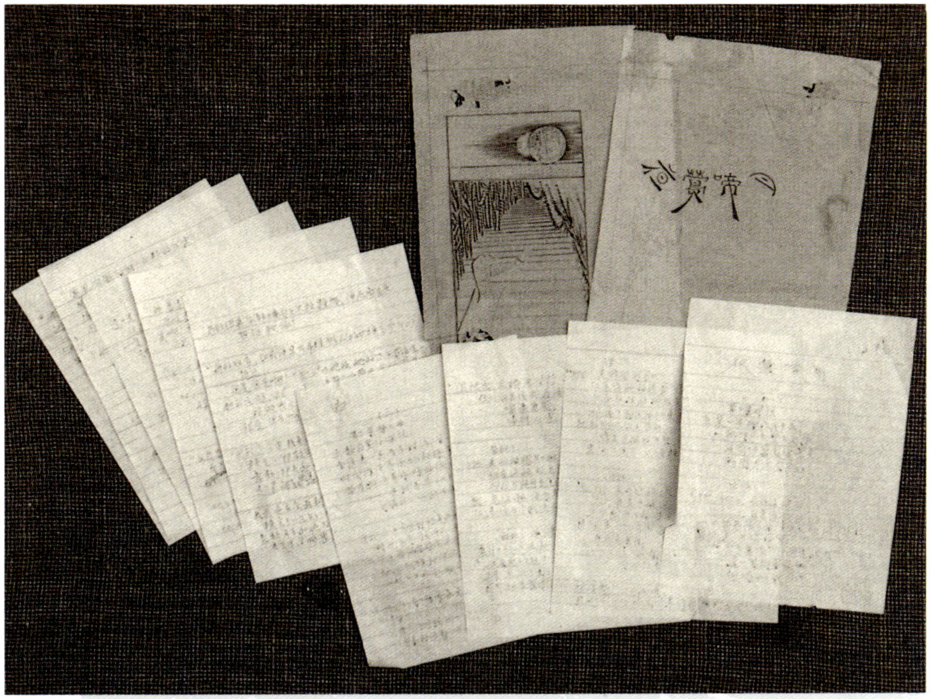

“我的死是为着社会、国家和人类，是光荣的，是必要的。我死后，有我千万同志，他们能踏着我的血迹奋斗前进，我们的革命事业必底于成，故我虽死犹存。我的肉体被反动派毁去了，我的自由的革命灵魂是永远不会被任何反动者所毁伤。”

3-36

3-34
史砚芬在狱中写的诗《夜莺啼月》。

3-35
1928 年 9 月 27 日，史砚芬牺牲后，其家属从烈士内衣口袋中发现了两封血迹斑斑的信，图为他给妹妹、弟弟的遗言。

3-36
史砚芬烈士遗言。

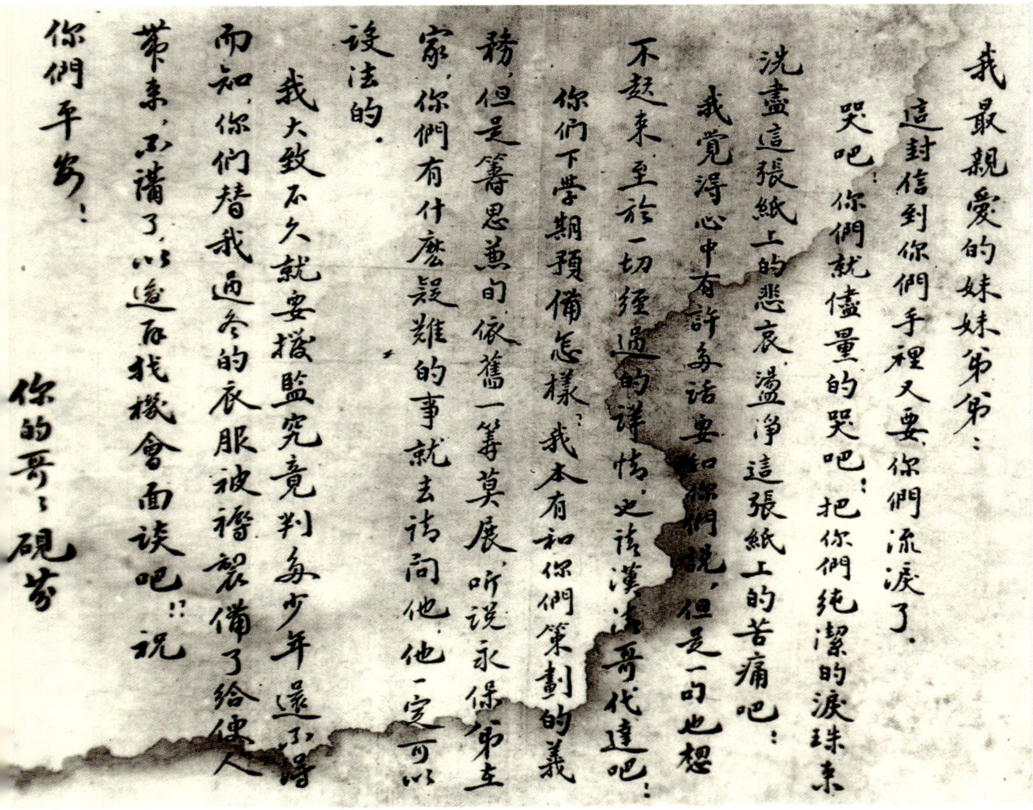

我最親愛的妹妹弟弟：

這封信到你們手裡又要你們流淚了。

哭吧！你們就儘量的哭吧！把你們純潔的淚珠來洗盡這張紙上的悲哀，滌淨這張紙上的苦痛吧！

我覺得心中有許多話要和你們說，但是一句也想不起來，至於一切經過的詳情，已請漢[illegible]哥代達吧！

你們下學期預備怎樣？我本有和你們策劃的義務，但是籌思萬的依舊一籌莫展，所說永保弟在家，你們有什麼疑難的事就去詢問他，他一定可以設法的。

我大致不久就要擬監究竟判多少年還不得而知，你們替我過冬的衣服被褥製備了給傳人帶來，不備了，以後有找機會面談吧！！祝你們平安！

你的哥哥 硯芬

3-35

孙津川（1895—1928），原名方淦。安徽寿县人。1925 年 8 月加入中国共产党。1926 年任中共吴淞机厂特别支部书记。1927 年任沪宁、沪杭铁路总工会委员长和上海总工会第五届执行委员。1928 年任中共南京市委书记。在中共第六次全国代表大会上当选为中央审查委员会委员。同年 7 月在南京被捕。10 月牺牲于雨花台。

3-37

3-

姚佐唐（1898—1928），安徽桐城人。1922 年初参加北京大学马克思主义研究会。同年加入中国共产党。1923 年任京汉铁路工会代表。1924 年 6 至 7 月赴莫斯科出席共产国际第五次代表大会和赤色职工国际第三次代表大会。1926 年参加北伐，担任国民革命军总司令部所属铁道车队大队副。1927 年 10 月调南京工作。1928 年 7 月在家中开会，被警察包围，孙津川等被捕，姚脱险后避走上海。因叛徒出卖，在沪被捕，解来南京。同年 10 月，牺牲于雨花台。

3-38

3-40

「枪毙我一个，还有十个。枪毙十个，还有一百个。千千万万的革命者，你们是杀不完的！」

3-39

3-37
1928年，孙津川任中共南京市委书记。图为他在南京从事革命活动时居住过的地方——兴中门北祖师庵49号。
3-38
中共南京地委机关之一——居安里20号。
3-39
孙津川烈士壮怀。
3-40
1995年召开的纪念孙津川烈士诞辰100周年座谈会。
3-41
1924年6至7月，姚佐唐出席共产国际第三次代表大会时与罗章龙（右）、王荷波（中）在莫斯科的合影。

齐国庆（1903—1928），字仲嘉。安徽太和人。中学时参加进步组织“读书会”。1922年考入南京河海工程专门学校。1924年入南京东南大学学习。1927年加入中国共产党。同年底任中共东南大学党支部书记。1928年5月中共南京组织遭第三次破坏时被捕。9月牺牲于雨花台。

黄瑞生（1904—1930），又名人祥。安徽六安人。1925 年冬加入中国共产党。历任中共北京农业大学农艺系支部书记、中共南京市委秘书兼宣传委员、市委临时负责人等职。1929 年 6 月因叛徒出卖，不幸被捕。1930 年 9 月牺牲于雨花台。

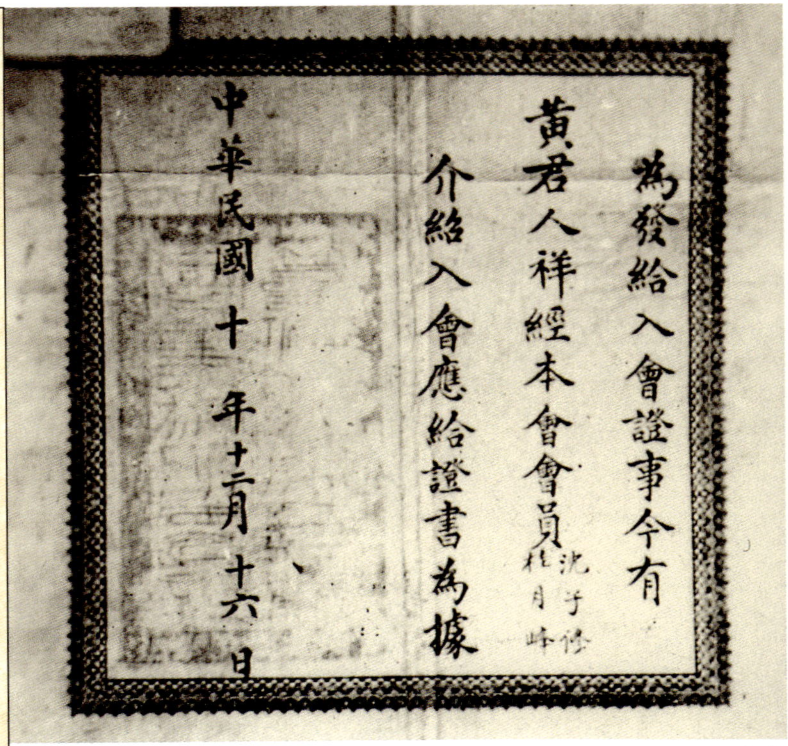

為發給入會證事今有
黃君人祥經本會會員沈子修 杜月峰介紹入會應給證書為據
中華民國十 年十二月十六日

3-42

3-43

夏雨初（1903—1930），安徽郎溪人。1925 年加入中国共产党。1927 年在安徽郎溪创办建平公学。1928 年 4 月领导郎溪农民暴动。1929 年在沪西从事工人运动。1930 年任中共中央特派员、中共南京市行动委员会委员。同年 7 月在南京下关开会时被捕。8 月在雨花台慷慨就义。

3-44

李济平（1908—1930），原名李维选，化名王仲斌。江苏江阴人。1926年加入中国共产党。1927年赴苏联莫斯科东方大学学习。1928年归国。曾任中共扬州特委负责人、江苏省委巡视员、南京市行动委员会书记。1930年7月中共南京组织遭第六次破坏时，在南京下关被捕。8月18日就义于雨花台。

黄祥宾（1905—1930），江苏武进人。1925年在无锡省立第三师范加入中国共产党。1926年考入南京东南大学（1928年改为中央大学）。1929年秋任中央大学党支部书记。1930年7月被捕。同年8月在南京雨花台牺牲。

3-45

3-46

3-42

1921年，黄瑞生加入六安县农会的会员证。

3-43

南京中央大学旧址。

3-44

中央大学校徽。

3-45

1928年4月，夏雨初领导了郎溪暴动。图为暴动时用的梭标。

3-46

夏雨初牺牲时戴的眼镜。

李耘生（1905—1932），原名殿龙，字云生，又名李立章、李涤尘。山东广饶人。1924 年加入中国共产党。历任中共汉口硚口特区区委书记、武昌市委书记、南京市委组织部部长、南京特委书记等职。1932 年 4 月不幸被捕。6 月在雨花台就义。

3-47

3-48

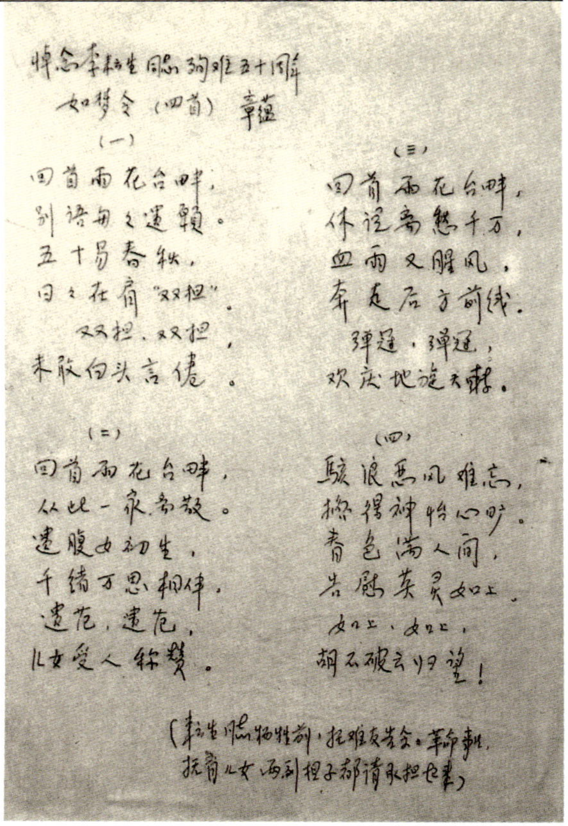

悼念李耘生同志殉难五十周年
如梦令（四首） 章蕴

（一）
回首雨花台畔，
别语句句遗嘱。
五十易春秋，
日日在肩"双担"。
双担，双担，
未敢白头言倦。

（二）
回首雨花台畔，
从此一家离散。
遗腹女初生，
千绪万思相伴。
遗花，遗花，
儿女受人称赞。

（三）
回首雨花台畔，
休说离愁千万，
血雨又腥风，
奔走后方前线。
弹指，弹指，
欢庆地旋天转。

（四）
骇浪恶风难忘，
换得神怡心旷。
春色满人间，
告慰英灵如上。
如上，如上，
胡不破云归望！

（耘生临牺牲前，托难友告余：革命到底，抚育儿女。两副担子都请我担起来）

3-49

3-49

宋月波(1894—1932)，山东滕县人。中共党员。幼时随其兄来南京谋生，先后在金陵照像馆、东南照像馆工作。1930年在南京、徐州从事党的地下工作，曾任中共南京市委委员。1932年因中共南京市委遭到第七次破坏，不幸被捕。同年4月牺牲于雨花台。

3-47

李耘生被捕地点，南京游府西街教堂。

3-48

李耘生与妻子章蕴及儿子的合影。

3-49

1982年，章蕴为纪念李耘生烈士殉难50周年所作的诗及凭吊照片。

3-50

冷少农在南京从事革命活动时写给母亲的信。信中表示决心牺牲个人幸福，为谋求劳动人民的解放而奋斗。

冷少农(1899—1932)，原名肇隆。贵州瓮安人。1923年毕业于贵州法政专门学校。曾任《民意日刊》编辑。大革命时期加入中国共产党。1927年后，在国民党军队中从事秘密工作，在士兵中发展党的组织。1931年，在中共南京市委工作。1932年3月，不幸被捕。5月就义于雨花台。

3-50

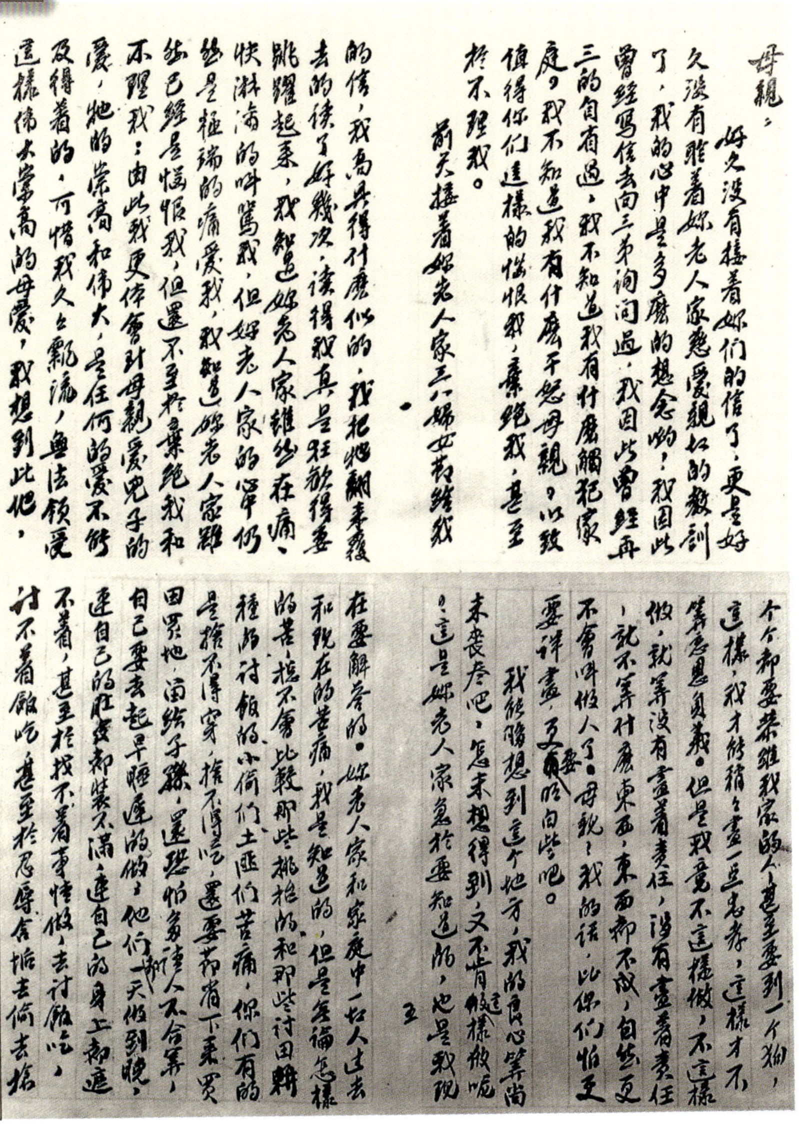

母親：

好久沒有接着妳們的信了，更是好久沒有接着妳老人家慈愛親切的教訓了，我的心中是多麼的想念喲！我因此曾經寫信去向三弟詢問過，我因此曾經再三的自省過，我不知道我有什麼觸犯家庭，我不知道我有什麼不怨母親，以致值得你們這樣的惱恨我，棄絕我，甚至於不理我。

前天接着妳老人家三八婦女節給我的信，我高興得什麼似的，我把牠翻來覆去的讀了好幾次，讀得我真是狂歡得要跳躍起來，我知道妳老人家雖然在痛快淋漓的呼罵我，但妳老人家的骨子仍然是極端的痛愛我，我知道妳老人家雖然已經是惱恨我，但還不至於棄絕我和不理我；由此我更體會到母親愛兒子的愛，她的崇高和偉大，是任何的愛不能及得着的，可惜我久久飄流，無法領受這樣偉大崇高的母愛，我想到此地，

个个都要榮耀我家的人，甚至要到一个狗，這樣，我才能稍稍盡一点忠孝，這樣才不算忘恩負義。但是我竟不這樣做，不這樣做，就算沒有盡着責任，沒有盡着責任，就不算什麼東西，東西都不成，自然更不會叫做人了。母親，我的話，比你們怕更要詳盡，更要明白些吧。

我能够想到這个地方，我的良心算當未喪盡吧。怎末想得到，又不肯這樣做呢，這是妳老人家急於要知道的，也是我現在要解答的。妳老人家和家庭中一切人過去和現在的苦痛，我是知道的，但是怎樣的苦，總不會比較那些挑抬的和那些討田耕種的討飯的小偷們土匪們苦痛，你們有的是穿不得穿，吃不得吃，還要节省下來買田買地，而她子孫，還恐怕多請人不合算，自己要去起早睡遲的做，他們一天做到晚，連自己的肚皮都裝不滿，連自己的身上都遮不着，甚至於找不着事情做，去討飯吃，討不着飯吃，甚至於忍辱含垢去偷去搶

五

顾衡（1909—1934），号孟方，又名屏叔，化名李君实、翟大来。江苏无锡人。1927年考入东南大学。1929年赴北平参加革命工作。1930年冬加入中国共产党。次年任中共安徽太和县委书记。1934年调任中共南京市委组织部部长。同年8月中共南京组织遭第八次破坏时被捕。12月就义于雨花台。

南京晓庄师范学校是教育家陶行知1927年创办的一所进步学校。该校的宗旨是培养乡村学校的教师，实行教学与生产劳动相结合。1928年，该校建立了中国共产党和中国共产主义青年团的秘密组织，领导学生积极参加革命活动。1930年4月，国民党当局查封了该校，许多进步学生被捕，石俊、叶刚、郭凤韶、谢纬棨、姚爱兰、袁咨桐、沈云楼等牺牲于雨花台。

3-52
晓庄师范学校旧址。

3-53
晓庄师范学校全景。

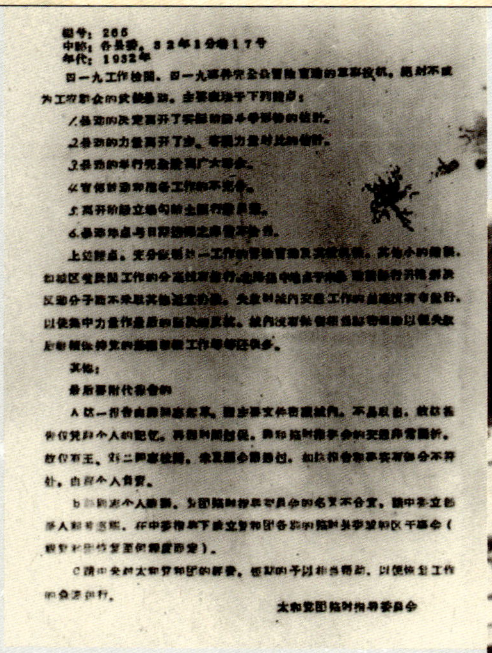

年代：1932年

[illegible]

其他：

[illegible]

太和党团临时指导委员会

3-51

3-51
太和暴动失败后，顾衡写给党中央的报告。

3-52

3-54

3-54

晓庄师范校旗(100 颗星代表 100 万位同志、100 万所学校、100 万个乡村)。

3-55

1930 年初,参加全国乡村教师讨论会的代表在晓庄师范"犁宫"的合影。

3-55

3-53

3-56

3-57

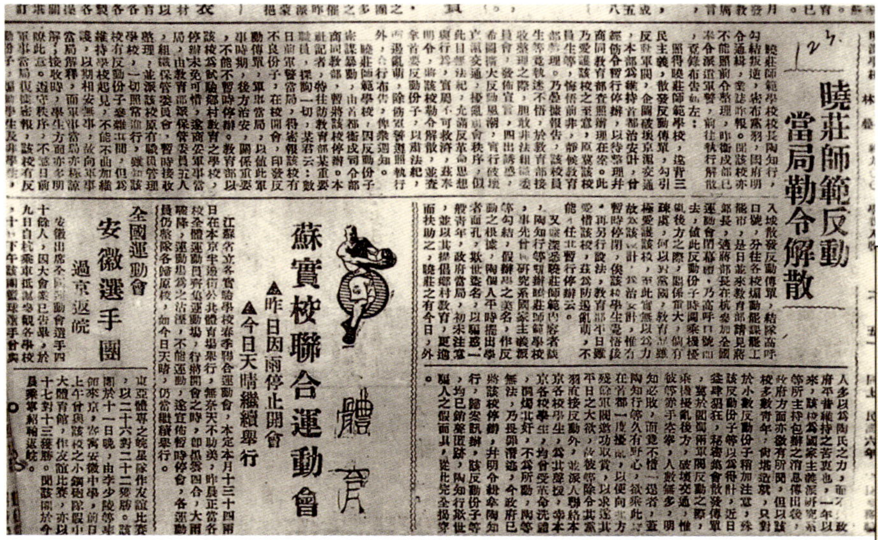
曉莊師範反動當局勒令解散

體育

蘇實校聯合運動會
▲昨日因雨停止開會
▲今日天晴繼續舉行

全國運動會
安徽選手團
過京返皖

3-58

3-59

石俊（1907—1930），原名石俊光，又名石劲弹。江苏如皋人。1927年初加入中国共产党。1928年2月进入晓庄师范学习。1929年任中共晓庄师范支部书记。1930年5月调中共南京市委宣传部工作。6月被捕。9月就义于雨花台。

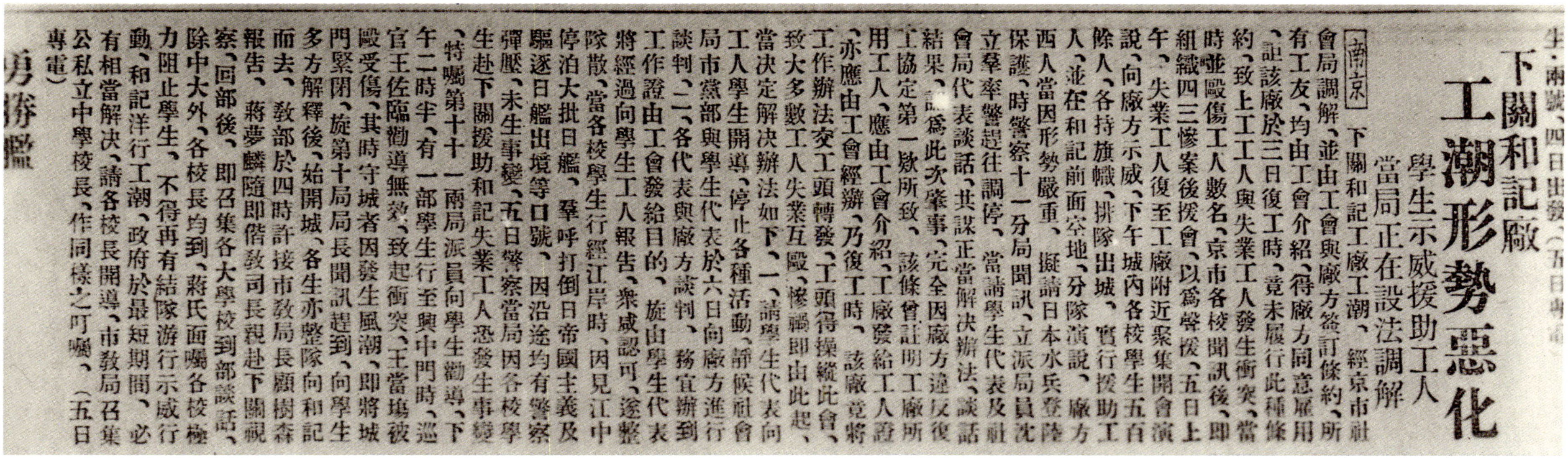

生、兩號、四日出發、（五日專電）

下關和記廠
工潮形勢惡化
學生示威援助工人
當局正在設法調解

【南京】下關和記工廠工潮、經京市社會局調解、並由工會與廠方簽訂條約、所有工友、均由工會介紹、得廠方同意雇用、詎該廠於三日復工時、竟未履行此種條約、致上工工人與失業工人發生衝突、當時並毆傷工人數名、京市各校聞訊後、即組織四三慘案後援會、以爲聲援、五日上午、失業工人復至工廠附近聚集開會演說、向廠方示威、下午城內各校學生五百餘人、各持旗幟、排隊出城、實行援助工人、並在和記前面空地、分隊演說、廠方西人當因形勢嚴重、擬請日本水兵登陸保護、時警察十一分局聞訊、立派局員沈立舉率警趕往調停、當請學生代表及社會局代表談話、共謀正當解決辦法、談話結果、認爲此次肇事、完全因廠方違反復工協定第一欵所致、該條曾註明工廠所用工人、應由工會介紹、工廠發給工人證、亦應由工會經辦、乃復工時、該廠竟將工作辦法交工頭轉發、工頭得操縱此會、致大多數工人失業互毆、慘禍即由此起、當決定解決辦法如下、一、請學生代表向工人學生開導、停止各種活動、靜候社會局市黨部與學生代表於六日向廠方進行談判、二、各代表與廠方談判、務宜辦到工作證由工會發給目的、旋由學生代表將經過向學生工人報告、衆咸認可、遂整隊散、當各校學生行經江岸時、因見江中停泊大批日艦、舉呼打倒日帝國主義及驅逐日艦出境等口號、因沿途均有警察彈壓、未生事變、五日警察當局因各校學生赴下關援助和記失業工人恐發生事變、特囑第十十一兩局派員向學生勸導、下午二時半、有一部學生行至興中門時、巡官王佐臨勸導無效、致起衝突、王當場被毆受傷、其時守城者因發生風潮、即將城門緊閉、旋第十局局長聞訊趕到、向學生多方解釋後、始開城、各生亦整隊向和記而去、教部於四時許接市教局長顧樹森報告、蔣夢麟隨即偕教司長親赴下關視察、回部後、即召集各大學校到部談話、除中大外、各校長均到、蔣氏面囑各校極力阻止學生、不得再有結隊游行示威行動、和記洋行工潮、政府於最短期間、必有相當解決、請各校長開導、市教局召集公私立中學校長、作同樣之叮囑、（五日專電）

3-57

3-56

1930 年 3 月，晓庄师范建校三周年纪念活动情景。

3-57

1930 年 4 月初，南京下关和记工厂工人在中共地下组织的领导下，为要求增加工资进行罢工斗争。晓庄师范学生和全市民众表示声援。图为下关和记工厂照片及关于晓庄师范学生支援和记工厂工人斗争的报道。

3-58

1930 年 4 月 8 日，晓庄师范学校被国民党首都卫戍司令部查封。这是当时《中央日报》刊登的消息。

3-59

为了保护学校和附近农村的安全，晓庄师范于 1928 年成立了联村自卫团，石俊（左三）为该团负责人之一。

3-60

《红叶童话集》，叶刚著，署名“一叶”。书中收录《红叶》、《字样和白纸》等 9 篇童话。1931 年，陶行知将之整理出版，并亲自作序。

叶刚（1908—1930），浙江象山人。中共党员。1927 年入晓庄师范学校读书。曾任晓庄师范联村自卫团副总指挥。1930 年在驻校的国民党军中从事策反工作，不幸被捕。同年 8 月牺牲于雨花台。

3-60

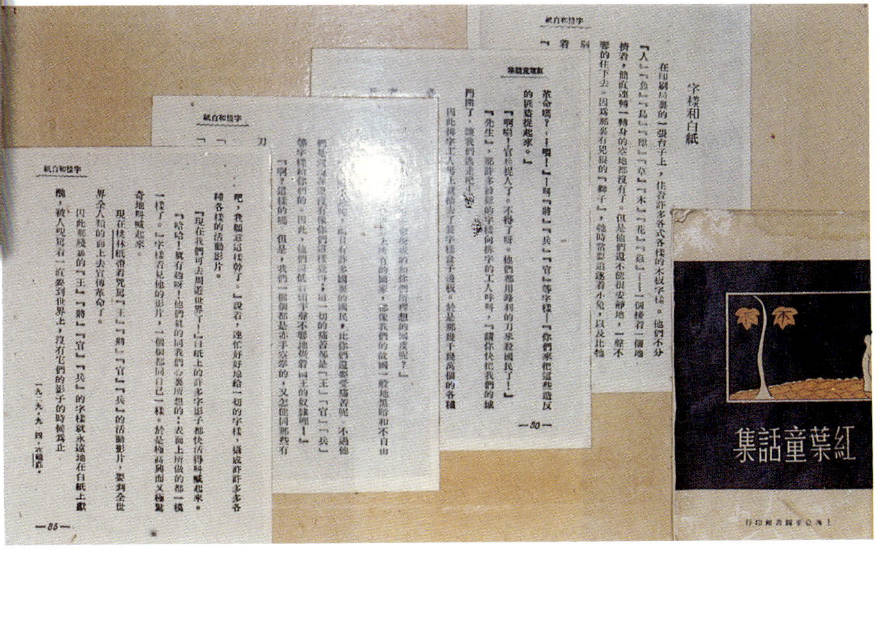

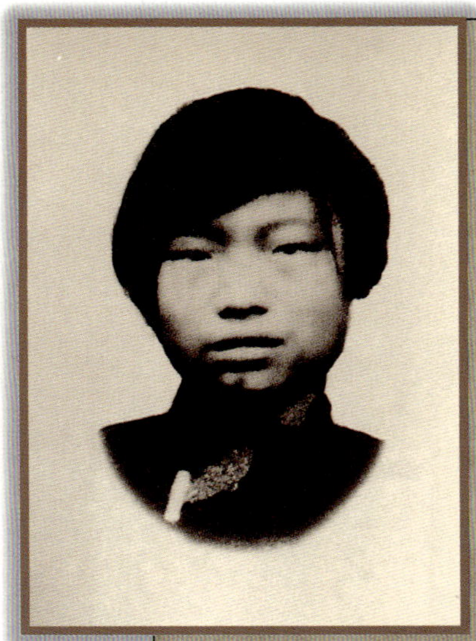

郭凤韶（1911—1930），浙江临海人。1926年加入共青团。1929年考入晓庄师范。同年转为中共党员，曾任党小组长、交通等职。1930年9月被捕，就义于雨花台。

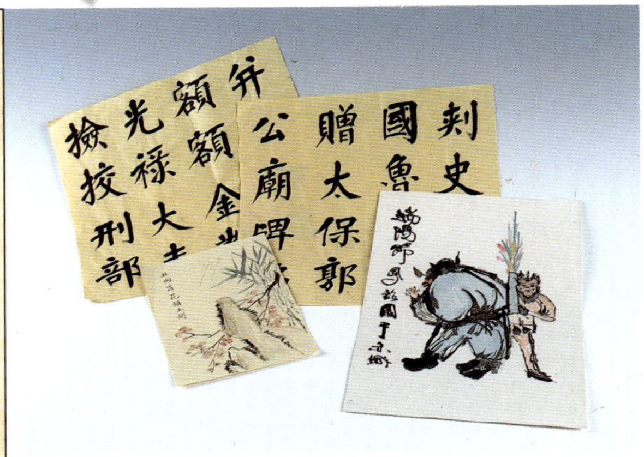

3-61

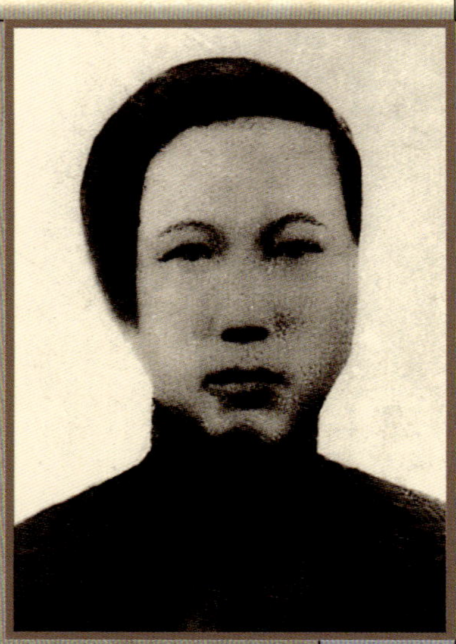

姚爱兰（1912—1930），江苏六合（现南京市六合县）人。晓庄师范学生。共青团员。1930年被捕，同年9月牺牲于雨花台。

谢纬棨（1910—1930），又名宗晖。湖南长沙人。1927年入晓庄师范读书。曾参加左翼戏剧工作者联合会。1930年晓庄师范被查封后，到上海参加南国社的演出活动。同年9月在沪被捕，旋即解来南京。10月就义于雨花台。

袁咨桐（1914—1930），又名袁庆吾、袁荣先。贵州赤水人。1927年在遵义三中读书。后随教育家黄齐生到四川、广东、广西等地求学。1929年入晓庄师范读书，加入共青团。1930年任晓庄师范团支部书记。同年8月被捕。9月牺牲于雨花台。

3-62

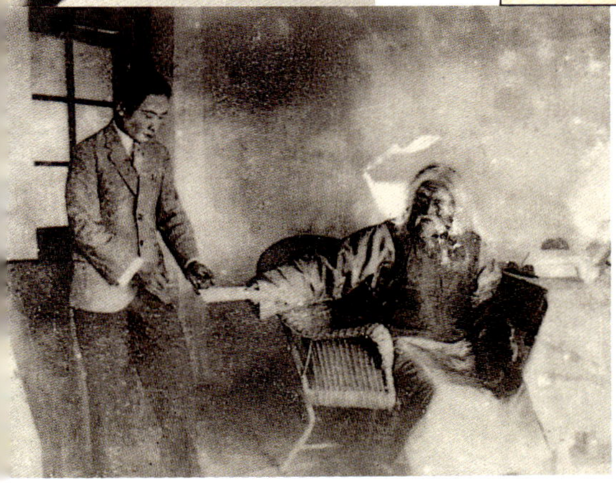

3-63

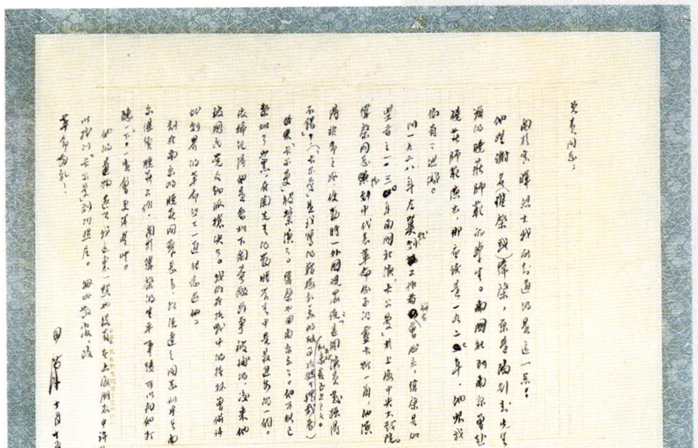

3-64

3-61
郭凤韶喜爱书法、绘画。图为她的部分作品。

3-62
袁咨桐与义父黄齐生等人的合影。后排左一为袁咨桐，左二为黄齐生。

3-63
1929年晓庄师范成立晓庄剧社，谢纬棨积极参加剧社的活动。图为话剧《生之意志》剧照。立者为谢纬棨，坐者为陶行知。

3-64
田汉追忆与谢纬棨相识后的一些情况。

3-65
柔石的长诗《血在沸——纪念一个在南京被杀的小同志》。此诗是在谢纬棨牺牲16天后所作。柔石为“左联”常务委员，中共党员，1931年被捕、牺牲，是“左联”五烈士之一。

血在沸

——纪念一个在南京被杀的小同志

血在沸，
心在烧，
在这恐怖的夜里！
他死了！
在这白色恐怖的夜里！
我们的小同志，
枪杀的，
子弹丢进他的胸膛，
躺下了一小小的身子。
草地上，
流着一片鲜红的血！
……

1930.10.23　阴森的夜。

3-65

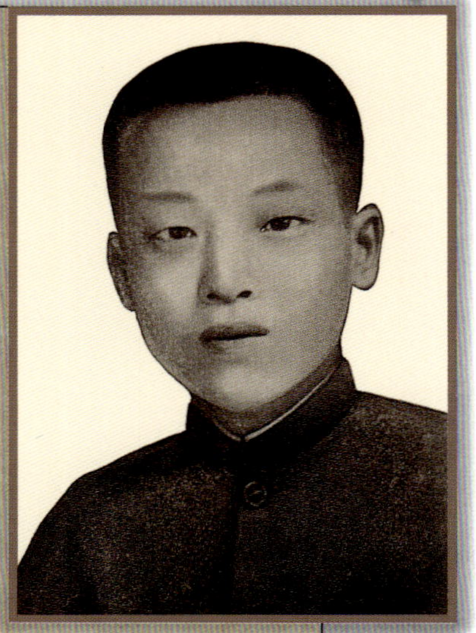

沈云楼（1913—1930），江苏兴化人。中共党员。1929年考入晓庄师范。1930年在南京被捕。同年8月在雨花台就义。同时遇难的有任曜等20位同志。

1930年7月，南京电报局职工为提高生活待遇，反对局方政治压迫举行集会，并推举陈继昌等10人为主席团，代表职工与局方交涉。由于局方向卫戍司令部告密，主席团成员10人全部被捕。同年8月陈继昌、李传夔、冯百六、蒋宗銮4人被杀害于雨花台。

蒋宗銮（1904—1930），江苏吴县人。毕业于上海电信学校。先后在北京、青岛、南京等地电报局任报务员。1930年在南京电报局工作时，因参与集会被捕。同年8月牺牲于雨花台。

3-66

3-66

1951年3月15日，晓庄师范学校建校24周年时，为纪念殉难的校友，在晓庄劳山建立了纪念碑。

陈继昌(1906—1930),原名陈寿棨。江苏吴县人。中共党员。中学时因参加学生运动被开除学籍。1930年,在南京电报局举行集会时,不幸被捕。同年8月牺牲于雨花台。

李传夔(1906—1930),字契虞。江苏吴县人。早年毕业于上海邮电学校。1930年在南京电报局参加集会时被捕。同年8月牺牲于雨花台。

冯百六(1909—1930),字春晖。浙江上虞人。曾在徐州、南京电报局工作。1930年在南京电报局工作时,由于参与集会,遭到逮捕。同年8月牺牲于雨花台。

金陵大学、浦镇机厂、中央大学等中共南京地下党基层组织，遭到国民党当局的破坏。

3-67
30 年代的金陵大学校园。
3-68
陈景星在沈阳奉天第三高级中学读书时的合影。前排右二为陈景星。

3-69
1929 年，石璞与同学合影。右一为石璞，左坐第一人为石璞的入党介绍人陈景星。
3-70
1952 年，冯菊芬的丈夫刘瑞龙（李也萍）来雨花台凭吊，缅怀妻子冯菊芬烈士，遂成此诗。

陈景星（1908—1930），号绍虞，化名陈大伟、刘列。辽宁海城人。1929 年加入中国共产党。南京金陵大学学生。曾任该校党支部书记。在校组织反帝大同盟，反对帝国主义的文化侵略。1930 年 8 月被捕，9 月牺牲于雨花台。

石璞（1913—1930），号国柱。辽宁铁岭人。1929 年考入南京金陵大学物理系。同年加入中国共产党。参加反帝大同盟，从事校内外的革命活动。1930 年被捕。9 月牺牲于雨花台。

3-6

3-67

3-68

冯菊芬（1910—1930），又名冯爱萍。江苏东海人。1928 年加入中国共产党。1930 年夏从上海到中共南京市军委机关工作。不久，因党组织遭破坏不幸被捕。同年 9 月牺牲于雨花台。

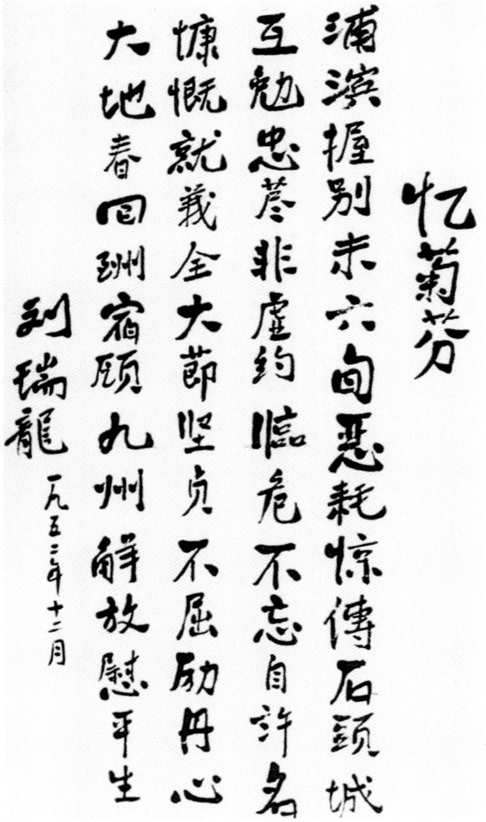

3-70

师集贤（1899—1930），原名师道立，字露泠。陕西合阳人。1924年上海大学毕业后，赴西安从事教育工作。1929年在南京国民政府审计院工作。1930年加入中国共产党。同年7月不幸被捕。9月在雨花台牺牲。

3-71

陈朝海（1908—1931），广西博白人。大革命时期参加博白革命青年社，当选为广州分社第二届执行委员。1928年秋考入南京中央大学，同年加入中国共产党。1931年2月，因在校内从事革命活动，不幸被捕。同年9月，牺牲于狱中。

3-73

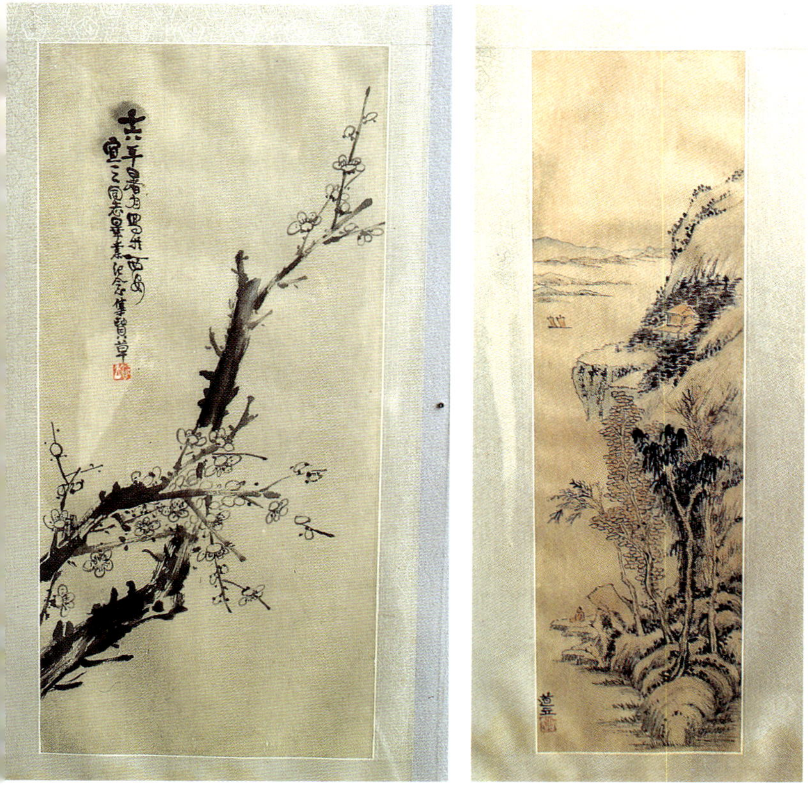

3-72

陈兆春（1887—1930），南京江浦人。南京浦镇机厂工人。大革命时期加入中国共产党，在该厂从事革命工作。1930年因叛徒出卖，不幸被捕。同年10月牺牲于雨花台。与陈兆春同时牺牲的还有许立双、王松亭、杜秀山、徐明德、袁德昌、张学堂、吕开金、袁鸿鸣八同志。

3-74

3-75

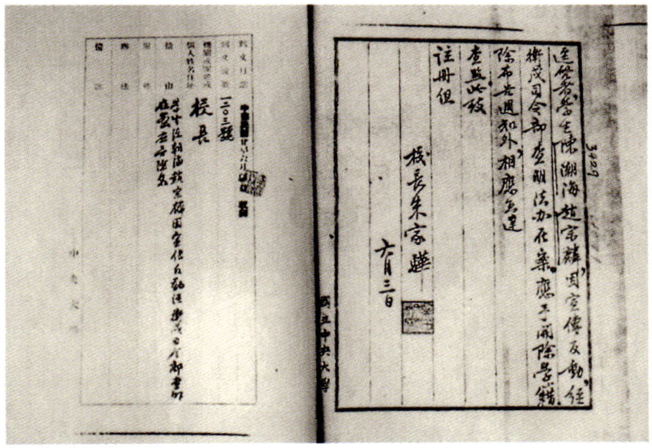

3-76

3-71

1923年冬，上海大学探美画会师生合影。第三排左二为师集贤，前排中立留长须者为上海大学校长于右任。

3-72

师集贤作的画。

3-73

南京浦镇机厂工人的合影。左三为陈兆春。

3-74

1928年，陈朝海与家人合影。前排站立者为陈朝海。

3-75

中央大学礼堂。

3-76

1931年2月，陈朝海遭南京卫戍司令部逮捕后，校方开除他学籍的通知。

第四章

民族忠魂

1931年，处心积虑灭亡中国的日本帝国主义，发动了“九·一八”事变，民族危机空前深重。由于南京国民政府实行不抵抗政策，东北全境迅即沦丧，大片国土遭侵华日军铁蹄践踏。

中国共产党在民族危亡的关键时刻，顺应历史潮流，毅然决然发表抗日宣言，表示愿意同全国各抗日力量团结抗日。北京、上海、广州、武汉、南京等地广大人民也强烈要求政府出兵抗日。但是蒋介石执意要实行“攘外必先安内”的政策，对日妥协退让，对内残酷镇压抗日民主运动。在这个时期，从事抗日救亡运动的萧万才、曹顺标、陈志正、周执中、郭纲琳、陈处泰等革命志士被国民党当局杀害于南京。

1937年7月，得陇望蜀、欲壑难填的日本帝国主义在卢沟桥挑起战端，发动了全面侵华战争。大敌当前，国势日危。在中国共产党倡导下，国共两党实现了以抗日民族统一战线为旗帜的第二次国共合作。中国共产党积极发动群众，坚持敌后抗日。焦恭士、强博、陶家齐、邓振询、孙晓梅等优秀共产党员因从事敌后抗日在南京地区壮烈牺牲。

当抗战进入相持阶段后，在日本帝国主义的诱惑下，国民党又消极起来，甚至同日本侵略者秘密进行谋求妥协的活动。在这一背景下，他们又开始推行积极反共的政策，在国民党统治区内强化法西斯统治，打击、破坏共产党和其他进步组织，甚至不断向共产党挑衅，袭击人民军队。最严重的就是1941年1月，蒋介石背信弃义，布置陷阱，制造了震惊中外的皖南事变。九千余人的新四军指战员，除两千人突出重围外，其余大部壮烈牺牲，真可谓千古奇冤，惨绝人寰。军长叶挺被国民党军扣押，副军长项英、政治部主任袁国平、副参谋长周子昆不幸蒙难。1956年6月19日，项英、袁国平、周子昆三位烈士的忠骸被重新安葬在雨花台烈士陵园望江矶。

深重的民族灾难。

4-1

4-2

4-3

4-5

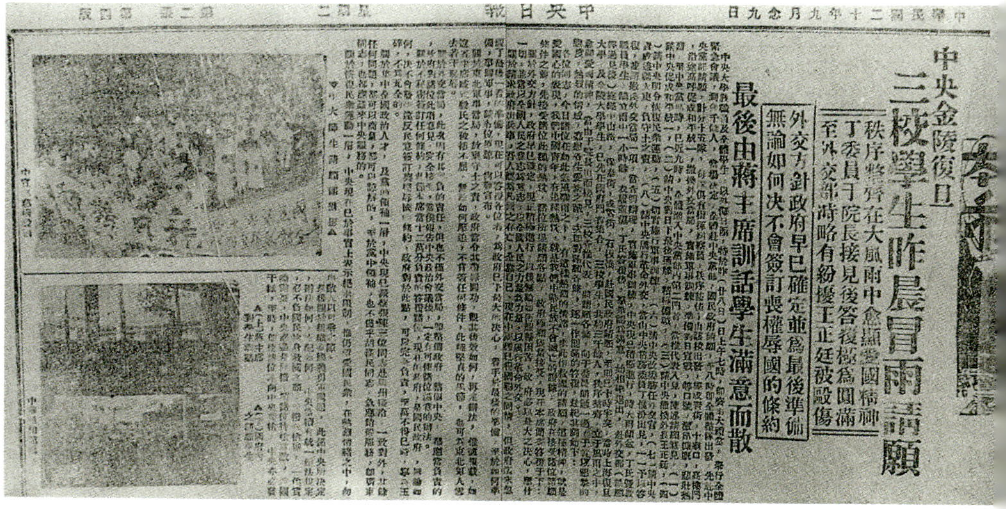

中華民國二十年九月念九日 中央日報 星期二 第二張 第四版

中央金陵復旦
三校學生昨晨冒雨請願
秩序整肅在大風雨中愈顯愛國精神
丁委員于院長接見後答復極為圓滿
至外交部時略有紛擾王正廷被毆傷
外交方針政府早已確定並爲最後準備
無論如何決不會簽訂喪權辱國的條約
最後由蔣主席訓話學生滿意而散

4-

4-1
1931 年 9 月 18 日夜，日军炮击中国东北军驻地沈阳北大营。

4-2
侵华日军迅即攻占沈阳。

4-3
9 月 23 日，南京二十余万群众举行抗日救国大会。

4-4
“九·一八”事变后，全国各地学生汇集南京，向政府请愿，要求出兵抗日。

4-5
蒋介石接见请愿学生代表。

4-6
《中央日报》1931 年 9 月 29 日关于南京学生冒雨请愿的报道。

4-7
1931 年 9 月 22 日，中共临时中央政治局作出《中央关于日本帝国主义强占满洲事变的决议》，指出组织和领导群众开展反对日本帝国主义和国民党反动统治的武装斗争，是目前党的中心任务。

4-8
“九·一八”事变后，民族危亡日益加深，但蒋介石仍坚持“攘外必先安内”的方针。图为蒋介石写给“宣传诸同志”的训示。

4-4

傳播深入赤匪區域
要人攘外必須安內
救中國之大要在人
心複雜散漫精神
萎頓不振而又不能
忍苦耐勞乃致寇
深匪禍叢熾政治
宣傳之同志刻苦
耐勞堅定工作忍
辱負責打破目前
之難關竟成剿
赤之使命有厚
望焉此致
宣傳諸同志
蔣中正 二月十四

4-8

中央關於日本帝國主義强佔滿洲事變的決議

4-7

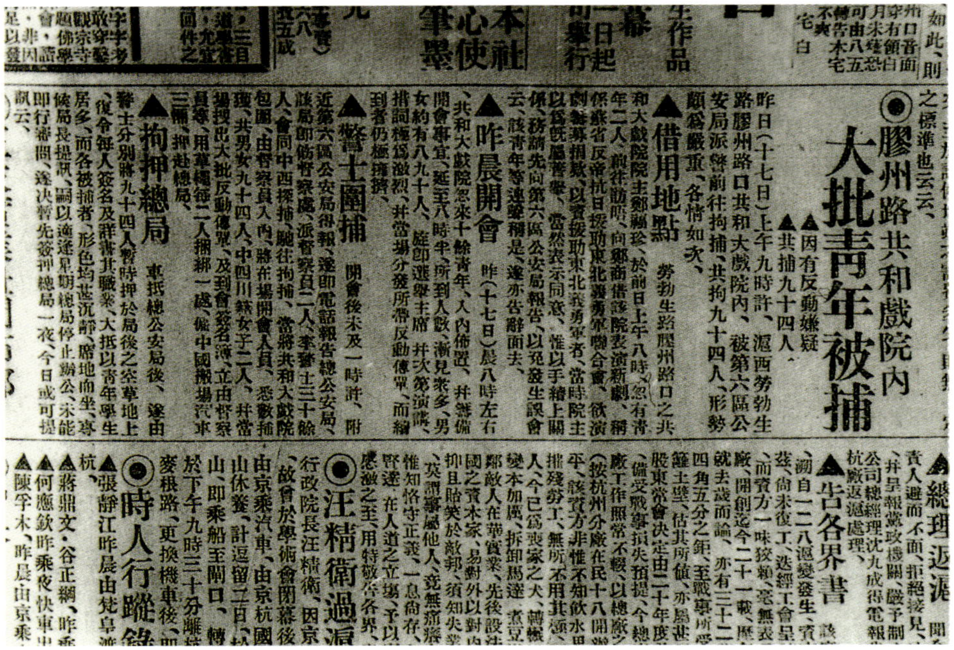

膠州路共和戲院內
大批青年被捕
▲因有反動嫌疑
▲共捕九十四人

昨日（十七日）上午九時許、滬西勞勃生路膠州路口共和大戲院內、被第六區公安局派警前往拘捕、共拘九十四人、形勢頗爲嚴重、各情如次、

▲借用地點 勞勃生路膠州路口之共和大戲院院主鄭福珍、於前日上午八時、忽有青年二人、前往訪晤、向鄭商借該院表演新劇、稱係該省反帝抗日援助東北義勇軍聯合會、欲演劇籌募捐款、以資援助東北義勇軍者、當時院主以爲既屬善舉、當然表示同意、惟以手續上關係、務請先向第六區公安局報告、以免發生誤會云、該青年等連聲稱是、遂亦告辭而去、

▲昨晨開會 昨（十七日）晨八時左右、共和大戲院忽來十餘青年、入內佈置、并籌備開會事宜、延至八時半、所到人數、漸見衆多、男

4-9

1932 年“一·二八”事变后，根据中共江苏省委决定，全国民联于 7 月 17 日在上海共和大戏院召开民众反对《淞沪停战协定》及援助东北义勇军联合代表大会。大批军警、特务会同租界巡捕包围会场，当场捕去曹顺标、陈志正等 88 人。后因个别人叛变，萧万才等人又遭出卖而被捕，解来南京。同年 10 月 1 日，萧万才、曹顺标、邱文治、王德胜、许清如、崔阿二、柳日均、陈山、许金标、杨小二子、陈世顺、钟明友等人在雨花台英勇就义。

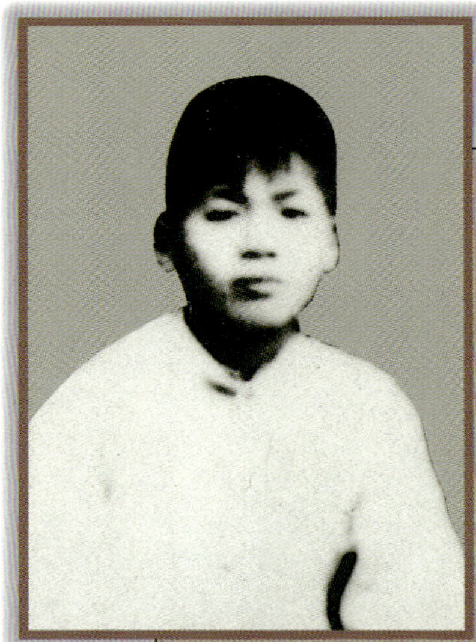

陈志正（1911—1937），又名陈福生、陈正福。江苏武进人。1927 年在上海劳动大学读书时，加入中国共产党。曾任共青团江苏省委秘书长。1932 年 7 月 17 日在上海共和大戏院参加会议时被捕。先囚禁于苏州，后押解南京。1937 年 5 月牺牲于狱中。

4-

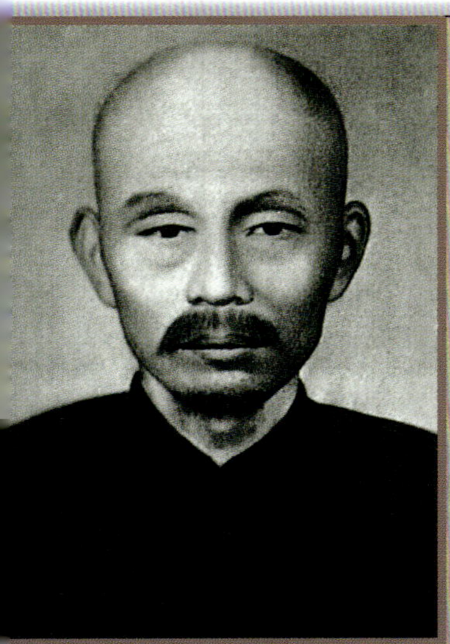

萧万才（1880—1932），又名萧志义。江苏阜宁人。1932年加入中国共产党。曾任中共上海南阳肥皂厂党支部书记、闸北民众反日救国联合会发行部部长和党的秘密交通。1932年8月，因叛徒出卖被捕，解来南京。同年10月牺牲于雨花台。

曹顺标（1913—1932），又名曹仁飙、曹均。浙江萧山人。1930年加入中国共产主义青年团，担任全国民联青年部部长。1932年7月17日在上海共和大戏院参加会议时被捕，解来南京。同年10月牺牲于雨花台。

4-9
1932年7月18日，上海《申报》刊登了关于共和大戏院内大批青年被捕的消息。
4-10
陈志正与亲属在镇江的合影。左边坐在草地上的是陈志正。
4-11
陈志正翻译的马克思著《工银劳动与资本》，刊于1929年清华大学出版的《清华周刊》，所译日本逸郎著《历史人口法则》及《抽象人口法则》，刊登在1930年出版的《新民》半月刊上。
4-12
陈志正在狱中翻译的日本大内兵卫著《财政学大纲》（上卷）手稿。当时陈志正患着严重的肺病，仍抱病译成此书。

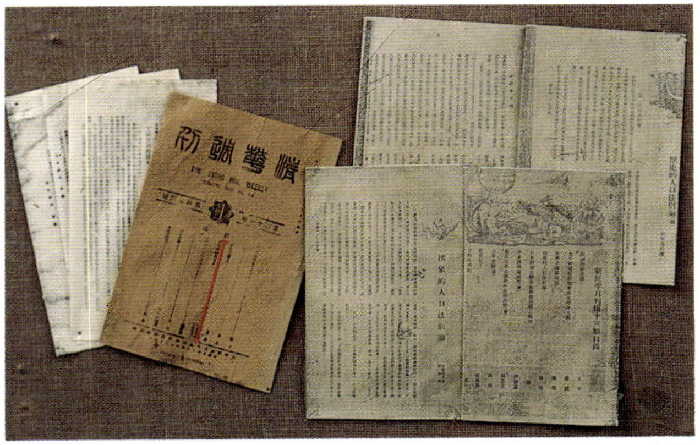

4-11

4-12

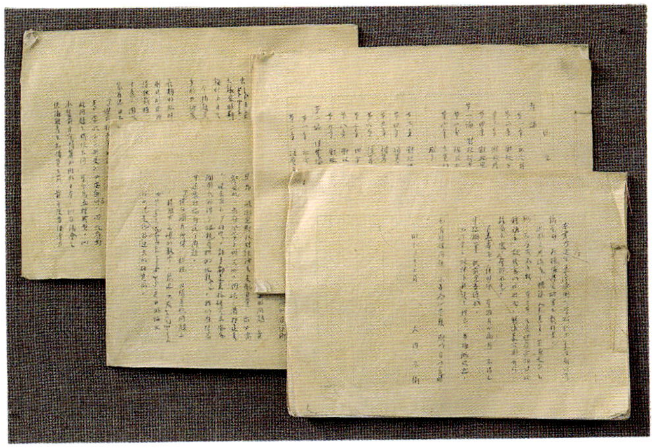

为抗日救亡而献身的周执中、闵乐山、郭纲琳、陈处泰等烈士。

4-13
1933年，周执中（左一）与战友在北平留影。
4-14
1933年，周执中在辽吉黑民众后援会工作时给父母的信。
4-15
闵乐山（后排左四）与友人的合影。
4-16
1933年，闵乐山（左一）与友人在张家口中山公园留影。

周执中（1902—1935），又名国正、平民。四川内江人。1926年加入中国共产党。先后担任中共四川内江县杨家乡支部书记、内江县委委员。1930年因组织遭破坏，避走上海。“九·一八”事变后，参加东北抗日义勇军和上海青年自愿决死抗日救国团。1933年任辽吉黑民众后援会驻开鲁前方办事处参谋处秘书。1934年在南京不幸被捕。1935年牺牲。

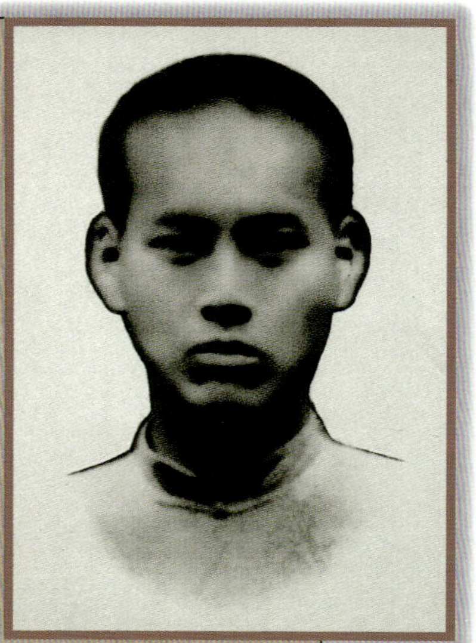

闵乐山（1909—1937），又名仁先、碧波。四川内江人。中共党员。1929年任中共四川内江县杨家乡支部委员。1930年随周执中到上海。“九·一八”事变后，参加东北抗日义勇军和上海青年自愿决死抗日救国团。1934年在南京与周执中同时被捕。1937年牺牲。

4-16

4-14

-13

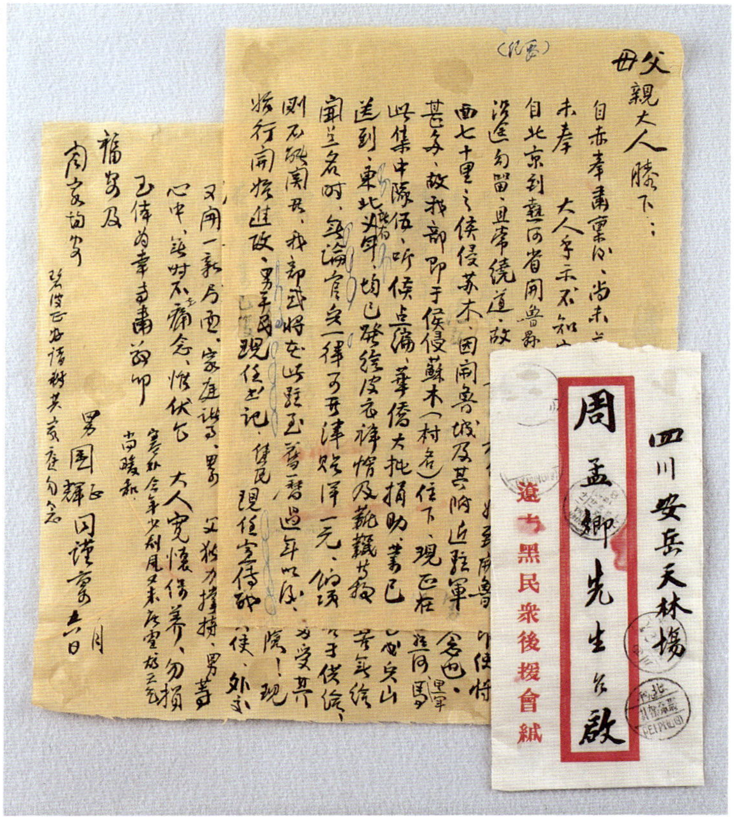
父母親大人膝下：

四川安岳天林場
周孟鄉先生台啟
遼吉黑民衆後援會緘

4-15

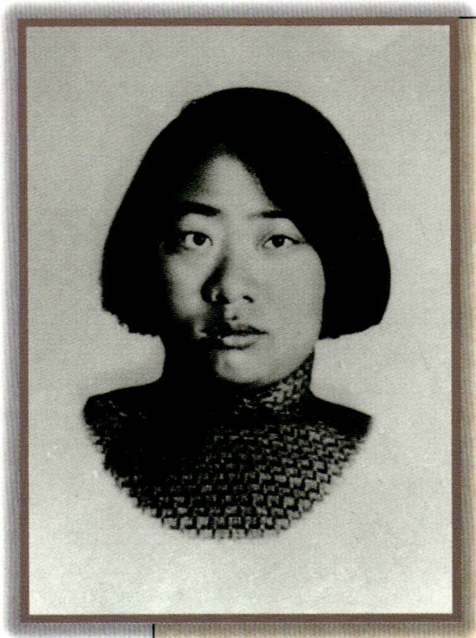

郭纲琳（1910—1937），又名郭英。江苏句容人。1931 年加入中国共产主义青年团，同年底转为中共党员。1932 年在共青团上海法南区委、沪西区委工作。1933 年春调任共青团江苏省委内部交通及共青团无锡中心县委书记。1934 年初，调任共青团上海闸北区委书记，从事抗日救亡工作，不幸被捕，解来南京。1937 年 7 月牺牲于雨花台。

4-17

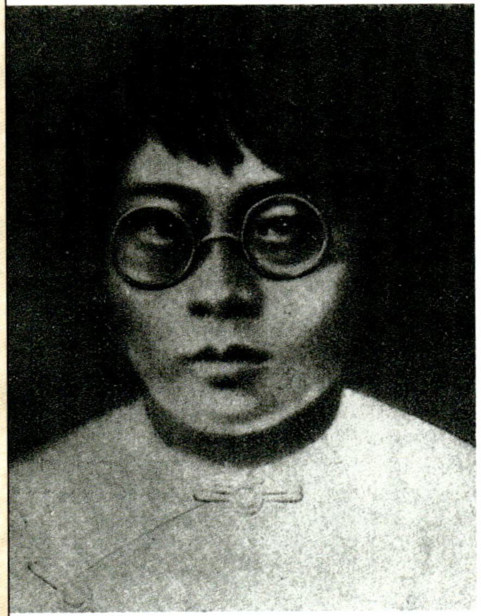

4-1

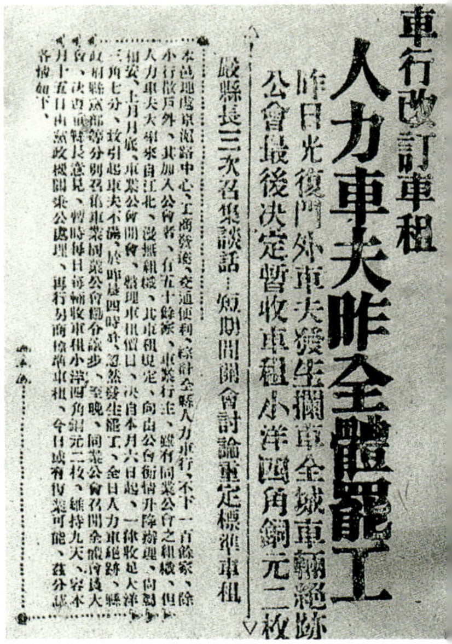

車行改訂車租
人力車夫昨全體罷工
昨日光復門外車夫發生攔車全城車輛絕跡
公會最後決定暫收車租小洋四角銅元二枚
嚴縣長三次召集談話：短期開會討論重定標準車租

本邑地處京滬路中心，工商發達，交通便利，綜計全縣人力車行，不下一百餘家，除小行散戶外，其加入公會者，有五十餘家，車業行主，雖有同業公會之組織，但人力車夫大率來自江北，從無組織，其車租規定，向由公會衡情升降辦理，向爲相安，上月月底，車業公會開會，整理車租價目，決自本月六日起，一律收足大洋三角七分，致引起車夫不滿，於昨晨四時許，忽然發生罷工，全日人力車絕跡，縣政府縣黨部等分別召集車業同業公會協商讓步，至晚，同業公會召開全體會員大會，決酌量縣長意見，暫時每日每輛收車租小洋四角銅元二枚，維持九天，容本月十五日由黨政機關秉公處理，再行另商標準車租，今日或有復業可能，茲分誌各情如下，

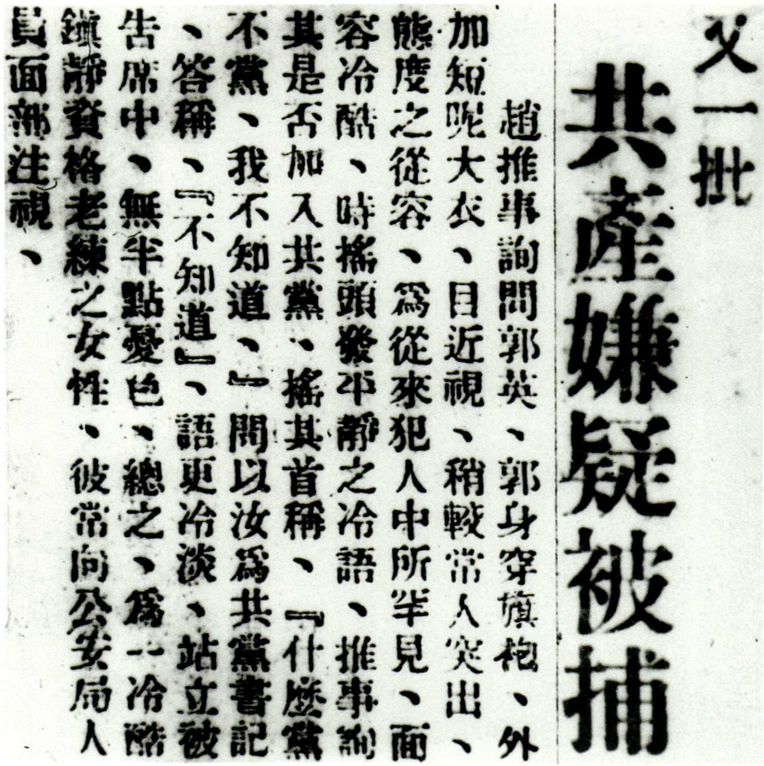

又一批
共產嫌疑被捕

趙推事詢問郭英、郭身穿旗袍、外加短呢大衣、目近視、稍較常人突出、態度之從容、爲從來犯人中所罕見、面容冷酷、時搖頭發平靜之冷語、推事詢其是否加入共黨、搖其首稱、『什麽黨不黨、我不知道、』問以汝爲共黨書記、答稱、『不知道』、語更冷淡、站立被告席中、無半點憂色、總之、爲一冷酷鎮靜資格老練之女性、彼常向公安局人員面露注視、

4-20

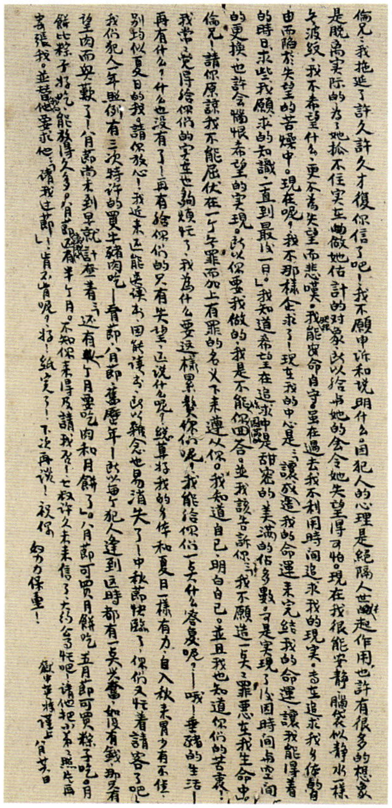

偷兄：我拖延了許久許久才復你信了吧！我不願申訴和说明什么囚犯人的心理是絕隔人世的，起作用，也許有很多的想象是脱离实际的，為了她捺不住实在幽做她估計的对象，所以給与她的会令她失望得可怕。現在我很能安静，腦袋似静水一樣之波紋。我不希望什么，更不為失望而悲嘆。我能安命自守，虽在過去我不利用時間追求我的現实，否在追求我多傍的由而陷於失望的苦燥中。現在呢，我不那樣企求了！現在我的中心是："讓我造我的命運，讓我能得着的時日求些我願求的知識，一直到最後一日。"我知道希望在追求中是甜蜜的，美滿的佔多數，可是实現了，以因時間与空間的更換，也許会憎恨希望的实現。所以你要我做的，我是不能你回答。並我該告訴你："我不願造一点点罪惡在我生命中"

偷兄！請你原諒我不能屈伏在一个无罪而加上有罪的名义下来遵从你。我知道自己，明白自己。並且我也知道你們的苦衷！我常常觉得給你們的实在也夠煩忧了，我為什么要这樣累贅你們呢？我能給你們一点什么安慰呢？——哦！我的生活——再有什么？什么也没有了！再有給你們的只有失望，还说什么呢？總算我的身体和夏日一樣有力，自入秋来胃口有不佳，别的似夏日的我，請你放心！我近来还能安讀书，因能讀书，所以雜念也易消失了！中秋節快臨了，你們又忙着請客了吧我們犯人一年照例有三次特许的買牛豬肉吃——青節，八月節，舊曆年！所以每个犯人逢到这時都有一点兴奋，如没有錢，那只有望肉而興嘆了！八月節尚未到早就計画着："还有幾个月要吃肉和月餅了"。八月節可買月餅吃，五月節可買粽子吃。月餅比粽子好吃，能教得久多。八月節還有半个月。不知你来得及請我吃！七叔許久未来信了，大約公忙吧！請他把小弟之照片再寄張我。並替他要求他："請我過節"！肯不肯呢？好！紙完了！下次再说！祝你

努力保重！

狱中妹 謹上 八月某日

4-21

4-20
在敌人的法庭上，郭纲琳从容镇定，藐视敌人，使其无可奈何。这是 1934 年 1 月 13 日上海《大美晚报》的一段记载。

4-21
1934 年秋，郭纲琳在狱中给她哥哥的复信，拒绝把她保释出狱："我不愿造一点点罪恶在我的生命中"，"我不能屈服在一个无罪而加上有罪的名义下来遵从你"。

4-22
郭纲琳的嫂嫂翟其英到监狱探望时，郭纲琳将手表给她留作纪念。图为郭纲琳生前戴的手表。

4-23
郭纲琳就义前嘲讽敌人的话。

4-18

4-19

4-17

1933 年 8 月，时任共青团无锡中心县委书记的郭纲琳发动无锡县人力车工人罢工。图为郭纲琳及有关罢工情况的报道。

4-18

郭纲琳在狱中用铜元磨制的“铜心”和“铜鸡心”，铜心的正反面分别刻有“健”、“美”二字，铜鸡心上刻有“永是勇士”字样。

4-19

囚禁中的郭纲琳在手帕和枕套上用英文分别绣了“万岁”、“起来”、“为真理而斗争”的口号，以示革命信念不变。

4-22

“你们关了我将近四年，花了你们不少心机，但是你们什么也没有得到，可见你们是失败了。而我是一个手无寸铁的女子，我凭了真理，凭了我对人民的忠贞，凭了党给我的教导，将你们花了不少狗力气想出的一切阴谋诡计打得粉碎，可见我是胜利了。胜利者是应当欢喜的，是应当高声大笑的。”

4-23

陈处泰(1910—1937),又名陈望之。江苏宝应人。1929 年在安庆大学学习。后到上海法政学院读书,并积极从事抗日救亡活动。1934 年加入中国共产党。曾任上海社会科学联盟党团成员、书记等职。1935 年 11 月不幸被捕,解来南京。1937 年被杀害于南京。

抗战时期为国捐躯的顾景华、焦恭士、强博、杨希、陶家齐、邓振询、孙晓梅等烈士。

4-25
焦恭士在小学读书时参加运动会获得的奖牌及领奖时的留影。

4-26
为纪念强博、焦恭士等烈士,1982 年江宁县人民政府在他们牺牲的地方建立的纪念碑。

4-24

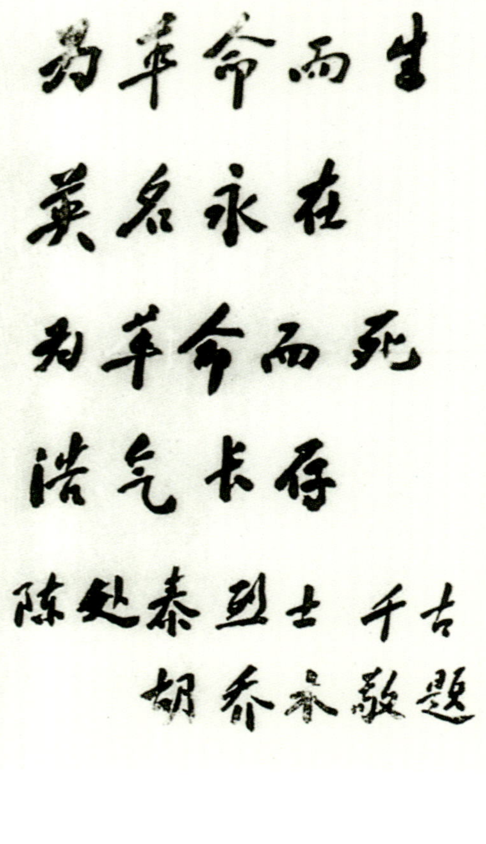

4-24
1982 年,胡乔木为陈处泰题词。

4-2

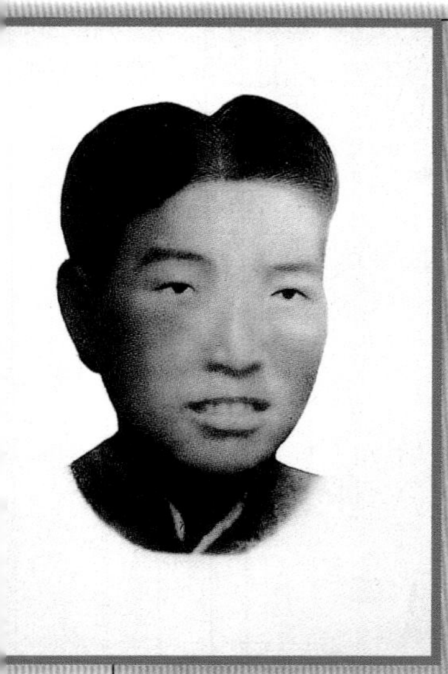

顾景华(1916—1941),又名顾中。江苏常熟人。1938年参加革命,在民抗常备队从事民运宣传工作。1941年8月,在常熟被日军逮捕,后解至苏州。不久解来南京,同年被害。

焦恭士(1918—1942),安徽当涂人。1938年入延安抗日军政大学学习。同年6月加入中国共产党。曾先后在新四军军部、中共皖南特委工作。1942年任江宁县抗日民主政府秘书,同年壮烈牺牲。

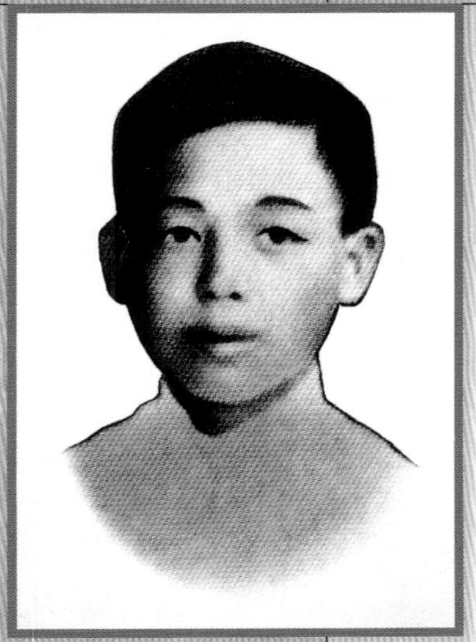

强博(1918—1942),原名蒋文林。江苏金坛人。1936年考入江苏吴江县乡村师范。抗日战争爆发后,在皖南新四军军部战地服务团工作,后加入中国共产党。1941年历任中共丹阳县二区区委书记、抗日根据地丹南县县长、江宁县县长等职。1942年3月壮烈牺牲。

4-26

杨希（1921—1943），又名杨忠财、杨曦。江苏南京人。1939年，在宜兴参加抗日救亡工作。1940年加入中国共产党。历任溧水县武运工作队队长、中共溧水县委委员、县委青年部长等职。1943年被害。

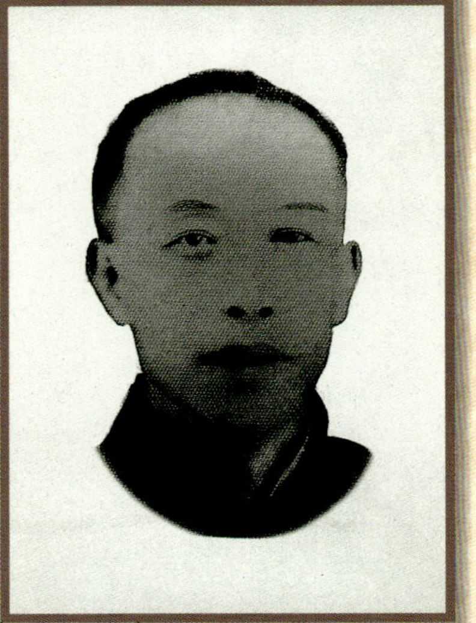

陶家齐（1890—1943），原名陶寄尘。南京江宁人。抗日战争爆发后，任新四军一支队湖熟地区情报组组长。1941年任江宁县赤山区抗日民主政府区长。1943年惨遭日军杀害。

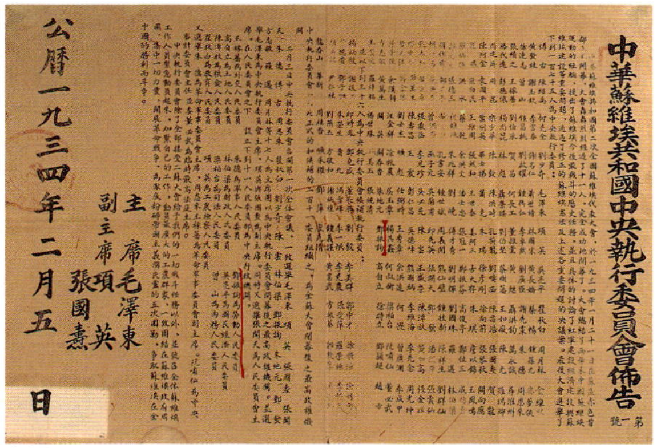

中華蘇維埃共和國中央執行委員會佈告 第一號

主席 毛澤東
副主席 項英 張國燾

公曆一九三四年二月五日

4-27

4-28

4-27

1934年，中华苏维埃共和国中央执行委员会颁布的布告。邓振询当选为中华苏维埃共和国中央执行委员会委员。

4-28

1941年，邓振询与妻子李坚贞合影。

4-29

孙晓梅生前所写日记。

邹毅（1916—1943），江西横峰人。1931 年在江西苏维埃政府裁判部工作。1938 年加入中国共产党。1941 年担任溧水县韩湖区抗日民主政府区长。1943 年 7 月壮烈牺牲。

邓振询（1904—1943），又名仲铭、重民。江西兴国人。1928 年加入中国共产主义青年团，1929 年转为中共党员。曾任江西省工会委员。1934 年当选为中华苏维埃共和国中央执行委员会委员。1935 年后任中华全国总工会西北办事处主任、陕甘宁边区政府民政厅厅长兼工农厅厅长。1938 年后历任中共江西省委副书记、皖南特委书记、中共苏皖区党委书记、苏南行署副主任。1943 年 8 月在南京近郊牺牲。

孙晓梅（1914—1943），又名肖曼。浙江富阳人。早年在家乡任小学教师。1938 年参加新四军。1940 年加入中国共产党。曾任中共镇丹县委妇女部长、长江工委委员、镇丹中心县委民运工作队队长等职。1943 年在南京龙潭被日本宪兵队逮捕，惨遭杀害。

4-29

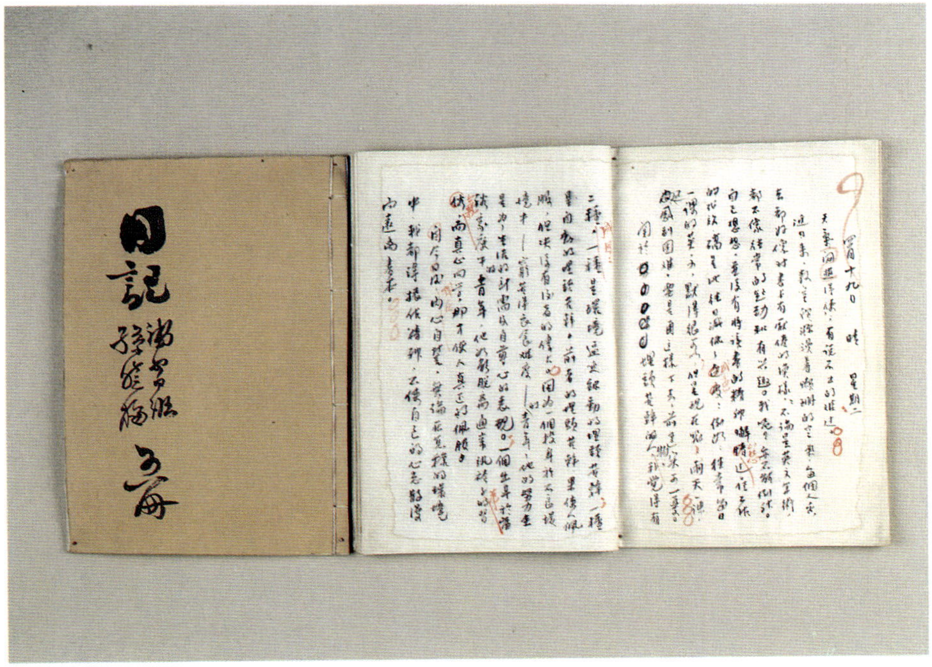

吕惠生(1903—1945)，又名惟偶。安徽无为人。1927年毕业于北京农业大学，后从事教育工作。1939年参加革命。历任抗日根据地仪征县县长、无为县县长等职。1942年加入中国共产党。1943年任皖江行署主任。1945年8月新四军北撤时，不幸被捕。同年12月就义于南京。同时遇难的有新四军七师独立旅参谋长王惠川。

4-30

4-31

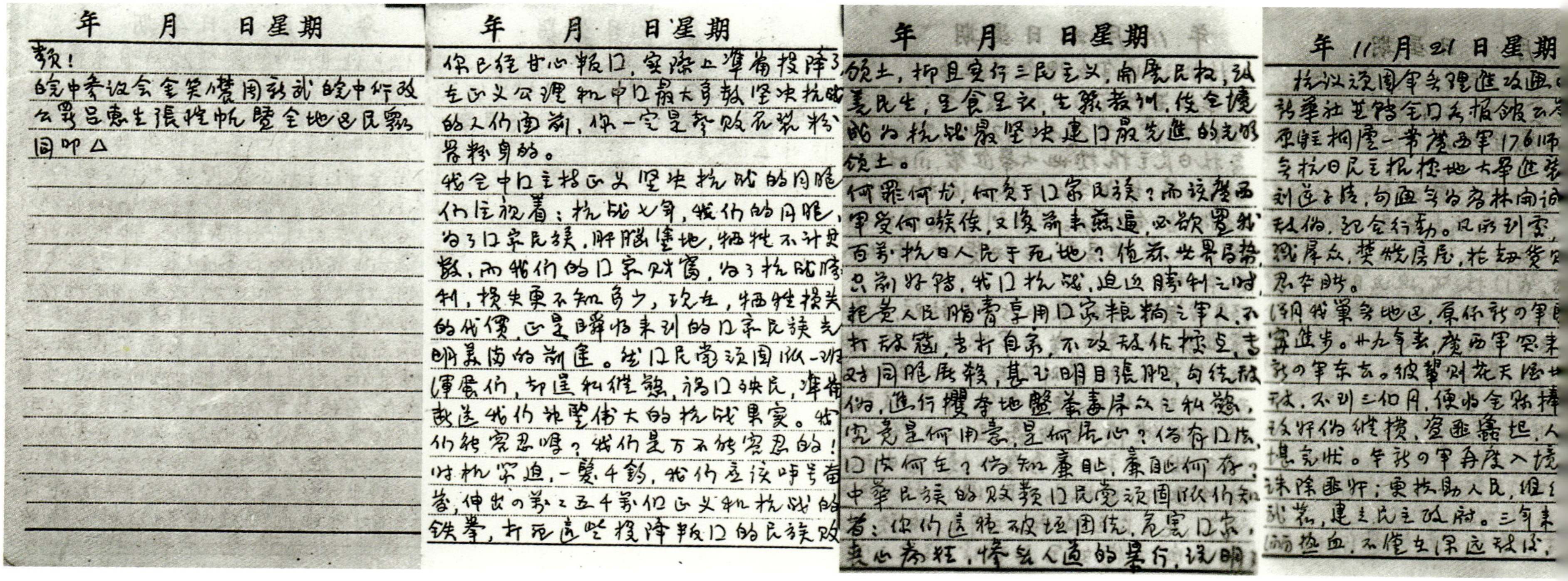

年 月 日星期

敬！
皖中参议会金笑懷周新武 皖中行政公署吕惠生張愷帆暨全地区民众同叩△

年 月 日星期

你已经甘心叛国，实际上准备投降了，在正义公理和中国最大多数坚决抗战的人们面前，你一定是要败在碎粉骨粉身的。
我全中国主持正义坚决抗战的同胞们注视着：抗战七年，我们的同胞，为了国家民族，肝脑涂地，牺牲不计其数，而我们的国家财富，为了抗战胜利，损失更不知多少，现在，牺牲损失的代价正是瞬将来到的国家民族光明美满的前途。然国民党顽固派一班渾蛋们，却逞私縱慾，祸国殃民，准备断送我们艰坚伟大的抗战果实。我们能容忍吗？我们是万不能容忍的！时机紧迫，一髮千鈞，我们应该呼号奋发，伸出四万万五千万人正义和抗战的铁拳，打死这些投降叛国的民族败

年 月 日星期

领土，并且实行三民主义，开展民权，改善民生，足食足衣，生聚教训，使全境成为抗战最坚决建国最先进的光明领土。
何罪何尤，何负于国家民族？而该广西军受何唆使，又复前来蒸逼，必欲置我百万抗日人民于死地？值兹世界局势，只剩好转，我国抗战，迫近胜利之时，拒受人民脂膏享用国家粮饷之军人，不打敌寇，专打自家，不攻敌伪据点，专对同胞残杀，甚至明目张胆，勾结敌伪，进行攫夺地盘、养毒屠众之私欲，究竟是何用意，是何居心？倘有国法，国法何在？倘知廉耻，廉耻何存？中华民族的败类国民党顽固派你们知道着：你们这种破坏团结，危害国家，丧心病狂，惨无人道的罪行，说明

年 11月 21日星期

[illegible]国军参理進攻皖[illegible]
新華社[illegible]全日[illegible]报[illegible]
[illegible]桐廬一带廣西军176师
參抗日民主根据地大举進攻
[illegible]子境，向[illegible]林向[illegible]
敌伪，配合行動。凡所到处，
残杀民众，焚烧房屋，抢劫货物，
忍卒睹。
溯我巢县地区，原係新四军[illegible]
辟進步。卅九年春，廣西军突来
新四军东去。彼辈则花天酒地
放，不到三個月，便将全縣搞
致奸偽縱横，盗匪蠡起，人
堪言状。今新四军再度入境
誅除匪奸；更扶助人民，组
武装，建立民主政府。三年来
洒热血，不僅在保護我们，

4-30

1943 年 9 月，中共皖中区党委和皖中行署决定修建江堤，吕惠生亲自设计图纸，并任工程总指挥。20 万民工在吕惠生率领下完成了修堤工程。此堤被皖中行署命名为惠生堤。图为工程竣工时拍摄的照片，骑驴者为吕惠生。

4-31

1943 年 11 月 21 日，吕惠生为抗议国民党军队进攻无为抗日根据地而起草的《通电》手稿。

4-32

吕惠生手书条幅。

4-33

吕惠生在南京江宁狱中所作的诗。

4-32

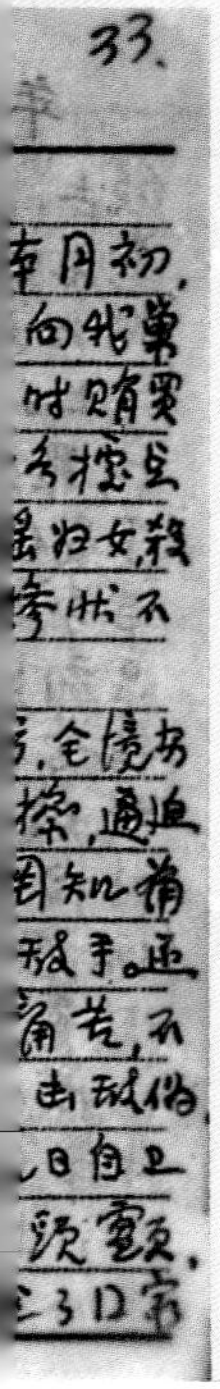

留取丹心照汗青

忍看山河碎，愿将碧血流。
烟尘开敌后，扰攘展民猷。
八载坚心志，忠贞为国酬。
且欣天破晓，竟死我何求！

4-33

皖南事变示意图

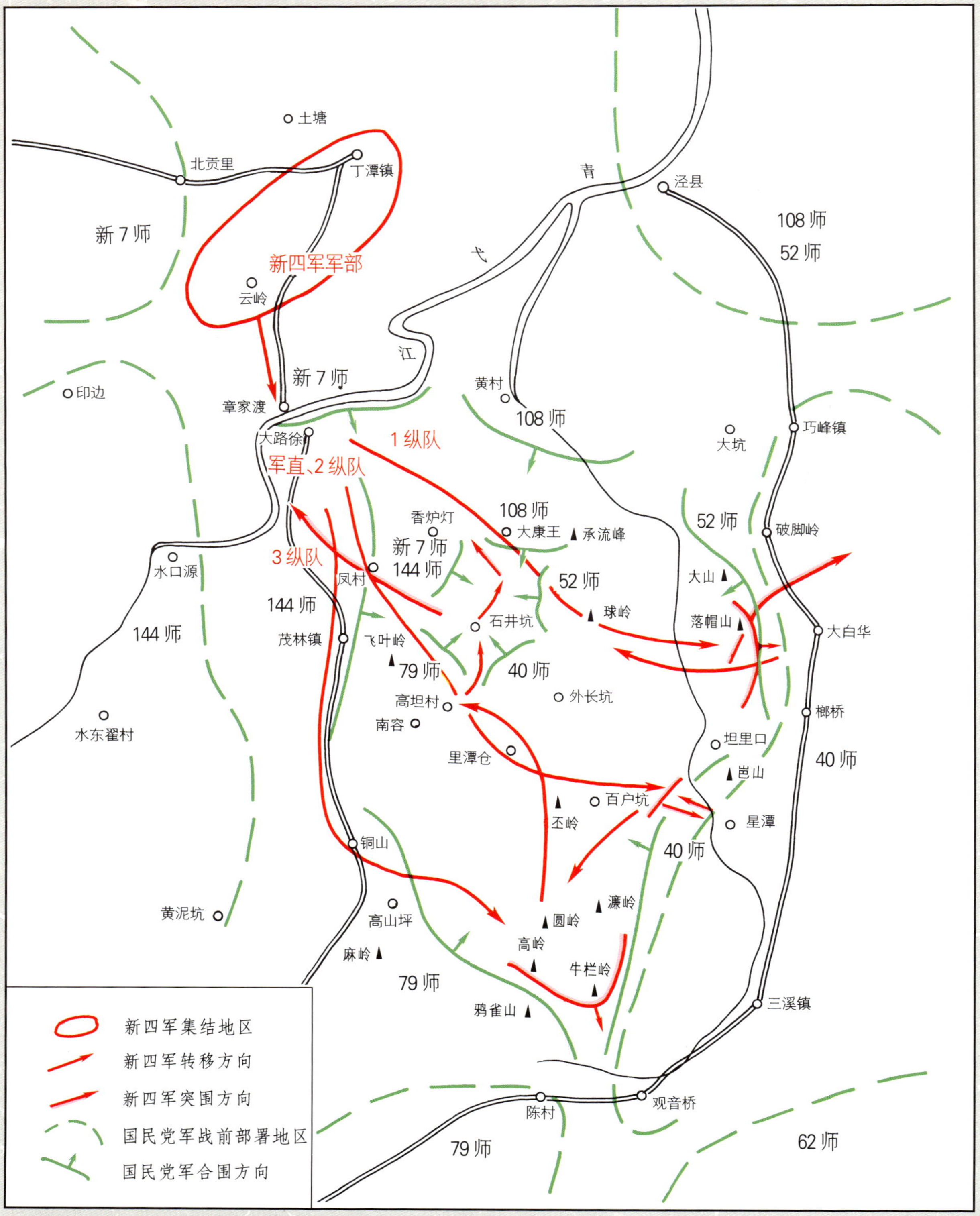
土塘
北贡里
丁潭镇
新7师
新四军军部
云岭
章家渡
新7师
印边
青
弋
江
泾县
108师
52师
黄村
108师
巧峰镇
大坑
大路徐
1纵队
军直、2纵队
108师
香炉灯
大康王
承流峰
52师
破脚岭
3纵队
新7师
144师
52师
大山
水口源
凤村
144师
石井坑
球岭
落帽山
大白华
144师
茂林镇
飞叶岭
79师
40师
外长坑
高坦村
南容
榔桥
水东翟村
里潭仓
坦里口
40师
岜山
百户坑
丕岭
星潭
铜山
40师
黄泥坑
高山坪
濂岭
圆岭
高岭
麻岭
79师
牛栏岭
鸦雀山
三溪镇
新四军集结地区
新四军转移方向
新四军突围方向
国民党军战前部署地区
国民党军合围方向
陈村
观音桥
79师
62师

4-35

皖南事变。1941年1月，新四军军部及皖南部队由军长叶挺、副军长项英率领，奉国民政府军事委员会的命令，从皖南泾县云岭北移。途经茂林时，突遭国民党军七个师八万余人的包围袭击。新四军经七昼夜浴血奋战，终因寡不敌众，弹尽粮绝，遭重大伤亡。副军长项英、政治部主任袁国平、副参谋长周子昆不幸遇难。

4-34

4-34
皖南云岭新四军军部旧址。
4-35
皖南事变示意图。
4-36
1941年1月初，新四军九千余人奉国民政府军事委员会命令北移，途经茂林镇时的情景。
4-37
1941年1月6日，新四军进至茂林以东的丕岭地区，遭国民党军队包围袭击，不得不奋起自卫。图为丕岭。

36

4-37

4-38

4-38
东流山。新四军突围时曾与国民党军队在此激战。

4-39
1941 年 3 月 12 日，项英、周子昆遇害。图为遇害地点——安徽省泾县南容乡蜜蜂洞。

4-40
1941 年 1 月 18 日，周恩来在《新华日报》上发表题词，揭露国民党顽固派制造皖南事变。

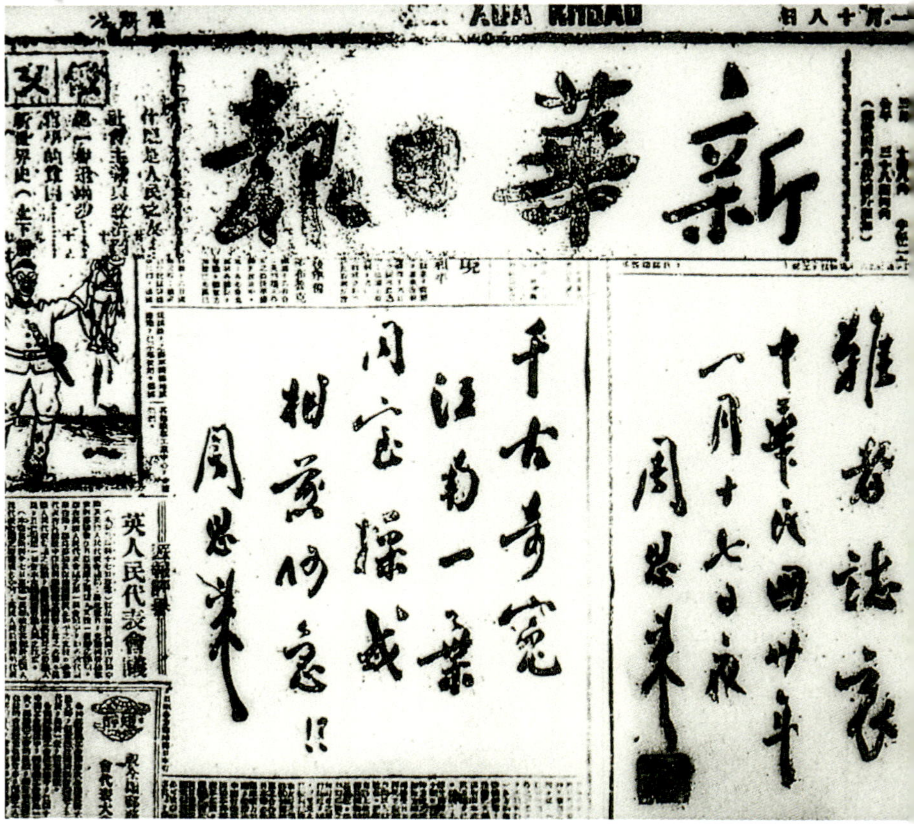

新華日報

千古奇冤
江南一葉
同室操戈
相煎何急!!
周恩來

…難者誌哀
中華民國卅年一月十七日夜
周恩來

英人民代表會議

4-39

4-40

4-41

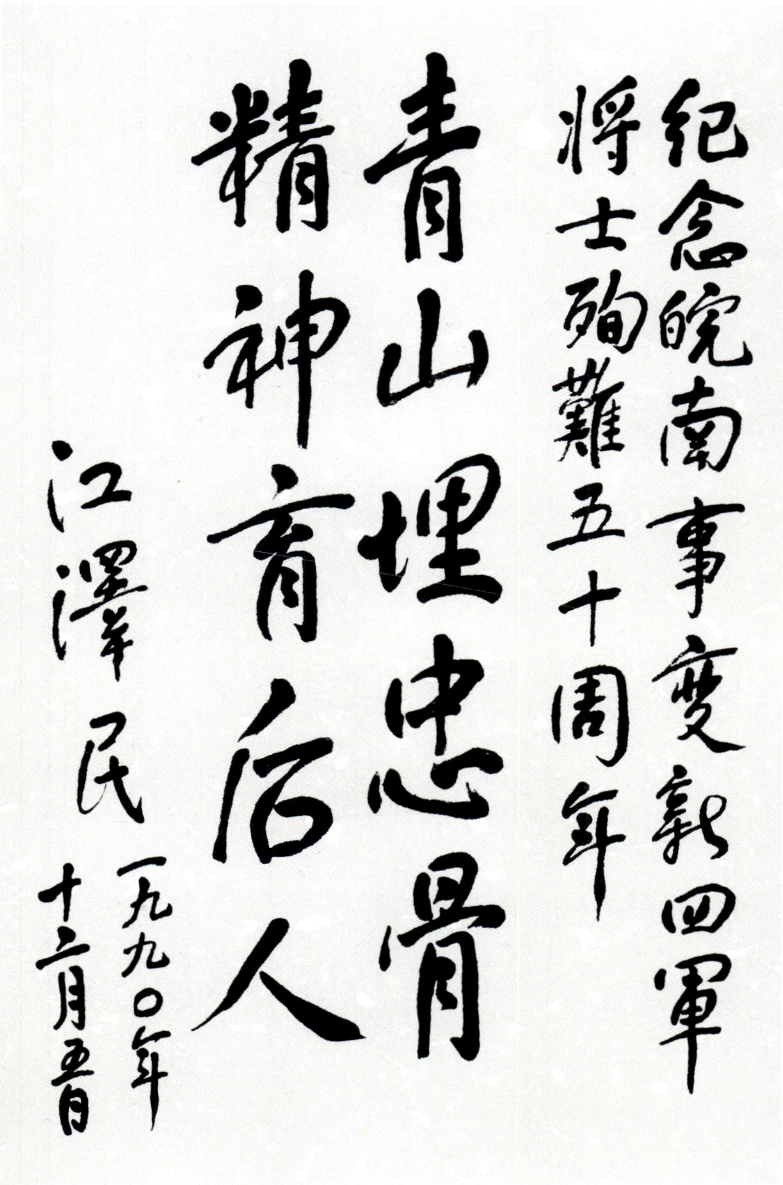

4-42

4-41

4-41

4-41

安徽泾县皖南事变烈士陵园。

4-42

江泽民为纪念皖南事变新四军将士殉难 50 周年的题词。

项英（1898—1941），原名项德龙。湖北武昌县人。1922年4月加入中国共产党。历任京汉铁路总工会总干事，湖北省工团联合会组织部长，中共中央职工运动委员会书记，中华全国总工会委员长，中共第三届至第六届中央委员，第六届中央政治局委员、常务委员，共产国际监察委员会委员。1930年12月起，任中共苏区中央局代理书记，中央革命军事委员会主席、副主席，中华苏维埃共和国副主席。1934年10月主力红军长征后，任中共苏区分局书记、中央军区司令员兼政治委员，留南方领导并坚持游击战争。抗日战争前期任新四军副军长、中共中央东南分局和中央军委新四军分会书记。1941年在皖南事变中牺牲。

4-43

4-45

4-44

4-43

1931年11月，中共苏区中央局委员在瑞金合影。左起：顾作霖、任弼时、朱德、邓发、项英、毛泽东、王稼祥。

4-44

1937年10月，南方八省的红军和游击队改编为国民革命军陆军新编第四军（简称新四军）。叶挺任军长，项英任副军长。图为新四军部分领导干部合影，右一叶挺，左二项英。

4-45

图为红军主力长征后，留在苏区领导游击战争的中共中央东南分局书记项英（前左四）、中华苏维埃共和国中央政府办事处主任陈毅（前左三）等干部1938年春在南昌合影。

4-46

中共中央长江局负责人与新四军负责人在八路军驻武汉办事处合影。左起：张云逸、叶剑英、王明、秦邦宪、周恩来、曾山、项英。

4-46

4-47

4-48

4-47

1938 年 9 月，中共六届六中全会在延安召开。图为与会者合影。一排左四朱德，左八刘少奇，左十一项英；二排左三彭德怀；三排左五邓小平，左九周恩来；四排右一毛泽东。

4-48

1938 年 12 月，以上海文化界救亡协会理事、著名记者顾执中为团长的第一批“上海各界民众慰劳团”到达新四军军部进行慰问。图为项英（右）与顾执中（左）在云岭合影。

4-49

1939 年 5 月 4 日，项英在云岭新四军纪念“五四”运动 20 周年大会上讲话。

4-49

4-50

4-51

4-50

1939 年，项英赠给金坛抗日游击纵队司令吴甲寅的签名照片。

4-51

1939 年 2 月，中共中央军委副主席周恩来由重庆抵达皖南新四军军部，传达中共中央六届六中全会精神。图为周恩来与叶挺、项英在皖南的合影。左一项英，左二周恩来，左三叶挺。

袁国平（1906—1941），原名袁裕，字醉涵。湖南邵东县人。1925年入黄埔军校。同年加入中国共产党。1926年参加北伐战争。1927年参加南昌起义和广州起义。历任工农红军第四师党代表、红五军政治部主任、红三军团政治部主任兼红八军政委。1930年8月奉彭德怀之命，同红一、三军团会合，成立红一方面军。长征到陕北后，任红军后方政治部主任、红军学校政委、抗大步校政委。1938年3月任新四军政治部主任。1941年在皖南事变中牺牲。

4-53

4-54

4-52

4-52

袁国平、周子昆、叶挺、陈毅、朱克靖等部分参加南昌起义的人员抗战时期在皖南的合影。右一陈毅，右二周子昆，右四粟裕，右六叶挺，右八袁国平，右九朱克靖。

4-53

新四军青年代表大会主席团成员合影。后排左四袁国平。

4-54

1939 年 7 月 23 日，袁国平在新四军第一次党代表大会上作题为《过去党的工作总结及今后党的建设》的报告。

周子昆（1901—1941），原名周维宪。广西桂林人。1920年加入桂军，后参加孙中山的建国陆海军大元帅府铁甲车队。1925年加入中国共产党。1926年参加北伐战争，在叶挺独立团任连长。1927年参加南昌起义。1928年参加湘南起义。历任红军团长、师长、军参谋长、军长、军团参谋长。红军长征中任红军总部第一局局长。到达陕北后任训练部长。1937年12月任新四军副参谋长等职。1941年在皖南事变中遇害。

4-55

4-56

4-57

4-58

4-55

1937 年 11 月，周子昆、宋裕和去新四军工作前在延安与郭化若等临别留影。左四周子昆。

4-56

新四军副参谋长周子昆在参谋工作会议上作《关于一年来参谋工作与今后任务》的报告。

4-57

新四军第一次党代表大会主席团成员合影。前排左一陈毅，左二袁国平，左三项英，左四周子昆。

4-58

1955 年 6 月 19 日，项英、袁国平、周子昆三烈士的遗骸迁葬南京雨花台望江矶。

第五章

钟山风雨

1945年，中国人民经历了八年浴血奋战，终于赢得了抗日战争的伟大胜利。可是，蒋介石集团为了全面攫取抗战的胜利果实，实行独裁统治，必欲“剿灭”共产党和人民军队而后快，内战的阴霾又一次笼罩在中国的上空。中国共产党为挽救和平，同国民党当局进行了真心实意的谈判，而国民党却以和谈为掩护加紧扩军备战，以至最终撕毁停战协议，悍然发动了内战。

同敌人的愿望相反，三年解放战争，共产党和人民解放军不但没有被摧垮，反而越战越强，从战略防御转入战略进攻，在辽沈、淮海、平津三大战役中以摧枯拉朽之势歼灭了敌军的主力，为新民主主义革命的伟大胜利铺平了道路。

“钟山风雨起苍黄，百万雄师过大江。”1949年4月23日，人民解放军占领南京，标志着国民党反动统治在大陆的覆灭，中国人民迎来了一个崭新的时代。

然而，祖国的解放和人民的胜利来之不易，革命不能不付出血的代价。无论是在与敌军面对面作战的前方战场，抑或是在国统区以爱国民主运动为中心的第二条战线，甚至是在敌人营垒内部从事情报、策反工作的隐蔽战线，处处有共产党人和革命志士与敌人殊死搏斗的身影。

“多少头颅多少血，续成民主自由诗。”为了人民的解放事业，不幸落入魔掌的革命先烈大义凛然，在监狱、法庭和刑场坚持同敌人进行英勇顽强的斗争。他们没能看到革命胜利的一天，但他们的生命和鲜血化作了人民共和国大厦的奠基石。

5-1

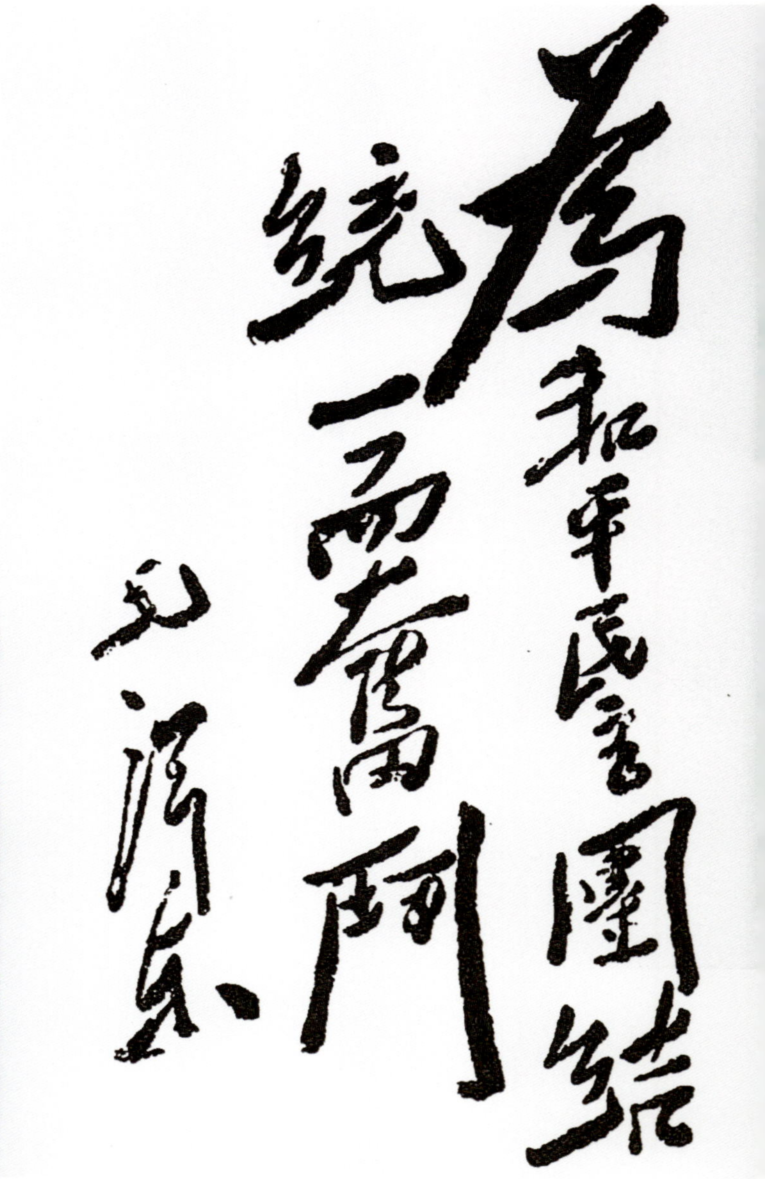

5

5-1

抗日战争胜利后，全国各地人民游行集会，庆祝胜利，要求实现和平、民主。

5-2

中国共产党于 1945 年 8 月提出的“和平、民主、团结”的口号，表达了人民的意愿。此系毛泽东 1946 年 1 月为《新华日报》的题词。

5-3

5-3

1945 年 8 月 28 日，毛泽东在周恩来陪同下抵达重庆同国民党进行谈判，共商国是。

5-4

1945 年 10 月 10 日，国共双方签署的《国民政府与中共代表会谈纪要》（双十协定）。

5-5

1946 年下半年，国民党撕毁停战协议，开始向解放区发动全面进攻。图为美国帮助国民党军队加紧备战，并空运部队到内战前线。

5-5

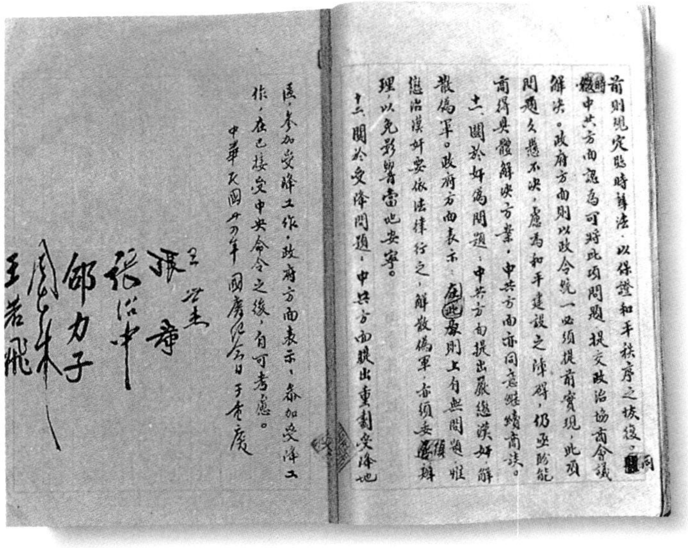

前則規定臨時辦法，以保證和平秩序之恢復。同時中共方面認為可將此項問題提交政治協商會議解決。政府方面則以政令統一必須提前實現，此項問題久懸不決，慮為和平建設之障礙，仍亟盼能商得具體解決方案。中共方面亦同意繼續商談。

十一、關於奸偽問題：中共方面提出嚴懲漢奸，解散偽軍。政府方面表示：原則上自無問題，惟懲治漢奸要依法律行之，解散偽軍亦須妥慎辦理，以免影響當地安寧。

十二、關於受降問題：中共方面提出重劃受降地區，參加受降工作。政府方面表示：參加受降工作，在已接受中央命令之後，自可考慮。

中華民國卅四年十月十日于重慶

王世杰 張群 張治中 邵力子 周恩來 王若飛

5-4

5-5

5-6

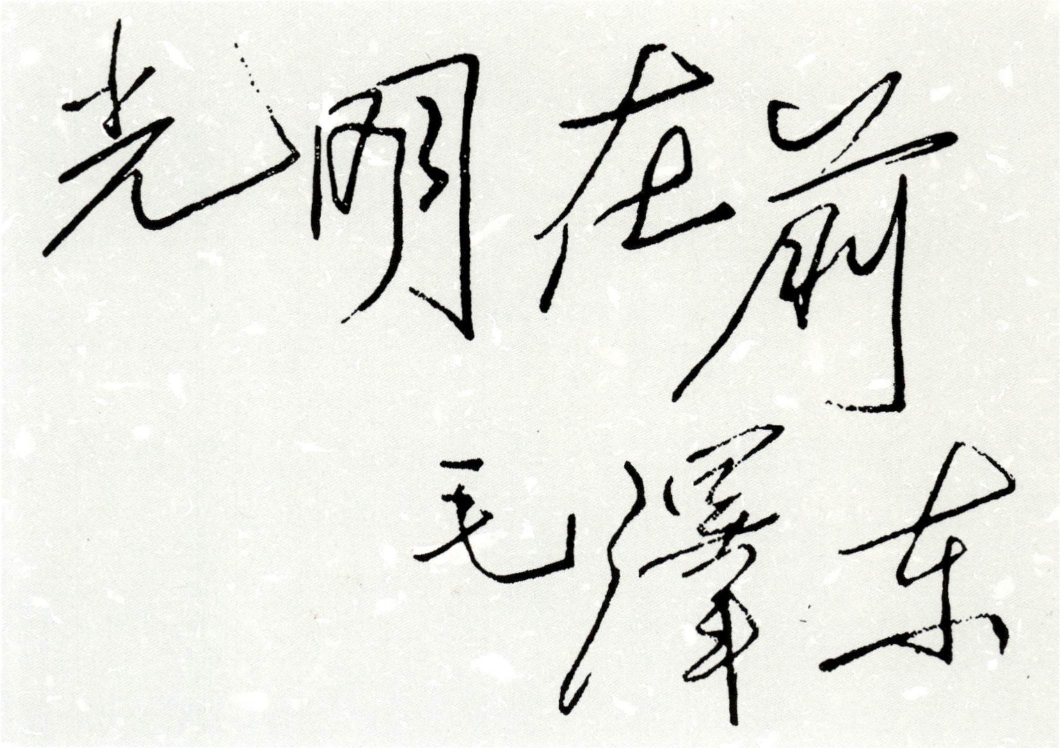

5-7

5-6

中共中央机关在转战陕北的途中。

5-7

毛泽东转战陕北时的题词。

5-8

从 1948 年 9 月至 1949 年 1 月，人民解放军相继发动全歼敌军主力的三大战役。图为辽沈战役要图。

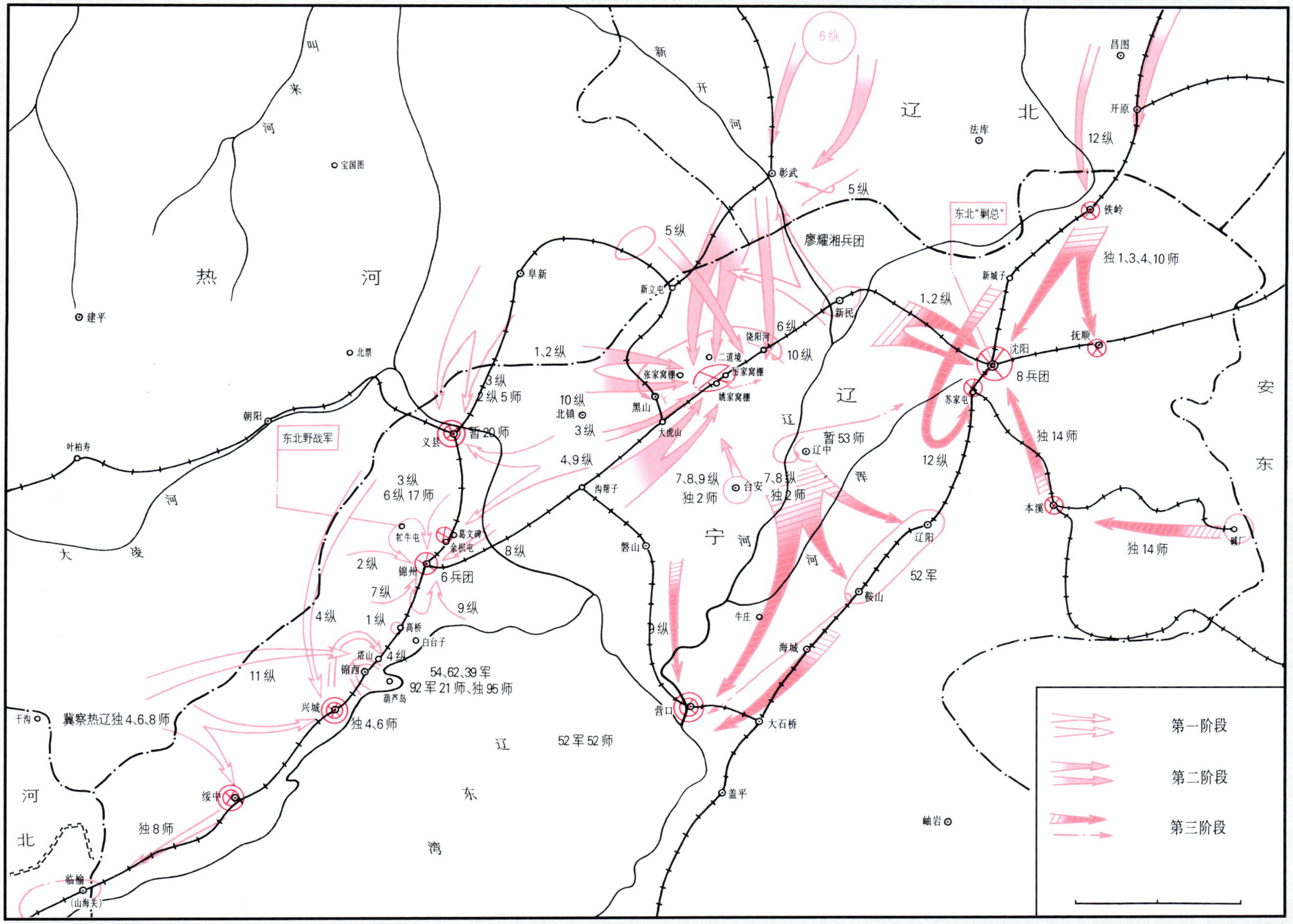
6纵
昌图
新
开
河
辽
北
法库
开原
12纵
叫
来
河
宝国图
彰武
5纵
东北"剿总"
铁岭
5纵
廖耀湘兵团
独1、3、4、10师
热
河
阜新
新立屯
新民
1、2纵
新城子
建平
6纵
饶阳河
抚顺
北票
1、2纵
二道境
10纵
沈阳
张家窝棚
厉家窝棚
8兵团
3纵
2纵5师
10纵
北镇
黑山
姚家窝棚
辽
苏家屯
安
朝阳
辽
暂20师
大虎山
暂53师
独14师
叶柏寿
东北野战军
义县
3纵
辽中
4、9纵
东
3纵
6纵17师
沟帮子
7、8、9纵
独2师
台安
7、8纵
独2师
浑
12纵
河
本溪
葛文碑
扒牛屯
余积屯
磐山
宁
河
辽阳
大
凌
2纵
锦州
6兵团
8纵
河
独14师
碱厂
7纵
52军
4纵
1纵
高桥
9纵
鞍山
白台子
9纵
牛庄
塔山
4纵
海城
锦西
54、62、39军
11纵
92军21师、独95师
葫芦岛
兴城
冀察热辽独4、6、8师
独4、6师
营口
大石桥
第一阶段
干沟
辽
52军52师
第二阶段
河
东
盖平
绥中
第三阶段
北
独8师
岫岩
湾
临榆
(山海关)

5-8

辽沈战役要图

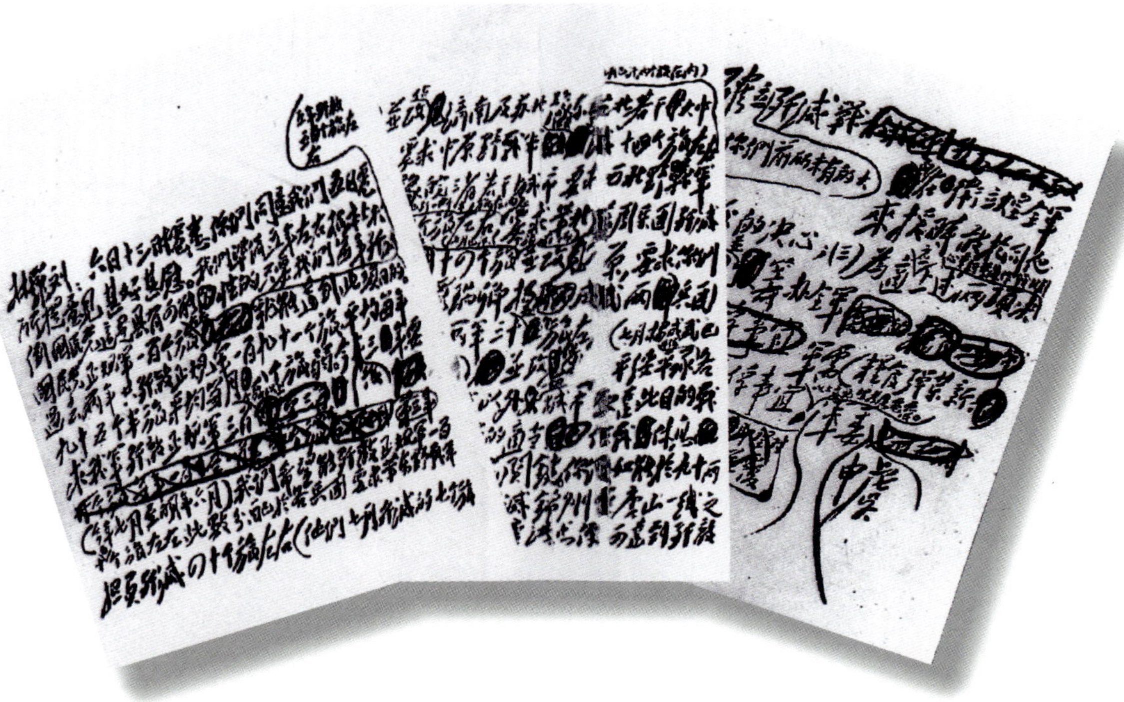

5-9

5-9

毛泽东起草的《关于辽沈战役的作战方针》电文手稿。

5-10

淮海战役要图。

5-11

毛泽东起草的《关于淮海战役作战方针》电文手稿。

5-11

淮海战役要图

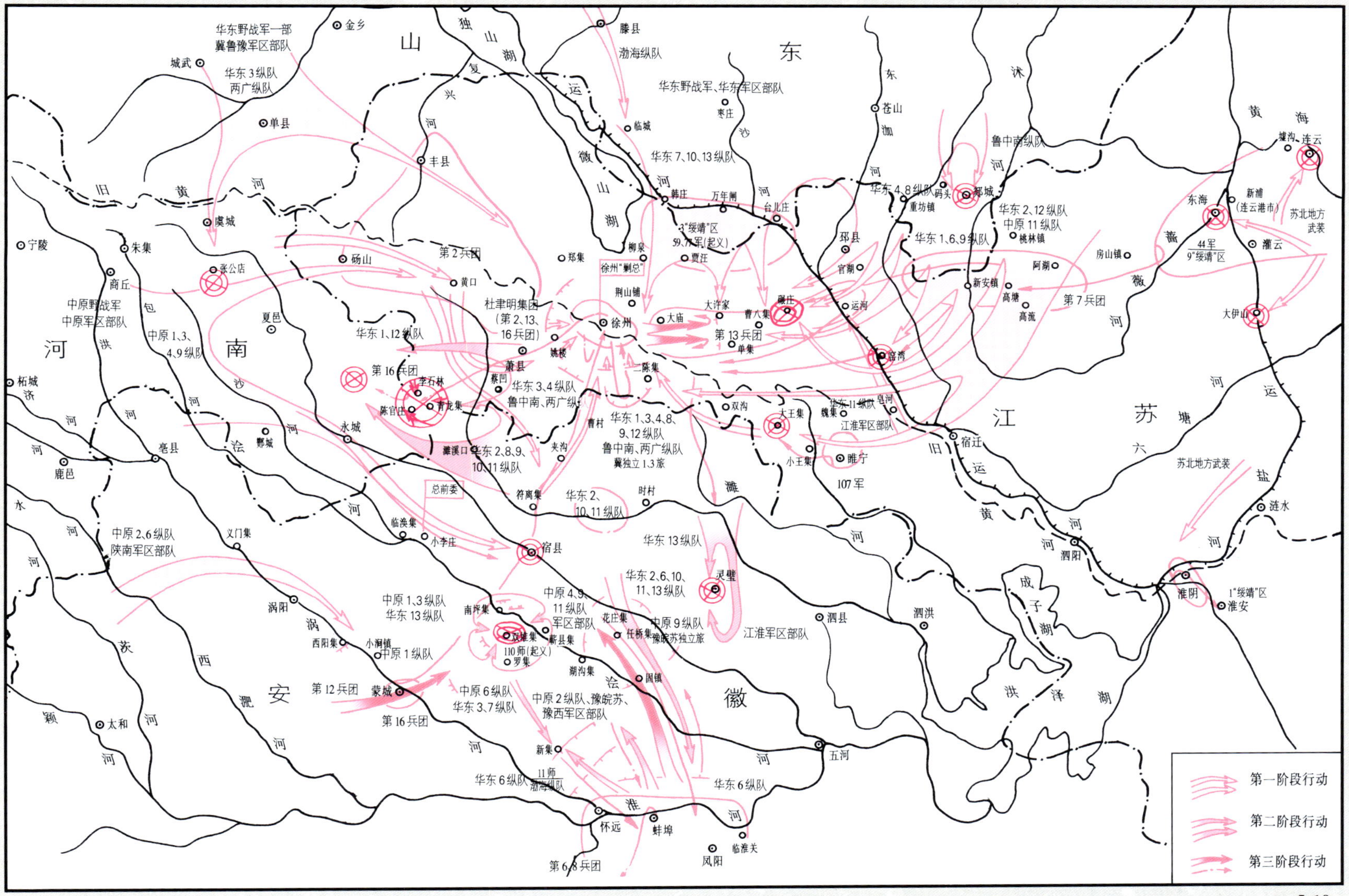
华东野战军一部
冀鲁豫军区部队
金乡
山
东
滕县
渤海纵队
城武
华东3纵队
两广纵队
单县
华东野战军、华东军区部队
枣庄
临城
苍山
沭
鲁中南纵队
黄
海
墟沟
连云
丰县
华东7、10、13纵队
旧
黄
河
虞城
韩庄
万年闸
台儿庄
华东4、8纵队
码头
郯城
华东2、12纵队
中原11纵队
桃林镇
重坊镇
东海
新浦
(连云港市)
苏北地方武装
宁陵
朱集
3"绥靖"区
59、77军(起义)
邳县
华东1、6、9纵队
44军
9"绥靖"区
灌云
商丘
张公店
砀山
第2兵团
郑集
柳泉
徐州"剿总"
贾汪
官湖
阿湖
房山镇
黄口
荆山铺
新安镇
中原野战军
中原军区部队
杜聿明集团
(第2、13、
16兵团)
徐州
大许家
曹八集
碾庄
运河
高塘
高流
第7兵团
大伊山
夏邑
大庙
第13兵团
单集
宿迁
河
南
华东1、12纵队
中原1、3、
4、9纵队
萧县
第16兵团
李石林
青龙集
陈官庄
蔡凹
华东3、4纵队
鲁中南、两广纵队
三陈集
柘城
双沟
大王集
魏集
江淮军区部队
江
苏
永城
亳县
鄲城
曹村
华东1、3、4、8、
9、12纵队
鲁中南、两广纵队
冀独立1、3旅
华东2、8、9、
10、11纵队
夹沟
睢宁
小王集
鹿邑
总前委
符离集
时村
华东2、
10、11纵队
107军
苏北地方武装
涟水
中原2、6纵队
陕南军区部队
文门集
临涣集
小李庄
宿县
华东13纵队
泗阳
淮阴
1"绥靖"区
淮安
中原1、3纵队
华东13纵队
涡阳
南坪集
中原4、9、
11纵队
军区部队
华东2、6、10、
11、13纵队
灵璧
花庄集
中原9纵队
豫皖苏独立旅
任桥集
泗县
泗洪
江淮军区部队
成
子
湖
双堆集
蕲县集
110师(起义)
罗集
西阳集
小涧镇
中原1纵队
湖沟集
固镇
第12兵团
蒙城
中原6纵队
华东3、7纵队
中原2纵队、豫皖苏、
豫西军区部队
安
徽
第16兵团
太和
洪
泽
湖
五河
新集
华东6纵队
11师
渤海纵队
华东6纵队
怀远
淮
河
蚌埠
临淮关
凤阳
第6、8兵团
第一阶段行动
第二阶段行动
第三阶段行动

5-10

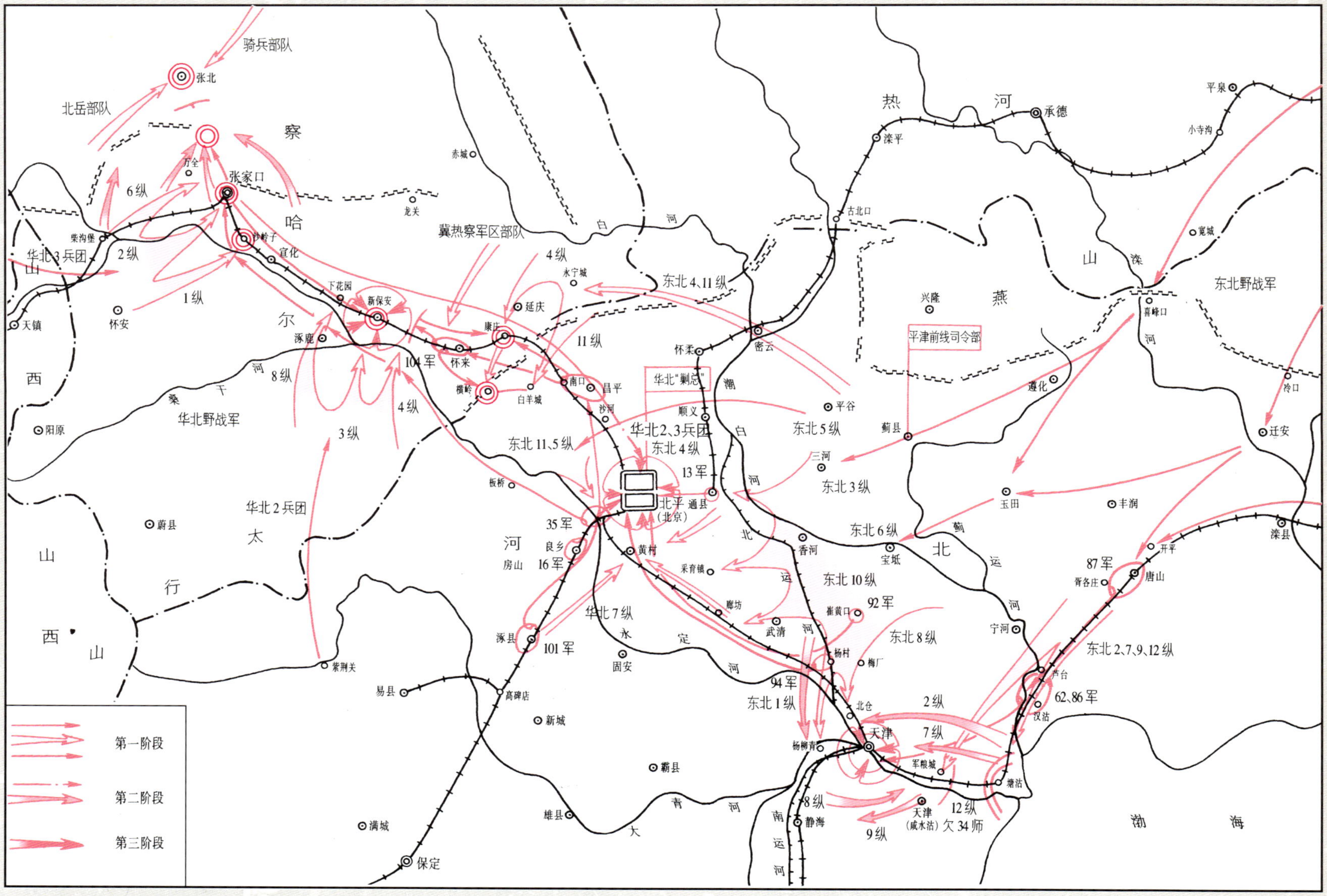
骑兵部队
张北
北岳部队
察
万全
张家口
6纵
哈
柴沟堡
华北3兵团
2纵
郭磊子
宣化
1纵
怀安
天镇
尔
下花园
新保安
涿鹿
怀来
康庄
延庆
永宁城
4纵
11纵
104军
8纵
桑
干
河
横岭
白羊城
南口
昌平
沙河
4纵
3纵
华北野战军
阳原
西
冀热察军区部队
赤城
龙关
白
河
东北4、11纵
古北口
滦平
热
河
承德
平泉
小寺沟
宽城
山
滦
东北野战军
兴隆
燕
喜峰口
河
平津前线司令部
冷口
迁安
怀柔
密云
华北"剿总"
潮
顺义
平谷
东北5纵
蓟县
遵化
华北2、3兵团
东北4纵
白
13军
三河
东北3纵
东北11、5纵
板桥
北平
(北京)
通县
河
玉田
丰润
华北2兵团
太
35军
河
良乡
房山
16军
黄村
北
香河
宝坻
东北6纵
蓟
北
运
河
滦县
开平
87军
胥各庄
唐山
蔚县
山
行
西
山
采育镇
运
东北10纵
廊坊
崔黄口
92军
武清
河
宁河
涿县
101军
华北7纵
永
定
河
固安
杨村
梅厂
东北8纵
东北2、7、9、12纵
紫荆关
易县
高碑店
新城
94军
东北1纵
北仓
2纵
芦台
62、86军
汉沽
杨柳青
天津
7纵
军粮城
塘沽
霸县
8纵
静海
天津
(咸水沽)
12纵
欠34师
9纵
雄县
大
青
河
南
运
河
满城
保定
渤
海
第一阶段
第二阶段
第三阶段

5-12

平津战役要图

5-14

5-14

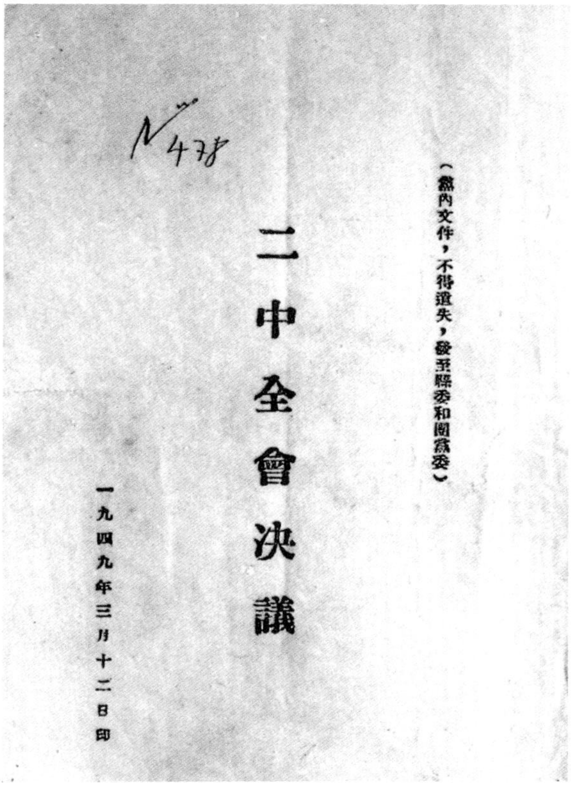

（黨內文件，不得遺失，發至縣委和團委）

二中全會決議

一九四九年三月十二日印

5-13

5-12

平津战役要图。

5-13

毛泽东起草的《关于平津战役作战方针》电文手稿。

5-14

1949 年 3 月，毛泽东在中共七届二中全会上作报告，指出新民主主义革命即将取得全国性的胜利。

朱克靖(1895—1947),湖南醴陵人。"五四"运动后赴法国勤工俭学。1922年加入中国共产党。1925年到苏联学习。同年回国,先后任国民革命军第三军、第九军党代表。1927年参加"八一"南昌起义。抗日战争爆发后,历任新四军战地服务团团长、苏浙行署主任、山东军区联络部长及驻华中民主联军郝鹏举部的新四军代表。1947年,郝鹏举反叛投靠国民党,拘捕了朱克靖,将其押解到南京。朱克靖坚贞不屈,拒绝了敌人的劝降。10月被秘密杀害。

5-17

深入虎穴策反敌军的勇士。

5-15
1939年,周恩来到皖南视察新四军工作时与朱克靖等人的合影。右起一叶挺、二朱克靖、三周恩来、五粟裕、六陈毅。

5-16
朱克靖与陈毅等人在苏北黄桥的合影。右起一陈毅、二朱克靖、三吴仲超、四粟裕。

5-17
朱克靖在新四军任职时的单人照。

5-18
1943年,朱克靖为新四军成立6周年撰写的文章。

5-19
朱克靖的狱中诗。

5-15

5-16

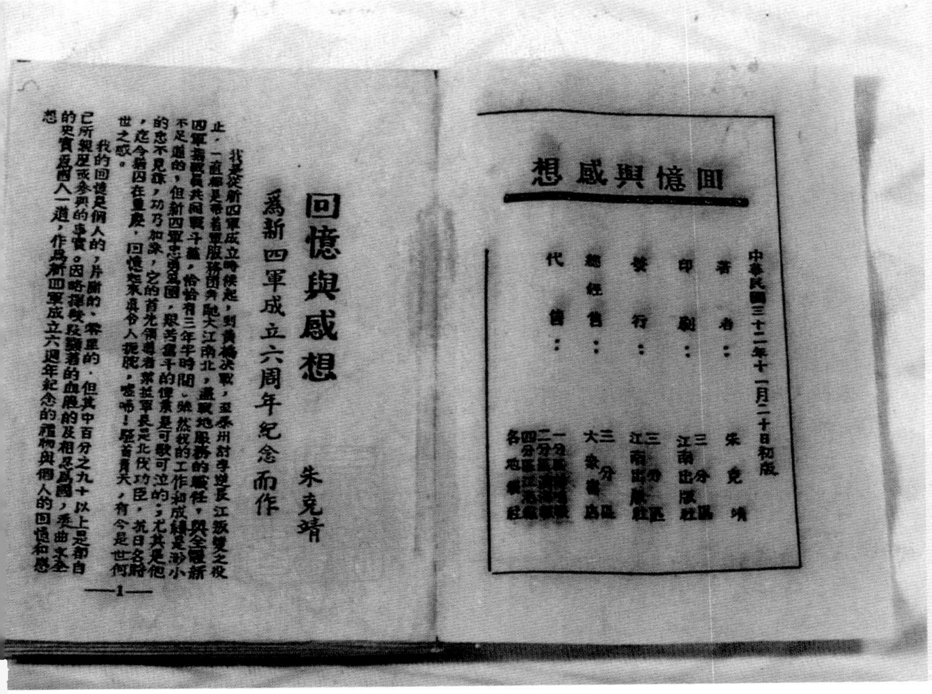

5-18

一颗为民心，万古终不眠。
壮士非无泪，不为断头流。
身心许党国，一死何足愁！

5-19

晋夫(1917—1948),原名吕守成。河南洛阳人。1937年在河南新乡参加抗日武装斗争。1938年加入中国共产党。1939年入延安抗日军政大学学习。历任八路军连指导员、营教导员、晋冀鲁豫军区八纵队参谋处长。1948年10月,解放军兵临山西太原城下,国民党急调第三十军增援太原。三十军军长黄樵松在中共政策影响下,决心阵前起义,并派联络员前来解放军阵地接洽。时任解放军第十八兵团政治部主任的胡耀邦原拟进入太原与黄樵松面谈,后因故改派晋夫前往。由于黄樵松手下一师长告密,起义失败,晋夫进城后即遭拘捕,随即解来南京。同年11月,英勇就义。

5-20

5-23

5-25

21

5-22

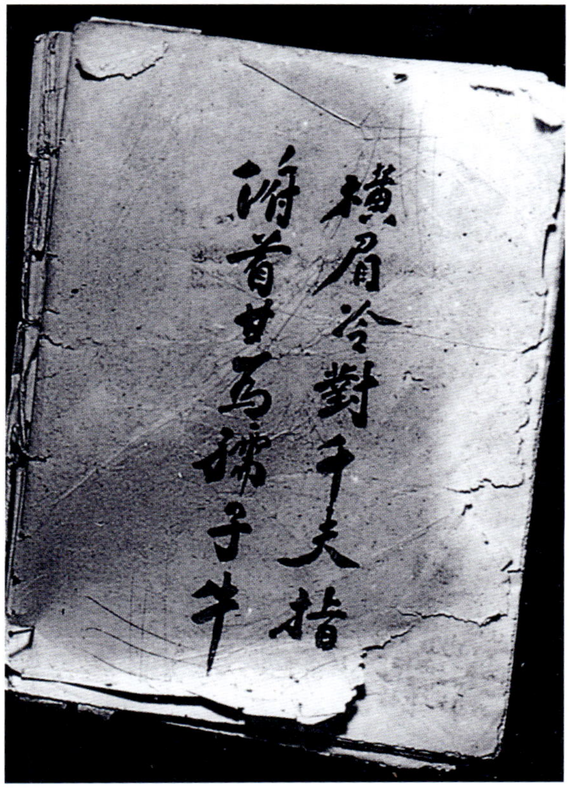

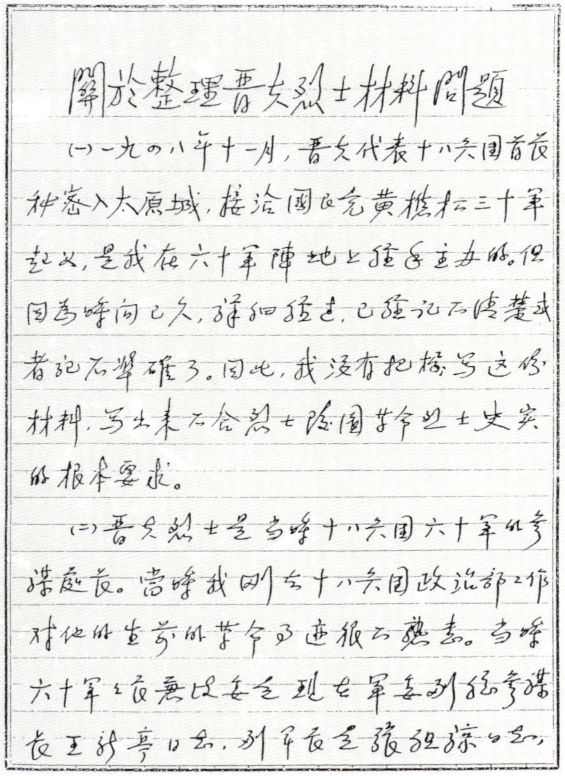

關於整理晋夫烈士材料問題

(一)一九四八年十一月，晋夫代表十八兵团首长孙志入太原城，接洽国民党黄樵松三十军起义，是我在六十军阵地上经手主办的。但因为时间已久，详细经过，已经记不清楚或者记不准确了。因此，我没有把握写这份材料，写出来不合烈士陵园革命烈士史实的根本要求。

(二)晋夫烈士是当时十八兵团六十军的参谋处长。当时我刚到十八兵团政治部工作，对他的生前的革命事迹很不熟悉。当时六十军之首长惠德安同志现在军委副总参谋长王新亭同志，副军长是张祖谅同志，

5-24

5-20
晋夫曾经在延安抗日军政大学学习。图为该校大门。

5-21
晋夫与战友一同学习时的合影。左为晋夫。

5-22
晋夫日记。封面上鲁迅的两句诗为晋夫手书。

5-23
晋夫用过的军用皮包和马袋。

5-24
胡耀邦在“文革”中为晋夫写的证明材料。

5-25
1949 年 4 月 24 日，太原解放。图为解放军占领山西省政府和太原绥靖公署。

5-26
山西太原烈士陵园中晋夫的塑像。

5-26

保卫延安的英勇战士。

5-27

高波（1913—1948），原名高如化。陕西米脂人。1936年在延安抗日军政大学加入中国共产党。1938年任八路军烽火剧团团长。1945年调任新编的十一旅一团政委。1947年在陕西定边不幸被捕，先押在兰州，后解来南京。1948年10月就义。

5-30

本为民除害，
哪怕狼与狗！
身既陷囹圄，
当歌汉苏武。

5-31

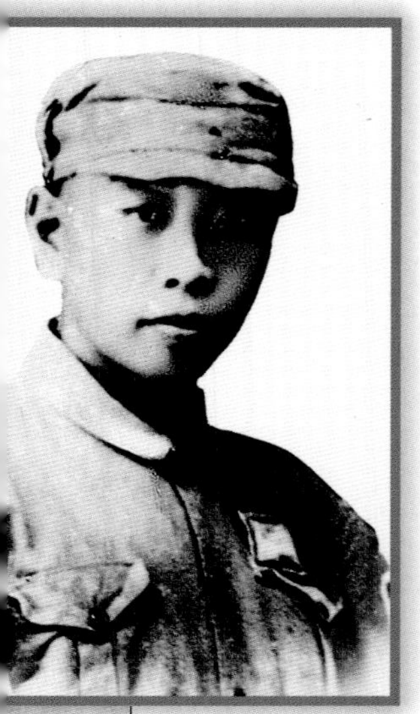

5-28

5-29

5-27

1947 年，敌军对陕北实施重点进攻，保卫陕甘宁边区的解放军斗志昂扬地开赴前线。

5-28

高波故乡的旧居。

5-29

高波童年读书的米脂东街小学外貌。

5-30

1936 年，高波在延安抗日军政大学学习时与战友的合影。中为高波。

5-31

高波被囚于兰州集中营时所写的狱中诗。

5-32

高波的女儿和外孙女来雨花台凭吊时的留影。

5-32

秦明（1916—1948），原名乔映淮。甘肃靖远人。1937 年加入中国共产党。1939 年任中共陕甘宁边区靖远县县委书记。1940 年在延安行政学院任教。1946 年任中共环县县委统战部部长。1947 年不幸被捕。1948 年解来南京。同年 10 月就义。

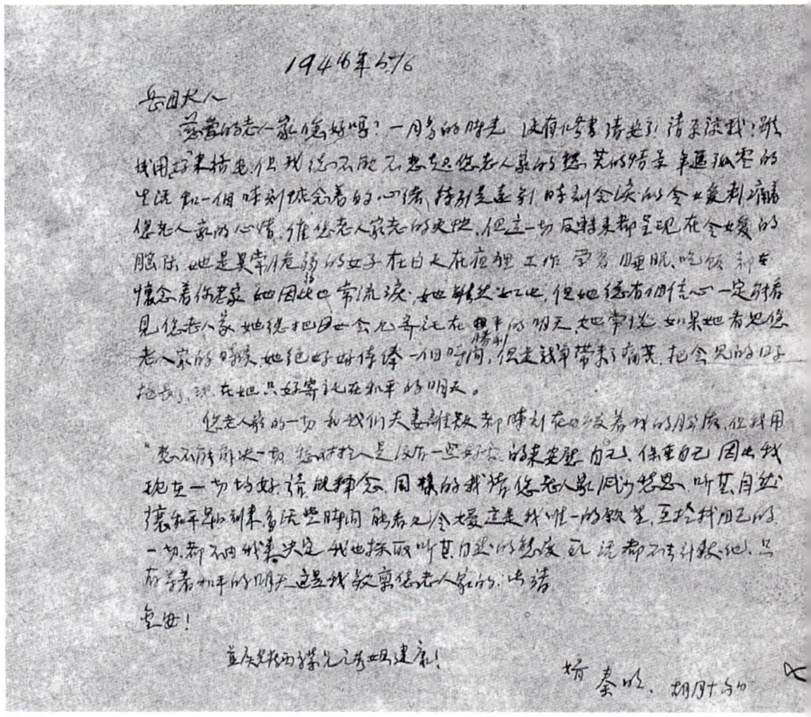

194[illegible]年5/6

岳母大人：

敬爱的老人家您好吗？一月多的时光没有给您写信了！请原谅我！[illegible]

[illegible]她只好寄托在和平的明天。

您老人家的一切[illegible]

[illegible]

敬安！

[illegible]

婿 秦明 [illegible]

5-33

5-33

1948 年 5 月，秦明自狱中写给岳母的信。信中充满了对革命胜利的坚定信念，并把合家团聚的希望寄托在胜利的明天。

5-34

秦明在狱中的照片。

5-35

“一二·九”运动北平学生游行的场面。

5-36

刘亚生故乡的旧居。

5-35

5-3

5-34

刘亚生（1910—1948），又名刘立贞，化名刘伟光。河北河间人。1932年考入北京大学，曾参加“一二·九”学生运动。1936年加入中国共产党。抗日战争爆发后，奔赴华北前线，后随八路军三五九旅南下，任旅政治部宣传科长和湖南人民抗日救国军宣传部长。抗战胜利后，任三五九旅政治部副主任。1946年8月在陕西南部不幸被捕。次年9月解来南京。1948年底就义。

5-37

5-37
1938年，刘亚生在延安与战友们的合影。前排左起第四人为刘亚生。

5-38
刘亚生在湖南人民抗日救国军时与战友的合影。前排左一为刘亚生。

5-38

卢志英(1905—1948),原名卢子江,又名卢涛,化名周志堃。山东昌邑人。1925年加入中国共产党。先后在甘肃、江西、贵州、上海、南京等地从事兵运、学运和秘密情报工作。抗日战争期间,在苏北任联合抗日部队副司令兼参谋长。抗战胜利后,负责沪宁杭沿线党的地下工作。1947年3月,因叛徒出卖,在上海被捕,解来南京。1948年12月,被活埋在雨花台。

5-39

地下工作的尖兵。

5-39
卢志英与妻子张育民同志的合影。
5-40
卢志英生前带在身边的怀表。
5-41
卢志英使用过的毛毯(为贵州苗胞所赠)。
5-42
卢志英被捕后,特务到他家中搜查,撕破了这件上衣的背缝,企图从中查找中共文件。
5-43
1946年卢志英在日记中悼念同志的一首诗。
5-44
解放后出版的卢志英之子卢大容所著《和爸爸一起坐牢的日子》的各种中外文版本。

5-40

5-41

5-44

5-42

无　　题

卢志英

弟兄们死了，被人割了头；
被敌人穿透了胸！
活着的弟兄，要纪念他们，他们作了斗争的牺牲。
世界上唯有解脱奴隶的命运，才是伟大的斗争！
唯有作了自己弟兄们的先锋，才是铁的英雄！
才是伟大的牺牲！
弟兄们，忍耐着艰苦！
弟兄们，忍耐着创痛！
不忍耐没有成功，
不流血怎能解脱奴隶命运！
在地狱的人们，不会有天降的光明！
只有不断的忍耐，不断的斗争。
饥寒交迫的弟兄们……

5-43

陈子涛（1920—1948），原名陈家禧。广西玉林人。抗日战争期间，先后任《广西日报》记者、《广西晚报》采访部主任及成都《华西晚报》编辑。1946 年 10 月到上海担任《文萃》主编。1947 年 3 月加入中国共产党。同年 7 月被捕。1948 年 5 月解来南京。12 月，在雨花台牺牲。

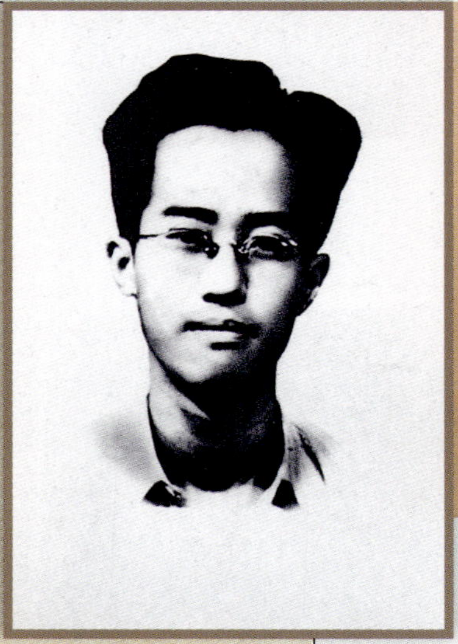

5-45

5-45

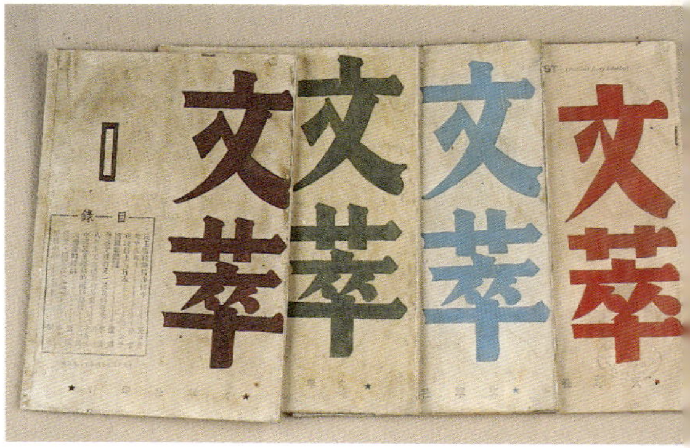

5-47

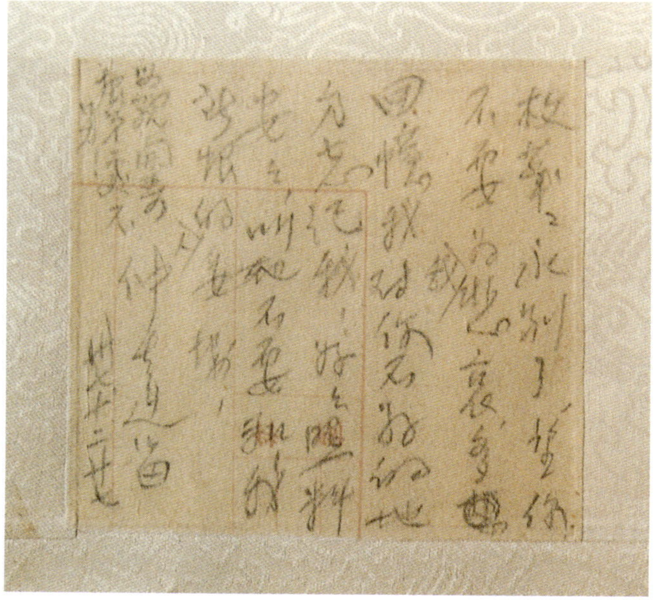

5-48

5-45

《文萃》杂志是抗战胜利后在上海出版的一家进步周刊。1945 年 10 月创刊，1947 年 3 月被查封。随后改出不定期的丛刊，秘密印刷发行。《文萃》尖锐批判国民党统治的黑暗，热情歌颂爱国民主运动，因而遭到国民党当局的嫉恨。1947 年 7 月，《文萃》主编陈子涛、发行骆何民同时被捕，丛刊也被迫停刊。图为文萃社的牌匾和部分已出版的《文萃》杂志。

5-46

陈子涛用过的公文包。他生前为躲避敌人追捕，经常携带这只装有稿件的皮包，在饭店、公园等地审稿，保证了《文萃》的如期出版发行。

5-47

骆何民一家的合影。

5-48

骆何民就义前给妻子费枚华的遗书。

5-46

骆何民（1913—1948），原名骆家骝，又名仲达、钟尚文。江苏江都人。1927 年加入中国共产主义青年团。曾任中共上海沪西区宣传部长、组织部长。抗日战争期间，先后任湖南长沙《国民日报》编辑、衡阳《开明日报》总编。1946 年至上海，从事《文萃》的印刷发行工作。1947 年 7 月，与陈子涛同时被捕，后又在南京同时遇难。

握　　手

——赠 C. L.

江上青

当我底眼光射上了你底头和脚，
整个的我呈现在你面前，
在那闪电般的视线互相接触的瞬间，
我们不觉伸出了有力的手，同时地，
前进了一步，我们紧固地握手了。
相互地，不再看一眼，
血在两个人底体内交流，
从指尖到全身，到每个飞奔着的血管里。
我们底脸上没有笑，没有欢乐，
没有愁苦也没有悲哀，
而生命底热力混和了。
没有讲什么，沉默蕴蓄着无限的话语，
过去、现在和将来，是包含在紧固地，
紧固而亲切地长久地握手中间。
放下了手，深深地吐了一口气，
那是两年来压迫得窒息着的
从来不曾痛快地吐过的呢。

5-49

5-49
江上青（1911—1939）生前写给骆何民的诗。诗中 C. L. 系“小骆”（骆何民）。江与骆是同乡、挚友，二人情谊深厚，曾一同工作、坐牢。

5-50
1949 年 7 月 2 日，《新华日报》关于卢志英、陈子涛、骆何民三烈士遗体在雨花台寻获的报道。

5-51
1949 年 7 月 23 日，上海《解放日报》发表纪念《文萃》烈士的文章。

烈士精神永垂不朽！

盧志英、陳子濤、駱何民三烈士
遺體已在雨花台尋獲
本市各界代表前往靈前祭悼

盧志英烈士

陳子濤、駱何民烈士

5-50

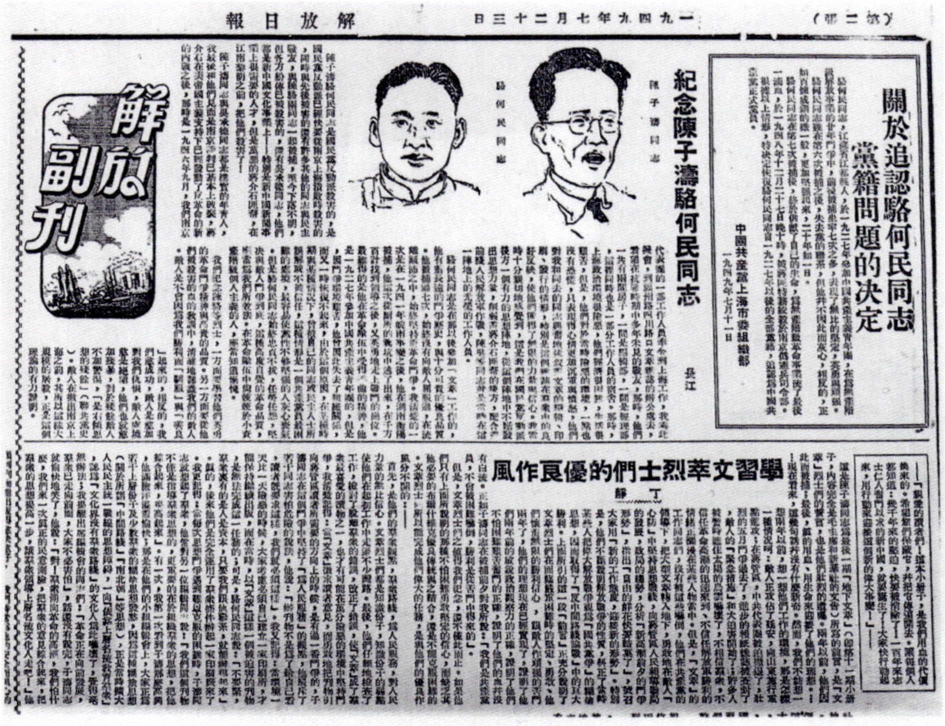

(第二版) 一九四九年七月二十三日 解放日報

解放副刊

關於追認駱何民同志黨籍問題的決定

中國共產黨上海市委組織部
一九四九年七月十二日

紀念陳子濤駱何民同志

陳子濤同志

駱何民同志

學習文莘烈士們的優良作風

丁靜

5-51

5-52

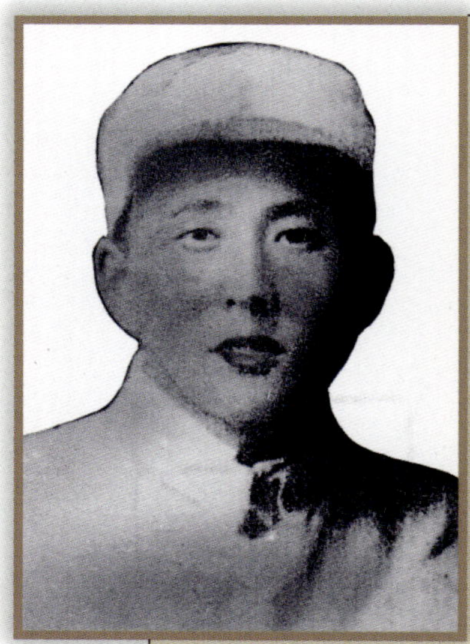

任天石（1912—1948），又名任启生。江苏常熟人。原为常熟知名的中医。抗日战争爆发后，成为当地抗日自卫队创建人之一。后加入中国共产党。历任中共东路特委委员、苏常太行署专员、江南办事处主任、苏中区通海工委书记、通海行署副专员、华中十地委社会部长等职。1947年2月因叛徒出卖被捕。1948年遇害。

5-55

杨斌（1911—1948），原名谢远源，化名陈月亭。湖北石首人。1936年在北京大学求学时加入中国共产党。历任中共东南分局民先队和新四军驻上海办事处负责人、苏中区党委秘密工作部长、华中十地委副书记兼城工部长等职。1947年5月，因叛徒出卖在上海被捕，解来南京。1948年1月牺牲于狱中。

5-53

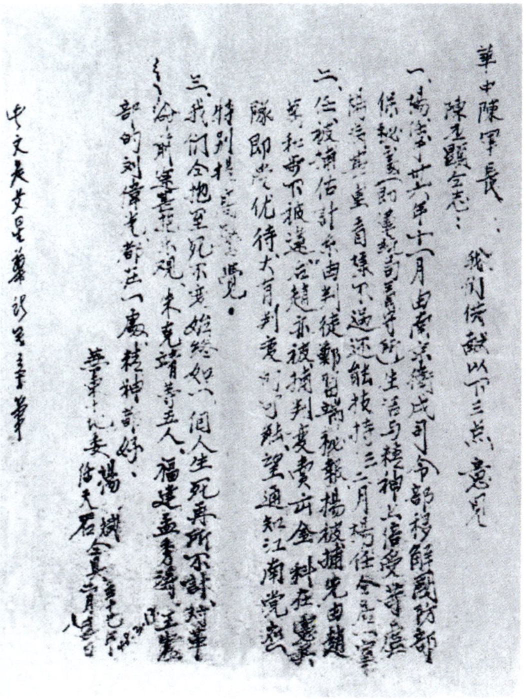

華中陳軍長、
陳丕顯同志：

5-54

5-52
上海各界追悼《文萃》两烈士的会场。
5-53
1941年，杨斌（右）与陈丕显在上海的合影。
5-54
杨斌和任天石在狱中写给党组织的密信。信中写道："我们全抱至死不变、始终如一（的决心），个人生死在所不计，对革命前途甚抱乐观。"
5-55
任天石与妻子的合影。
5-56
任天石签署的常熟县人民抗日自卫会通告。
5-57
在苏南清乡区坚持斗争的武工队，后排右一为任天石。

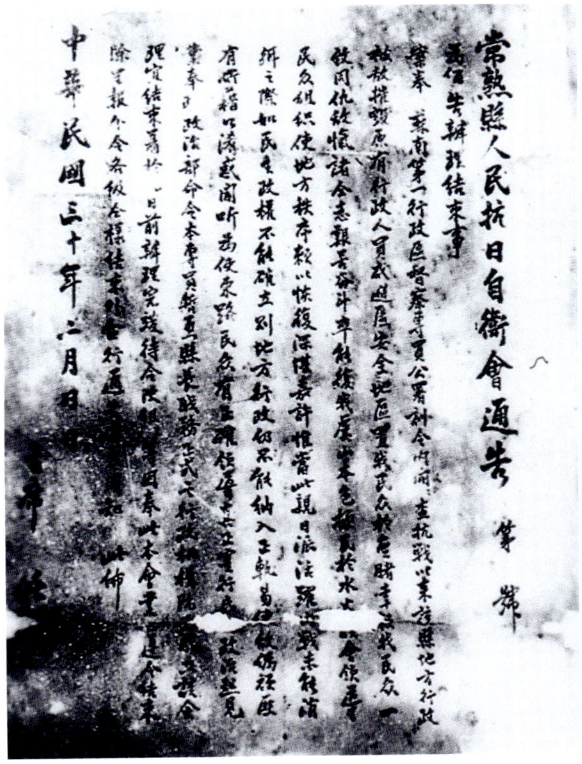

常熟縣人民抗日自衛會通告

中華民國三十年二月 日

5-56

5-57

5-58

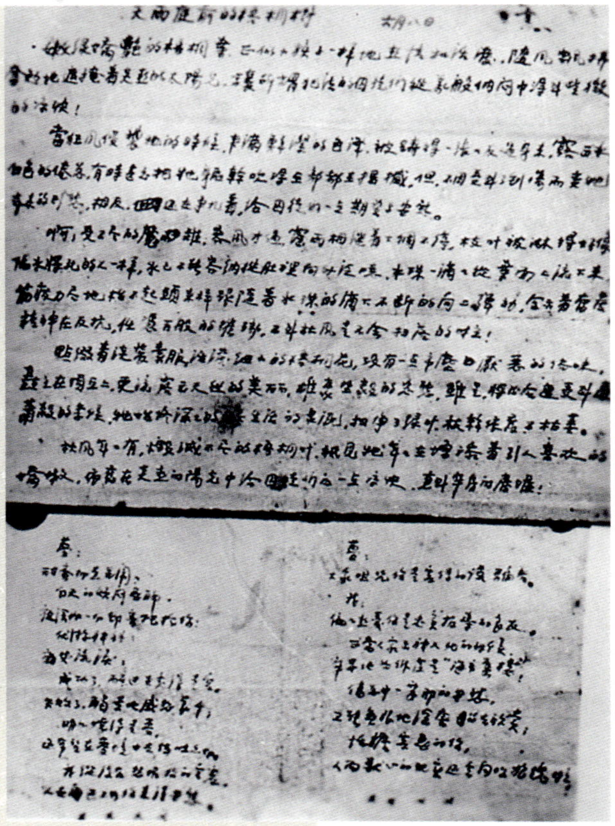

5-59

5-60

5-58

1946 年初，任天石与华中十地委的同志合影。中为任天石。

5-59

任天石在狱中的遗作。他用雨中的梧桐比拟革命者不屈不挠的斗争精神。

5-60

任天石的夫人在雨花台纪念馆烈士像前留影。

战斗在敌人的心脏里。

5-61

1947 年秋，北平中共地下党的情报组织遭到破坏，秘密电台被敌人查获。中共党员丁行、谢士炎、赵良璋、朱建国、孔繁蕤五同志相继被捕。他们曾向党组织提供了国民党军队在东北、华北战场上的兵力部署、作战计划等重要情报，为辽沈、平津战役的胜利作出了宝贵的贡献。油画：丁行等五烈士就义前，大义凛然，视死如归。

5-62

丁行在狱中用石头磨制的笔架，篆刻的印章。

5-63

丁行在狱中写给家人的遗书。

丁行（1908—1948），又名丁行之。山西夏县人。1927年加入中国共产党。曾在西北军任文书、上校秘书等职。1938年，组织战地服务团，进行抗日救国活动。抗战胜利后，任国民党保定绥靖公署军法处少将副处长，为中共从事秘密情报工作。1947年9月，不幸被捕，解来南京。1948年10月，光荣牺牲。

5-63

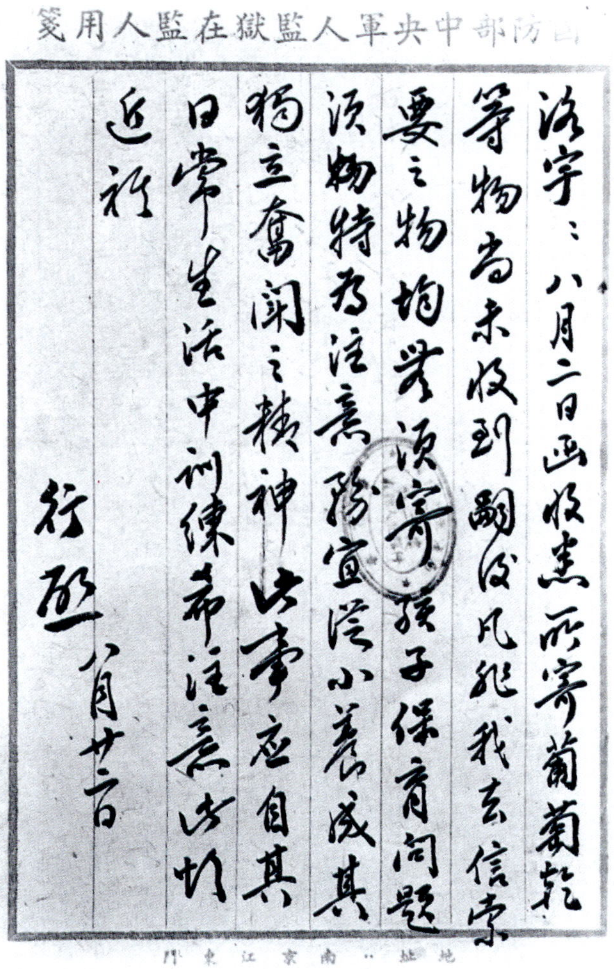

國防部中央軍人監獄在監人用箋

滌宇：八月二日函收悉，所寄葡萄乾等物尚未收到，[illegible]我去信索要之物均無須寄。孩子保育問題須物特為注意，務宜從小養成其獨立奮鬥之精神，此事應自其日常生活中訓練，希注意此點。

近祈

行啟

八月廿日

地址：南京江東門

5-61

5-62

谢士炎（1910—1948），又名谢天纵。湖南衡山人。毕业于陆军大学。抗战胜利后，任国民党北平第十一战区长官部作战处少将处长。1947 年 2 月加入中国共产党，从事革命情报工作。同年 9 月被捕，解来南京。1948 年 10 月就义。

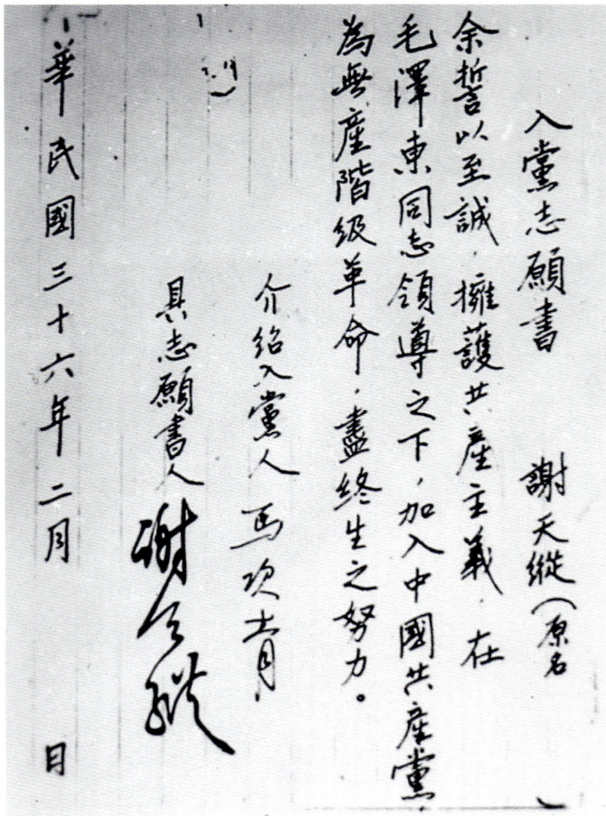

入黨志願書 謝天縱（原名

余誓以至誠，擁護共產主義，在毛澤東同志領導之下，加入中國共產黨，為無產階級革命，盡終生之努力。

介紹入黨人 馬次青

具志願書人 謝天縱

中華民國三十六年二月 日

5-64

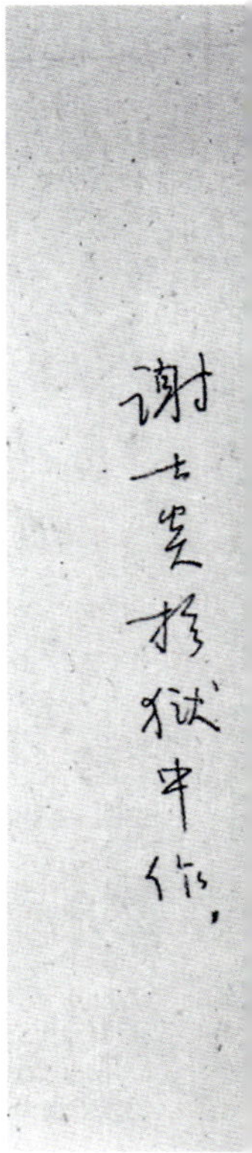

謝士炎於獄中作，

5-66

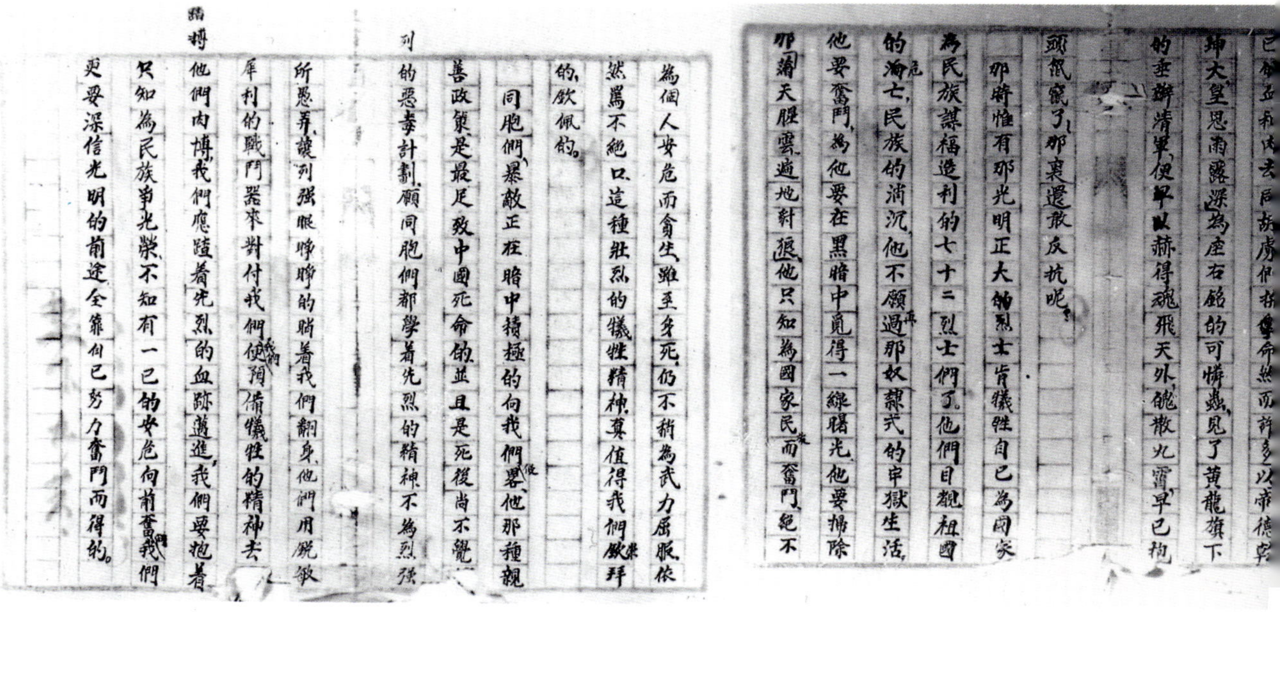

已…和內去后…虜們…命，然而許多以帝德…
坤大皇恩雨露深為座右銘的可憐蟲，見了黃龍旗下
的垂辮清軍，便早以嚇得魂飛天外，魄散九霄，早已抱
頭鼠竄了，那裏還敢反抗呢？
那時惟有那光明正大的烈士肯犧牲自己為國家
為民族謀福造利的七十二烈士們了。他們目覩祖國
的淪亡[危]，民族的消沉，他不願[再]過那奴隸式的牢獄生活，
他要奮鬥，為他要在黑暗中覓得一線曙光，他要掃除
那彌天雲，遍地豺狼，他只知為國家民[族]而奮鬥，絕不
為個人安危而貪生，雖至多死，仍不稍為武力屈服，依
然罵不絕口，這種壯烈的犧牲精神，真值得我們欽[崇]拜
的，欽佩的。
同胞們，暴敵正在暗中積極的向我們[做]那種親
善政策，是最足致中國死命的，並且是死後尚不覺
[列] 的惡毒計劃，願同胞們都學着先烈的精神，不為烈強
所愚弄，讓列強眼睜睜的瞧着我們翻身，他們用鋭敏
犀利的戰鬥器來對付我們，使[我們]預備犧牲的精神去
[精搏] 他們肉搏，我們應隨着先烈的血跡邁進，我們要抱着
只知為民族爭光榮，不知有一己的安危，向前奮[鬥]我們
更要深信光明的前途，全靠自己努力奮鬥而得的。

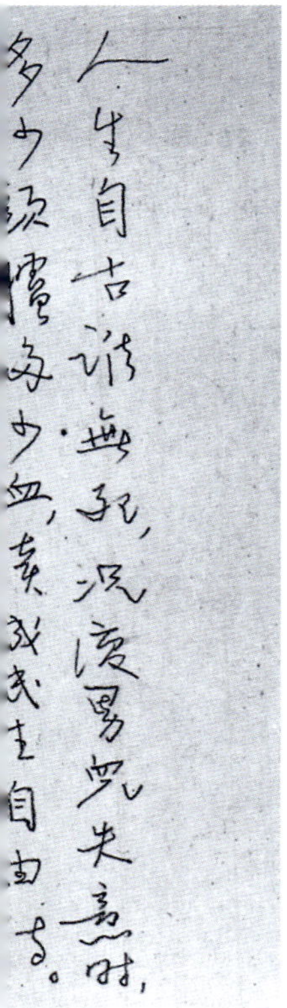

人生自古谁无死，况复男儿失意时，多少头颅多少血，续成民主自由诗。

5-65

5-64
1947 年 2 月谢士炎填写的入党志愿书。

5-65
谢士炎所作《狱中诗》。诗中写道："多少头颅多少血，续成民主自由诗。"

5-66
朱建国日记一则《读了七十二烈士广州殉难之后》，表达了他对先辈的敬意，决心效法他们的精神努力奋斗。

5-67
1948 年朱建国在狱中给弟弟的信。

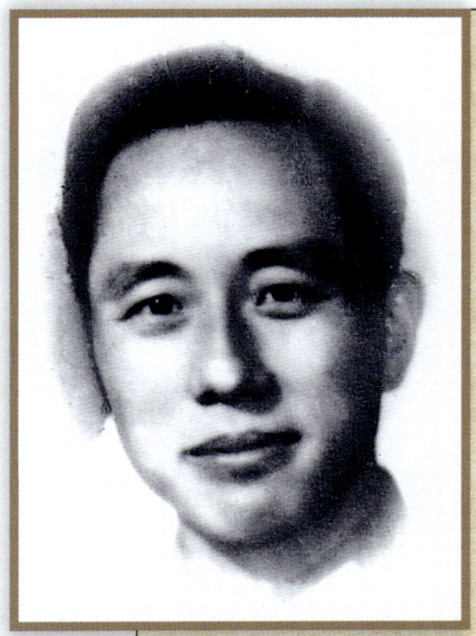

朱建国(1916—1948)，又名朱镇国。江苏睢宁人。毕业于国民党中央军校六分校。1942 年入陆军大学。1943 年加入中国共产党。1945 年在国民党北平第十一战区长官部参谋处任参谋，秘密从事革命情报工作。1947 年与谢士炎等同案被捕，后同时牺牲。

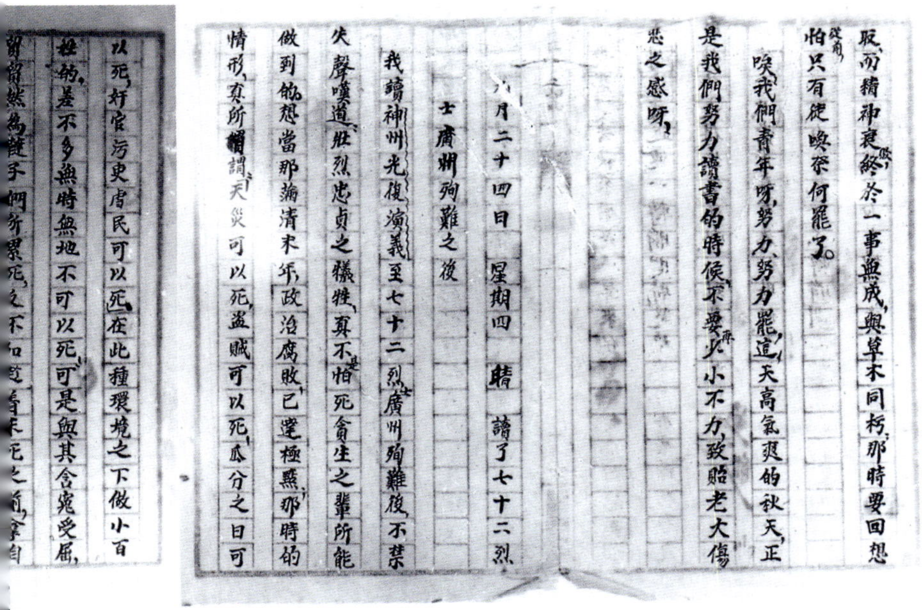

取，而精神衰頹於一事無成，與草木同朽，那時要回想怕只有徒喚奈何罷了。

唉我們青年呀，努力努力罷，這天高氣爽的秋天，正是我們努力讀書的時候，不要以小不力致貽老大傷悲之感呀，

八月二十四日 星期四 晴 讀了七十二烈士廣州殉難之後

我讀神州光復演義至七十二烈士廣州殉難後，不禁失聲嘆道，壯烈忠貞之犧牲，真不是怕死貪生之輩所能做到的，想當那滿清末年，政治腐敗，已達極點，那時的情形，真所謂天災可以死，盜賊可以死，瓜分之日可以死，官污吏虐民可以死，在此種環境之下做小百姓的，是不多無時無地不可以死，可是與其含冤受屈……

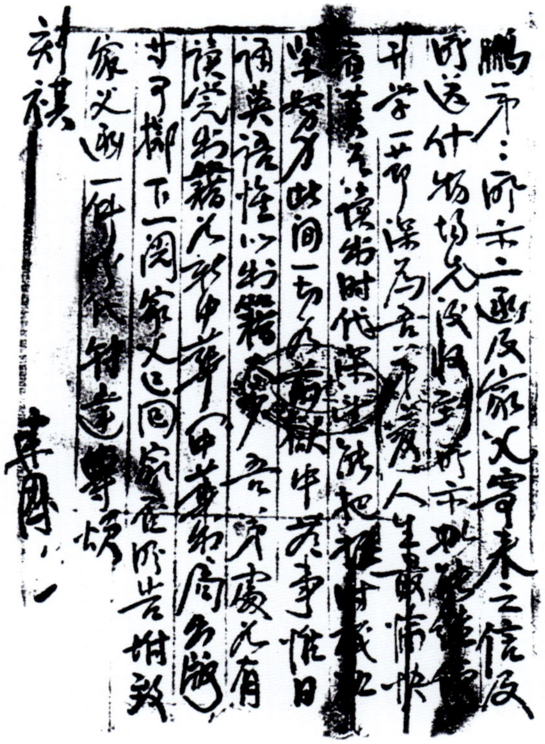

鹏弟：……

5-67

赵良璋(1921—1948),别号雪野。南京六合人。1939 年入空军军士学校,后调印度受训,回国后,任中尉飞行员、参谋。1946 年加入中国共产党。1947 年调往北平,秘密从事情报工作。同年在南京被捕。1948 年 10 月就义。

5-68

5-71

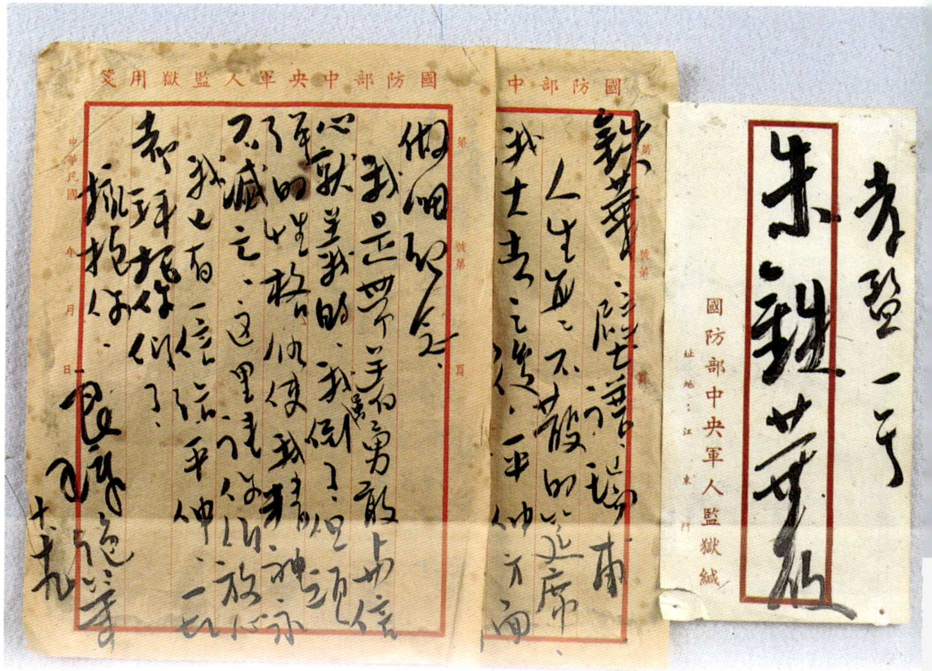
國防部中央軍人監獄用箋

國防部中央軍人監獄緘

5-7

5-69

5-70

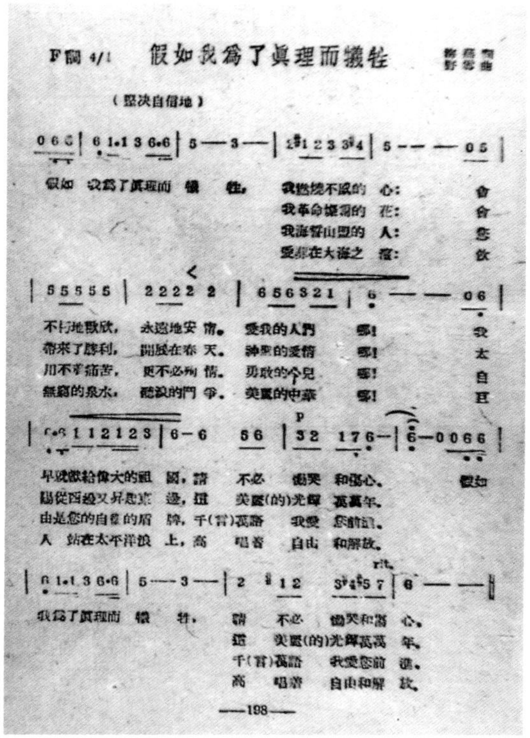

5-70

5-68

赵良璋在空军服役时登上飞机的照片。

5-69

赵良璋与妻子蒋平仲的合影。

5-70

赵良璋爱好音乐，创作了多首歌曲。此为他发表在《新音乐》期刊上的一首歌曲《假如我为了真理而牺牲》。

5-71

赵良璋就义前送给同室难友留作纪念的皮夹克。

5-72

赵良璋在狱中给友人的诀别信。

5-73

1972年，赵良璋夫人在烈士墓前的留影。

5-73

孔繁蕤（1918—1948），又名石淳。河北沙河人。中共党员。乡村师范毕业。1937年考入中央军校分校（广西）。抗战胜利后，在国民党北平第十一战区长官部任参谋。1947年11月被捕，解来南京。1948年10月就义。

5-74

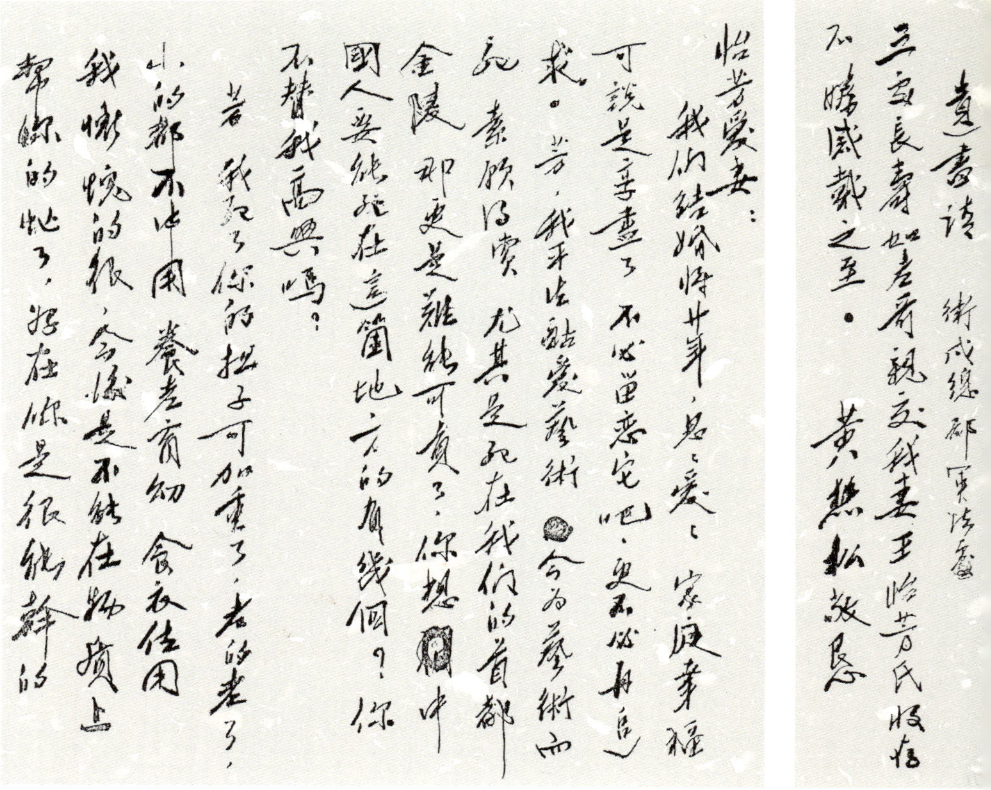

遺書詩 衛戍總部軍法處

三元巷長壽如君府親交我妻王怡芳氏收存

不勝感戴之至。黃樵松敬懇

怡芳愛妻：

我們結婚將廿年，恩恩愛愛，家庭幸福可說是享盡了，不必留戀它吧，更不必再憶求。芳，我平生酷愛藝術，曾今為藝術而死，素願得償，尤其是死在我們的首都金陵，那更是難能可貴了。你想，中國人要能死在這個地方的有幾個？你不替我高興嗎？

芳，我死了，你的担子可加重了，老的老了，小的都不中用，養老育幼，食衣住用，我慚愧的很，今後是不能在物質上幫你的忙了，將來你是很能幹的

5-76

5-74

抗战期间，黄樵松（左四）在平汉线指挥作战，时任第一集团军二十七师七十九旅旅长。

5-75

抗战期间，黄樵松在娘子关前线指挥作战时的戎装照。

5-76

黄樵松在狱中给妻子的遗书。

5-77

山西太原烈士陵园中黄樵松的塑像。

黄樵松（1903—1948），别号怡墅。河南尉氏人。早年进入西北军，由排长迭升至师长。抗日战争中，率部在台儿庄、娘子关一带与日军作战，屡立战功。抗战胜利后，擢升为国民党第三十军军长。1948 年 10 月，在解放军围攻太原的战役中，黄樵松奉命协防太原。在中共政策的感召下，他决定举行阵前起义，投向人民一边。但因其手下的二十七师师长戴炳南告密，起义失败。11 月，黄樵松被捕押解到南京，与解放军派往三十军联络起义、不幸被捕的晋夫同时在雨花台被杀害。

5-75

5-77

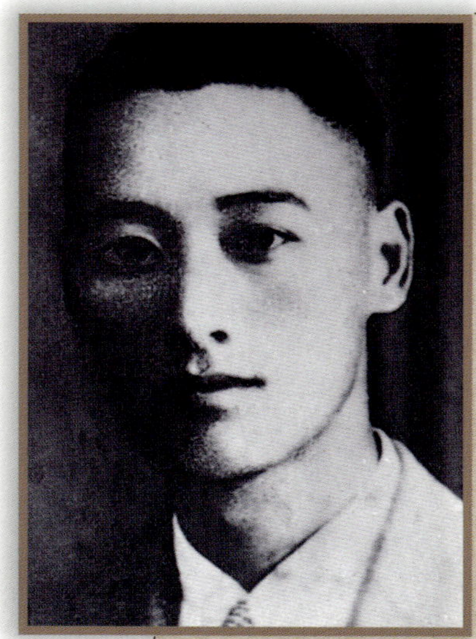

徐楚光（1908—1949），又名徐祖芳。湖北浠水人。黄埔军校第五期毕业。1927年加入中国共产党。抗战初期，赴延安抗日军政大学一分校任参谋教官。后派往敌占区专事汪伪军队的策反工作，担任过汪伪中央军官学校战术教官、陆军部上校科长。日本投降前曾策动汪伪首都警卫第三师起义。历任中共华中军区独立第一军副政委兼参谋长、华中局第三工委主任。1947年在武汉被捕，解来南京。1949年初牺牲。

周镐（1909—1949），又名周治平，化名周道隆、周仲岳。湖北罗田人。黄埔军校第五期毕业。1946年由徐楚光介绍加入中国共产党。曾任中共华中分局京、沪、徐、杭特派员，负责对国民党军队的策反及情报工作。解放战争时期，受党组织派遣，前往徐州淮海前线，策动国民党军队起义，不幸被捕，解来南京。1949年初遇害。

5-78

5-80

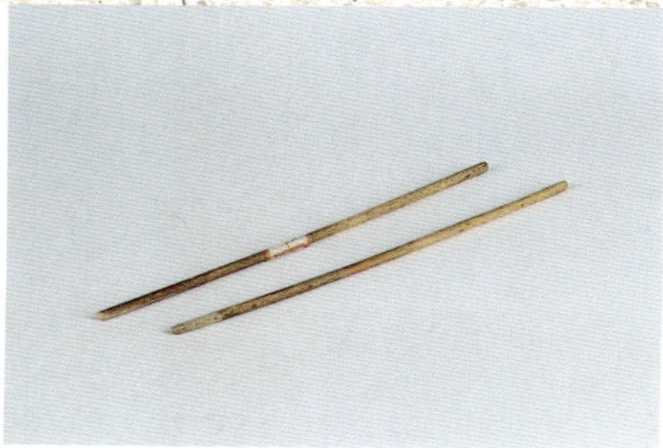

5-81

5-78

1949年初，在国民党军队中策动起义的徐楚光、周镐、王清瀚、谢庆云、祝元福等五位同志，在南京解放的前夕光荣牺牲。他们虽然没有看到胜利的一天，但他们同样为淮海战役的胜利作出了贡献。图为囚禁过徐楚光等同志的南京宁海路19号——南京国民政府国防部保密局看守所旧址。

5-79

周镐的亲属来雨花台凭吊时在纪念碑前留影。

5-80

吉鸿昌将军赠给谢庆云的地毯。他们都曾在冯玉祥部任职。

5-81

冯玉祥将军赠给谢庆云的象牙筷。

5-79

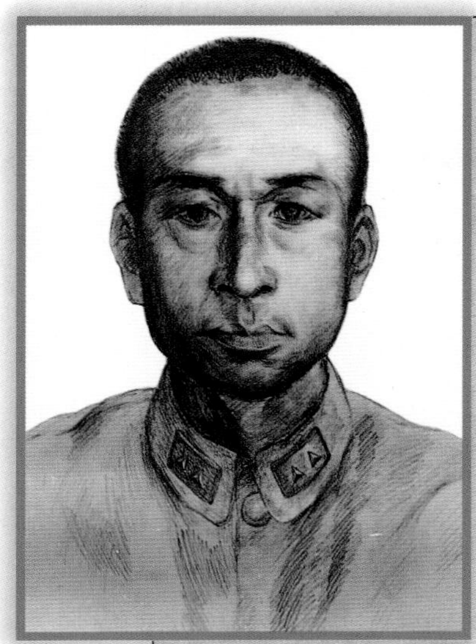

王清瀚(1898—1949)，字镜波。河北交河人。保定陆军军官学校毕业。1926年任西北军某部第二师参谋长。抗战期间，曾任汪伪第二方面军第五军军长。1946年后任国民党第五纵队第一总队总队长及一〇七军中将副军长兼二六〇师师长。1948年被接受为中共特别党员，属中共华东局六工委领导。淮海战役中，他率二六〇师起义。接着在策动蚌埠第一绥靖区某部起义时，不幸被捕。1949年初，被害于南京。

谢庆云(1900—1949)，又名谢卿云、谢天祥。山东巨野人。早年曾在冯玉祥将军部下任职。后任汪伪第二方面军第四军副军长兼该军驻南京办事处少将处长。1944年参加中国共产党。1948年底，因策动国民党某部起义失败，在南京被捕。1949年初遇害。

祝元福(1921—1949)，化名祝康国。山东掖县人。1943年考入南京汪伪中央军官学校。1947年被吸收为中共特别党员。历任中共华东局六工委政治交通和通讯联络组组长。1948年底，因策反国民党军队起义，不幸被捕。1949年初牺牲于南京。

毛主席發表對時局聲明

（新華社陝北十四日電）本日，中國共產黨中央委員會毛澤東主席發表關於時局的聲明如下：

自一九四六年七月，南京國民黨反動政府在美國帝國主義者的援助之下，違背人民意志，撕毀停戰協定和政治協商會議的決議，發動全國規模的反革命的國內戰爭以來，業已兩年半了。在這兩年半的戰爭中，南京國民黨反動政府違背民意，召集了偽國民大會，頒佈了偽憲法，選舉了偽總統，頒佈了所謂「動員戡亂」的偽令，出賣了大批的國家權利給美國政府，從美國政府獲得了數十億美元的外債，勾引了美國政府的海軍和空軍佔據中國的領土、領海、領空，和美國政府訂立了大批的賣國條約，接受美國軍事顧問團參加中國的內戰，從美國政府獲得了大批的飛機、坦克、重砲、輕砲、機關槍、步槍、砲彈、子彈及其他軍用物資以為屠殺中國人民的武器。南京國民黨反動政府在上述各項反動的賣國的內政外交基本政策的基礎上，指揮它的數百萬軍隊，向著中國人民解放區舉行了殘暴的進攻。所有華東、中原、華北、西北、東北各人民解放區無一不受到國民黨軍隊的蹂躪。解放區的中心城市延安、張家口、淮陰、菏澤、大名、臨沂、烟台、承德、四平、長春、吉林、安東等地，均曾被匪軍佔領。匪軍所至，殺戮人民，姦淫婦女，焚毀村莊，掠奪財物，無所不用其極。在南京國民黨反動政府的統治區域，則壓迫工農兵學商各界廣大人民群眾出糧，出稅，出力，敲骨吸髓，以供其所謂「

……下石家莊、洛陽、濟南、鄭州、開封、瀋陽、徐州、唐山諸大城市。中國人民解放軍克服了無比的困難，壯大了自己，以美國政府送給國民黨政府的大批武器裝備了自己。在兩年半的過程中，殲滅了國民黨反動政府的主要軍事力量及一切精銳師團。現在，人民解放軍無論在數量上士氣上和裝備上均優於國民黨反動政府的殘餘軍事力量。至此，中國人民才開始吐了一口氣。現在，情況已非常明顯，只要人民解放軍向著殘餘的國民黨軍再作若干次重大的攻擊，全部國民黨反動統治機構即將土崩瓦解，歸於消滅。現在，國民黨反動政府發動內戰的政策，業已自食其果，眾叛親離，已至不能維持的境地。在此種形勢下，為着保持國民黨政府的殘餘力量，取得喘息時間，然後捲土重來，撲滅革命力量之目的，中國第一名戰爭罪犯國民黨匪幫首領南京政府偽大總統蔣介石，於今年一月一日，提出了願意與中國共產黨進行和平談判的建議。中國共產黨認為這個建議是虛偽的。這是因為蔣介石在他的建議中提出了保存偽憲法、偽法統及反動軍隊等項為全國人民所不能同意的條件，以為和平談判的基礎。這是繼續戰爭的條件，不是和平的條件。人民渴望早日獲得和平，但是不贊成戰爭罪犯們的所謂和平，不贊成他們的反動條件。在此種民意基礎之上，中國共產黨聲明：雖然中國人民解放軍具有充足力量和充足理由，確有把握，在不要很久的時間之內，全部消滅國民黨反動政府的殘餘軍事力量，但是為了迅速結束戰爭，實現真正的和平，減少人民的痛苦，中國共產黨願意與南京國民黨反動政府及其他任何國民黨地方政府和軍事集團在下列條件的基礎之上進行和平談判。這些條件是：

（一）懲辦戰爭罪犯；

（二）廢除偽憲法；

（三）廢除偽法統；

5-82

5-84

5-84

5-84

5-83

5-84

5-85

冲破黎明前的黑暗。

5-82
1949年初，国民党当局再次打出“和谈”的旗号，企图赢得苟延残喘的时机。1月14日，毛泽东发表对时局的声明，提出惩办战犯、废除伪宪法等结束内战的八项条件，作为恢复国共和谈的基础。

5-83
国共双方在北平重开谈判，周恩来作为中共首席代表发言。

5-84
1949年4月1日，南京11个专科以上学校的学生六千多人游行示威，要求国民党政府接受中共的八项和平条件。国民党当局指使军警特务对示威群众大打出手，造成死三人、伤一百多人的“四·一”惨案。图为参加游行的学生队伍。

5-85
游行的学生在总统府前遭到殴打。

5-86
惨案发生后，新华社发表的两篇社论《南京政府向何处去？》（毛泽东撰）、《南京惨案与和平谈判》。

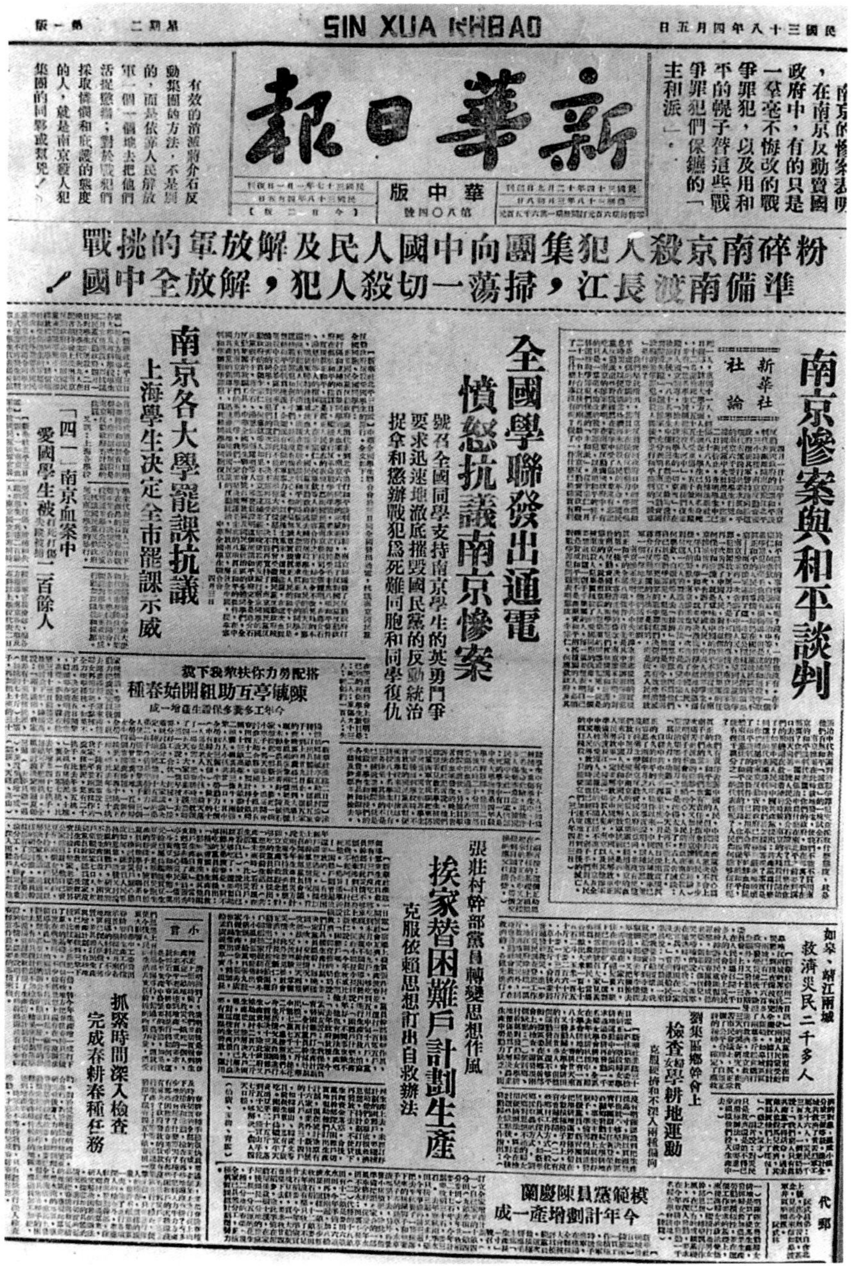

SIN XUA RHBAO

新華日報

華中版

粉碎南京殺人犯集團向中國人民及解放軍的挑戰

準備南渡長江，掃蕩一切殺人犯，解放全中國！

南京慘案與和平談判

新華社社論

全國學聯發出通電 憤怒抗議南京慘案

號召全國同學支持南京學生的英勇鬥爭 要求迅速地徹底摧毀國民黨的反動統治 捉拿和懲辦戰犯為死難同胞和同學復仇

南京各大學罷課抗議 上海學生決定全市罷課示威

「四一」南京血案中 愛國學生被……二百餘人

5-86

南京政府向何處去？

新華社社論

5-86

5-87

程履绎（1919—1949），湖北应城人。中央大学物理系学生。1949年4月1日，参加要求国民党政府接受中共八项和平条件的游行时，被特务打成重伤，次日牺牲。

陈祝三（1891—1949），江苏海门人。国立政治大学汽车司机。“四·一”惨案发生时，他奋不顾身驾车前往现场，援救学生，被特务残酷殴打，当场献身。

5-89

成贻宾(1927—1949),江苏宝应人。中央大学电机系学生。在“四·一”事件中被特务殴打,身受重伤,于同年4月19日牺牲。

5-88

5-88

5-89

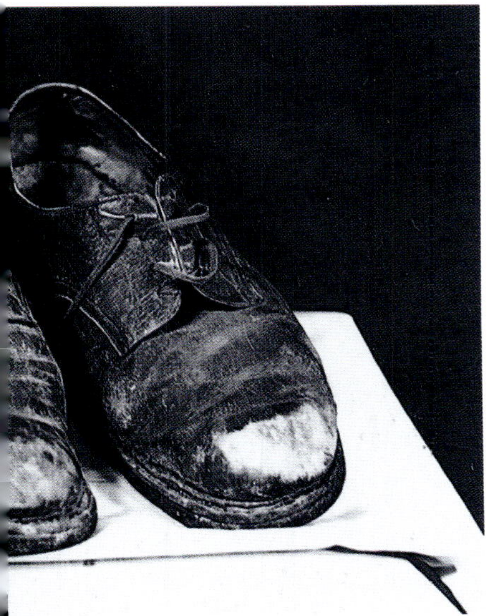

5-90

5-87

1949年4月24日,南京大专院校“四·一”血案善后处理会编印的纪念画集。

5-88

成贻宾的血衣和佩戴过的校徽。

5-89

陈祝三牺牲时穿着的血衣和皮鞋。

5-90

陈祝三孙女陈新媛来雨花台凭吊时在其祖父遗像前留影。

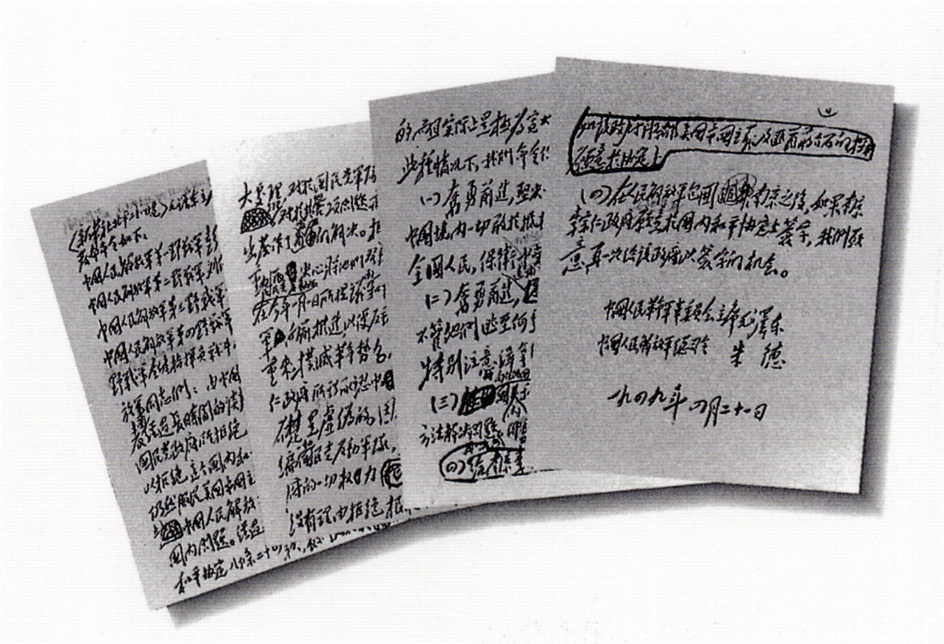

中国人民革命军事委员会主席 毛泽东
中国人民解放军总司令 朱德
一九四九年四月二十一日

5-91

5-92

5-94

5-95

南京解放，蒋家王朝覆灭。

5-91

1949 年 4 月 21 日，因国民党方面拒绝中共的和谈条件，毛泽东、朱德发布《向全国进军的命令》。

5-92

解放军万船齐发，横渡长江。

5-93

解放军战士奋勇争先登上长江南岸。

5-94

1949 年 4 月 23 日，解放军开进南京城。

5-95

南京市民迎接解放军进城。

5-93

5-96

5-97

5-96
解放军占领国民政府总统府。

5-97
南京人民欢庆解放。

5-98
毛泽东观看南京解放的消息报道。

5-99
毛泽东诗词《人民解放军占领南京》手迹。

5-100
1949 年毛泽东为《中国人民解放军三年战绩》一书的题词。

5-101
1990 年 2 月 27 日邓小平为江苏古籍出版社出版的《南京解放》一书题写的书名。

5-98

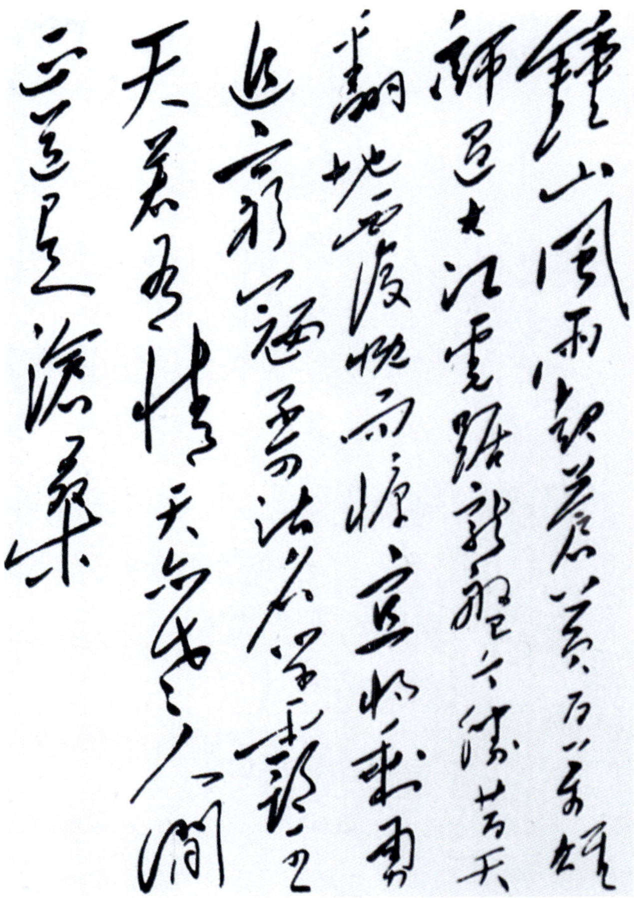

5-99

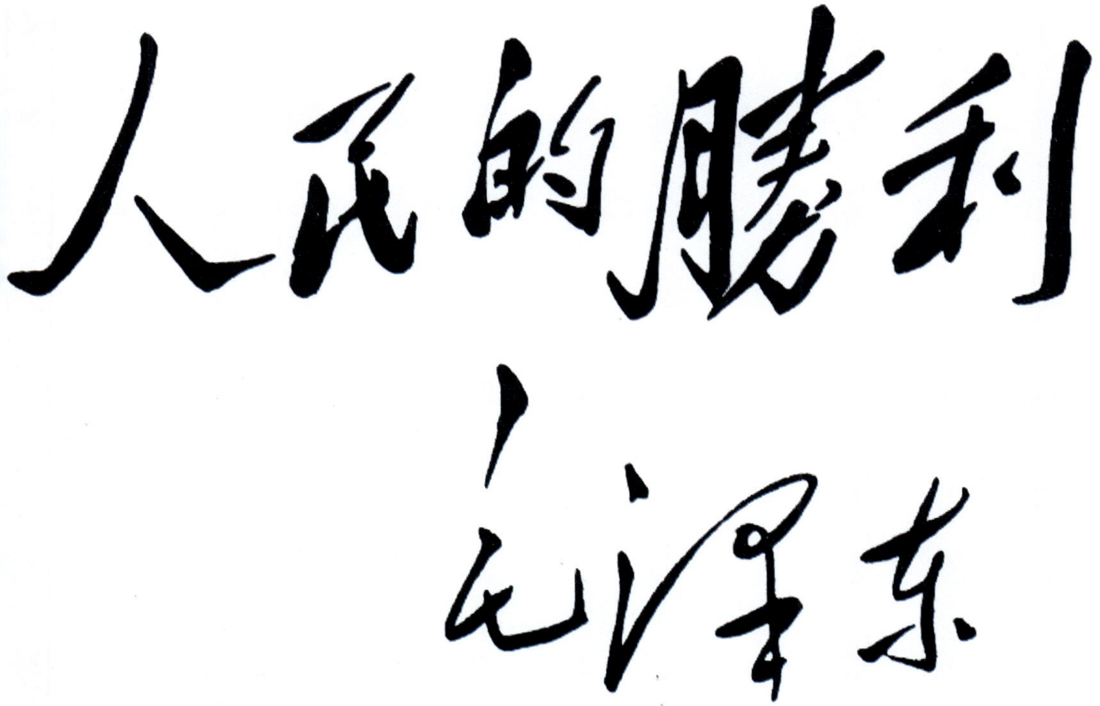

5-100

5-101

第六章

建陵立碑

中华人民共和国成立后，为了缅怀先烈，寄托哀思，继承和弘扬革命精神，党和政府决定在先烈殉难处南京雨花台兴建烈士陵园。

1949 年 12 月 12 日，南京市第二届人民代表会议作出建设雨花台烈士陵园的决议。雨花台开始全面绿化造林、修建道路的工作。1950 年建起了奠基纪念碑，在烈士殉难处建立了纪念性标志。

80 年代起，南京雨花台烈士陵园的建设进入一个新的时期。1980 年开始向全国各地征集雨花台烈士纪念碑设计方案。1983 年 6 月，邓小平亲笔为雨花台烈士纪念碑、雨花台烈士纪念馆题名。次年 4 月，纪念碑、纪念馆等新建工程全面启动。精心设计，精心施工，各方协力，几易寒暑，烈士就义群雕、烈士纪念馆、烈士纪念碑、烈士纪念碑廊、忠魂亭等相继竣工，形成了气势宏伟、庄严凝重的纪念建筑群体。雨花台烈士陵园以崭新的面貌出现在世人的面前。

雨花台烈士陵园是目前全国最大的烈士陵园，是全国重点文物保护单位、全国青少年教育基地、全国中小学爱国主义教育基地。长期以来，雨花台烈士陵园以其独特而宝贵的精神财富，在革命传统教育、爱国主义教育及社会主义精神文明的建设中作出了应有的贡献。每年吸引数以百万计的全国各地各界人士前来瞻仰、凭吊。

6-1

6-3

中华人民共和国成立后兴建雨花台烈士陵园。

6-1
1949 年 10 月 1 日，毛泽东在天安门城楼上宣读《中华人民共和国中央人民政府公告》，宣告中华人民共和国成立。

6-2
1949 年 10 月 1 日开国大典。北京 30 万军民在天安门广场参加庆典。

6-3
毛泽东在天安门广场亲自升起的新中国第一面国旗。

6-2

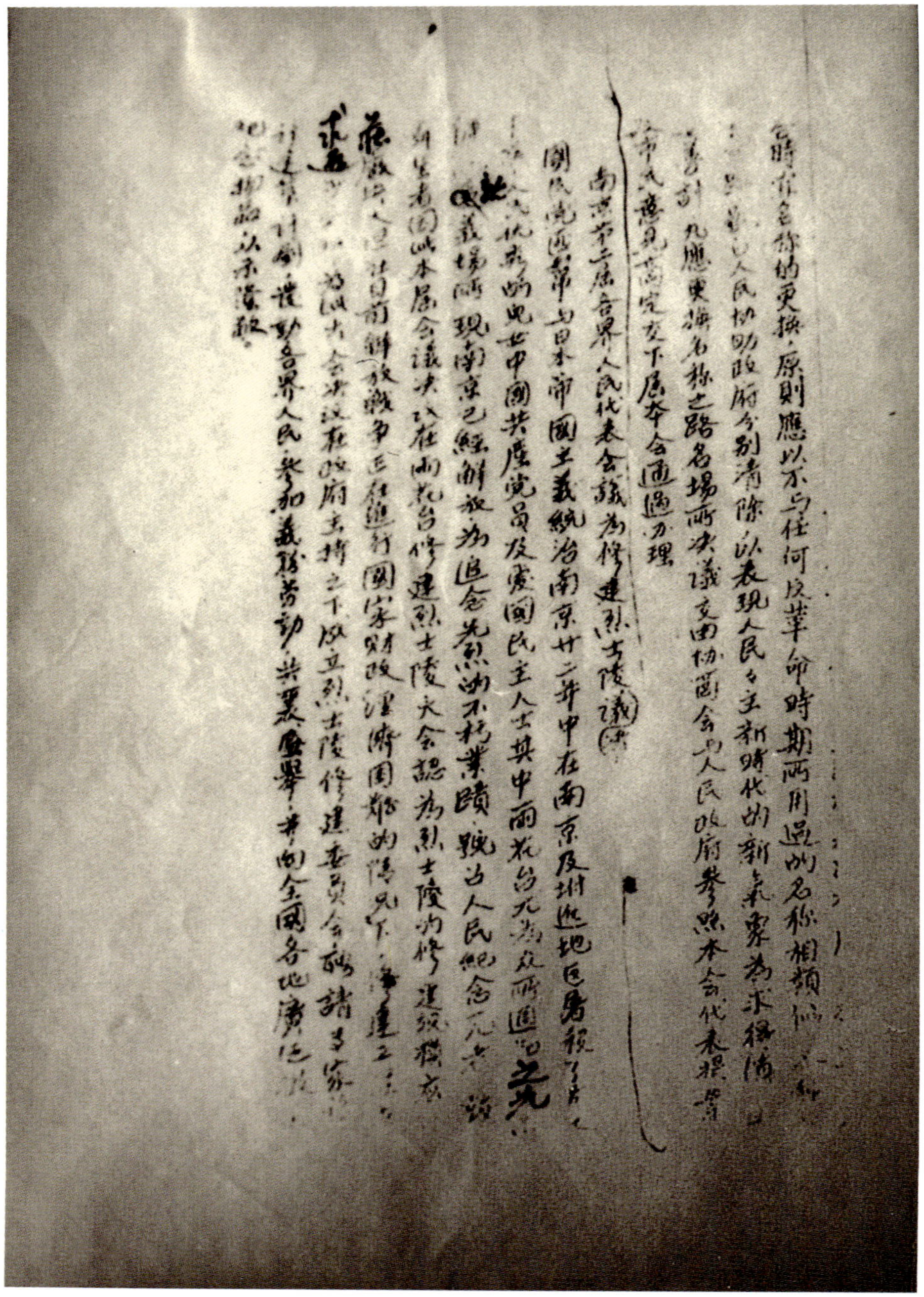
时有名称的更換，原則應以不与任何反革命時期所用過的名称相類似[illegible]
[illegible]以人民協助政府分別清除，以表現人民々主新時代的新氣象，為求徹底[illegible]
[illegible]凡應更換名称之路名場所，決議交由協商会与人民政府參照本会代表提意
[illegible]市民意見商定交下屆本会通過办理
南京市第二屆各界人民代表会議為修建烈士陵議(案)
國民党匪幫与日本帝國主義統治南京廿二年中在南京及附近地區屠殺了共产
[illegible]烈士的中國共產黨員及愛國民主人士，其中雨花台尤為反動派屠
[illegible]義場所，現南京已經解放，為追念先烈的不朽業績，激發人民紀念[illegible]
[illegible]本屆会議決以在雨花台修建烈士陵，大会認為烈士陵的修建須徵求
[illegible]目前解放戰爭正在進行，國家財政經濟困難的情況下，修建工[illegible]
[illegible]大会決議在政府主持之下成立烈士陵修建委員会，協請各方[illegible]
[illegible]建築計劃，發動各界人民參加義務勞動，共襄盛舉，並向全國各地廣泛征
紀念物品，以示隆敬。

6-4

6-5

6-7

6-6

6-8

6-4

中华人民共和国建立后，党和政府为了缅怀革命先烈，表彰他们对人民解放事业的卓越贡献，决定在南京雨花台兴建烈士陵园。图为 1949 年 12 月 12 日南京市第一届第二次各界人民代表会议作出的建设雨花台烈士陵园的决议。

6-5

1950 年 7 月 1 日，南京市各界人民为雨花台烈士纪念碑举行奠基仪式。右为中共南京市委书记唐亮，左为南京市人民政府副秘书长朱启銮。

6-6

50 年代初的雨花台主峰全景。

6-7

雨花台革命烈士奠基纪念碑。

6-8

1956 年建成的雨花台烈士史料陈列室。

6-8

6-9

6-10

6-13

6-9
革命烈士就义的雨花台北殉难处。

6-10
东殉难处。位于陵园东部道旁，解放前为秘密杀害烈士的刑场。

6-11
西殉难处。位于雨花台中岗西侧，是解放前掩埋烈士遗体最多的地方。

6-12
1951 年，在西殉难处建立拱门形纪念标志。

6-13
1951 年，在东殉难处建立碑式纪念标志。

6-14
1979 年，在北殉难处建成革命烈士群像雕塑。高 10.3 米，宽 14.2 米，由 179 块花岗岩拼装成的这组雕塑再现了革命烈士就义时的英勇形象。

6-15
建造革命烈士群像雕塑施工现场。

-11

6-12

-15

6-14

6-16

从 80 年代起扩建雨花台烈士陵园，旨在发扬先烈的革命精神，把雨花台烈士陵园建成革命传统教育、爱国主义教育的基地。

6-16

1980 年春，为兴建雨花台烈士纪念碑，雨花台烈士陵园向全国各地建筑、设计部门及大专院校的建筑专家、学者，征集了 578 件纪念碑设计方案。1981 年 4 月，著名建筑专家杨廷宝教授、谭恒教授等组成方案评委会，评出若干优秀方案。此为部分方案设计图。

6-16

6-16

-16

6-16

雨花台烈士纪念碑

雨花台烈士纪念館

6-18

6-19

6-17

1983 年 6 月，邓小平为雨花台烈士纪念碑、雨花台烈士纪念馆题名。

6-18

1986 年 4 月 5 日举行的雨花台烈士纪念碑开工仪式。

6-19

烈士纪念碑施工现场。

6-20

竣工后的烈士纪念碑。

6-19

6-20

6-21

6-21

烈士纪念碑建于陵园内海拔 60 米的制高点上，连同四周广场，占地 5010 平方米。纪念碑高 42.3 米，宽 7 米，厚 5 米，由碑首、碑身、碑座三部分组成。碑前立有一座 5 米多高的革命志士青铜雕塑。碑身正面“雨花台烈士纪念碑”为邓小平题写。碑身背面刻有江苏省和南京市人民政府所撰的碑文。

6-22

纪念碑两侧碑廊。位于纪念碑护墙内侧。东西各 90 块黑色磨光花岗岩石壁上镌刻了由国内 36 名书法家书写的《共产党宣言》、《马克思主义的三个来源和三个组成部分》和《新民主主义论》等 3 篇马克思主义经典著作，计 47043 个字。

6-23

碑廊刻石局部。

6-24

《国歌》和《国际歌》照壁。位于纪念池南北两端，花岗石质地，分别用汉、蒙、藏、维、壮 5 种文字镌刻。图为北端的《国际歌》照壁。

6-22

6-23

6-24

6-25

6-28

6-26

6-29

6-25

南端的《国歌》照壁。

6-26

青年默哀雕塑。位于纪念池靠南两侧。塑像高5.5米。表现人民群众悼念先烈，继承其遗志的主题。图为女青年（学生）塑像。

6-27

男青年（士兵）塑像。

6-28

1984年4月22日举行的雨花台烈士纪念馆开工典礼。

6-29

烈士纪念馆施工现场。

6-29

6-30

6-31

6-33

6-30

雨花台烈士纪念馆(正面全景)。纪念馆东西展开长 90 米,南北伸展宽 49 米,高 26 米,建筑面积 5900 平方米,为传统大屋顶造型的现代建筑。

6-31

雨花台烈士纪念馆展厅(部分)。

6-32

邓小平为缅怀革命先烈的题词,镌刻在雨花台烈士纪念馆内。

6-33

思源池两边的忠魂颂浮雕。

6-34

忠魂亭。位于中心纪念区最南端,1997 年由南京市 30 万共产党员捐资建造。亭子边长 5.8 米,高 8.3 米,为尖顶方形四门的钢混结构。“忠魂亭”三字由中共中央总书记江泽民题写。整体建筑由忠魂亭及其周边广场、思源池和忠魂颂浮雕构成。

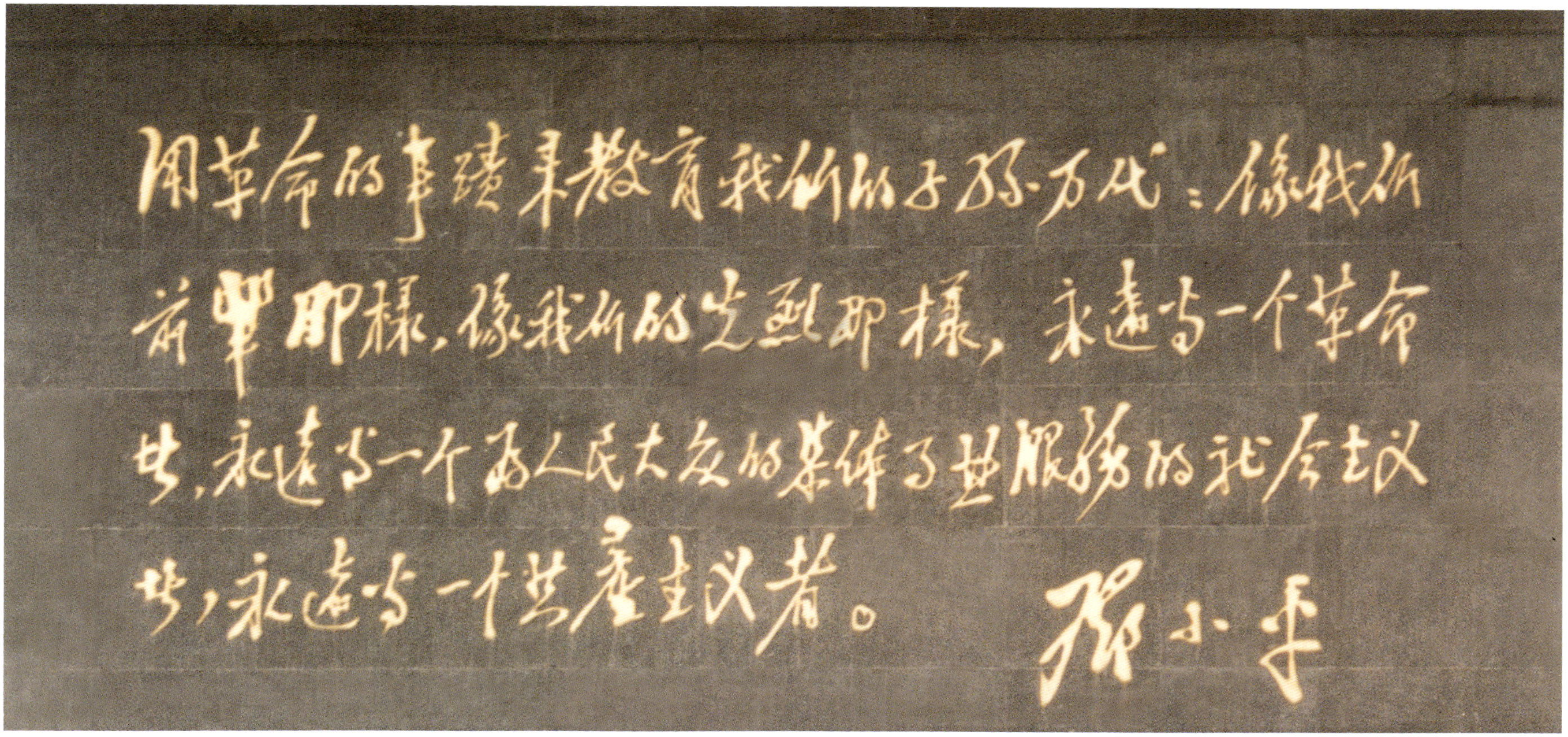
用革命的事迹来教育我们的子孙万代，像我们
前辈那样，像我们的先烈那样，永远当一个革命
者，永远当一个为人民大众的集体利益服务的社会主义
者，永远当一个共产主义者。
邓小平

6-32

6-34

第七章

缅怀英烈

雨花台是一面鲜艳的红旗，象征着革命先烈威武不屈、流血牺牲的战斗精神；雨花台是一首英雄的史诗，忠实记录了新民主主义革命时期曲折艰险的斗争历程；雨花台是一座不朽的丰碑，颂扬着共产党人和革命志士为中国人民解放事业作出的历史功绩；雨花台又是一只巨型的花环，寄托了亿万人民对先烈的无尽怀念和绵绵哀思。

烈士为革命不惜抛头颅、洒热血的铮铮铁骨和高风亮节是中华民族最宝贵的精神财富，老一辈无产阶级革命家和中央领导人十分关注雨花台的建设，特别重视用先烈的精神教育广大干部和群众，曾多次亲临雨花台缅怀和凭吊先烈，并留下题词。1994 年 4 月，江泽民同志亲笔为雨花台烈士陵园题词："弘扬先烈精神，献身四化大业。"

在党和政府的倡导下，雨花台成了人们自觉接受革命传统和爱国主义教育的大课堂。一年四季都有祖国各地的人民群众前来凭吊烈士的英灵。每逢清明节，更是人流如潮。尤其是青少年经常来到雨花台敬献花圈，举行加入少先队、共青团和共产党的宣誓仪式及各种大型群众性活动。雨花台烈士陵园的同志还走出南京城，到北京及其他地方举办烈士史迹巡回展，让更多的人受到教育、感染和策励。

值得一提的是，1976 年 3 月下旬，南京民众来到雨花台自发地悼念周恩来总理，由此引发了丙辰清明北京天安门广场和全国各地悼念周总理、反对"四人帮"倒行逆施的"四·五"群众运动。这是广大人民群众受到雨花台先烈精神激励尤为突出的一例。

雨花台象征的浩然正气和精神力量不仅为国内人民所景仰，而且也受到国际友人的敬重。几十年来，雨花台接待过许多国家的来宾。他们向革命烈士深致敬意。越南人民的伟大领袖胡志明亦曾来雨花台参观烈士史料陈列室，并题写"碧血千秋"四个大字，以表达他对中国革命烈士的崇敬。

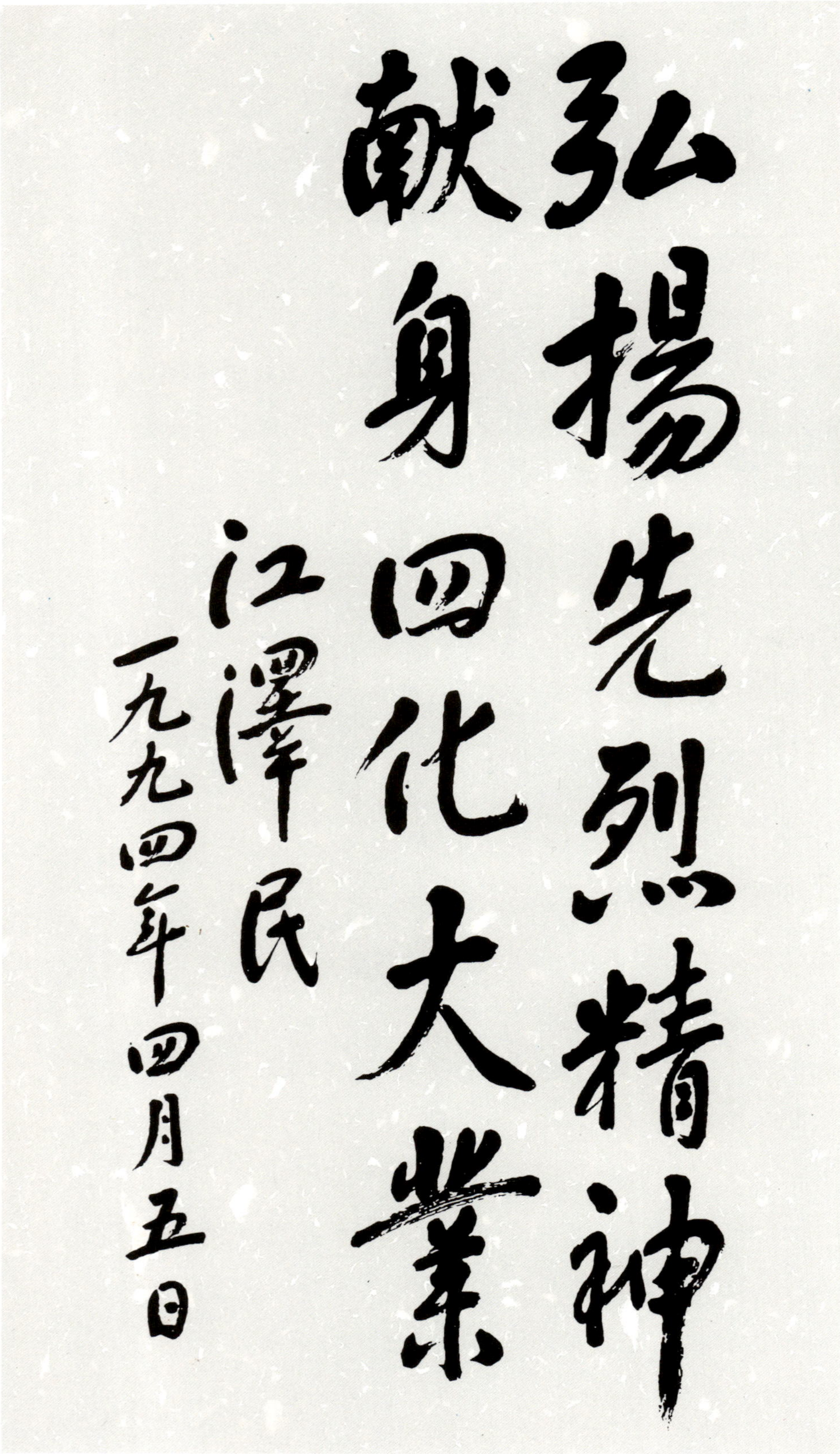

7-1

7-1
江泽民总书记为雨花台的亲笔题词。

7-2

老一代党和国家领导人在雨花台的参观凭吊活动(以时间先后为序)。

7-2
1958 年,刘少奇来雨花台参观凭吊。

7-3
1959 年 4 月 21 日,陈云来雨花台参观凭吊。

7-4
1959 年 12 月,班禅・额尔德尼来雨花台参观凭吊。

7-5
1972 年 9 月,邓颖超来雨花台参观凭吊。

7-6
1978 年 4 月,谭震林来雨花台参观凭吊。

7-7
1980 年,叶剑英来雨花台参观凭吊。

7-8
1990 年 9 月,薄一波来雨花台参观凭吊。

7-3

7-6

7-4

7-7

7-5

7-8

7-9

7-10

当代党和国家领导人在雨花台的参观凭吊活动。

7-9
1988 年，江泽民来雨花台参观凭吊。
7-10
1990 年 1 月，李鹏来雨花台参观凭吊。
7-11
1990 年 7 月，乔石来雨花台参观凭吊。
7-12
1991 年 4 月，李瑞环来雨花台参观凭吊。
7-13
1996 年 11 月，胡锦涛来雨花台参观凭吊。

7-11

7-12

7-13

7-14

7-15

7-18

7-19

7-16

7-17

7-20

7-14

1989 年 4 月，荣毅仁来雨花台参观凭吊。

7-15

1990 年 5 月，胡乔木来雨花台参观凭吊。

7-16

1990 年 11 月，姬鹏飞来雨花台参观凭吊。

7-17

1993 年 2 月，赵朴初来雨花台参观凭吊，并当场题词。

7-18

1994 年 6 月，任建新来雨花台参观凭吊。

7-19

1995 年 6 月，田纪云来雨花台参观凭吊。

7-20

1997 年 12 月，罗干来雨花台参观凭吊。

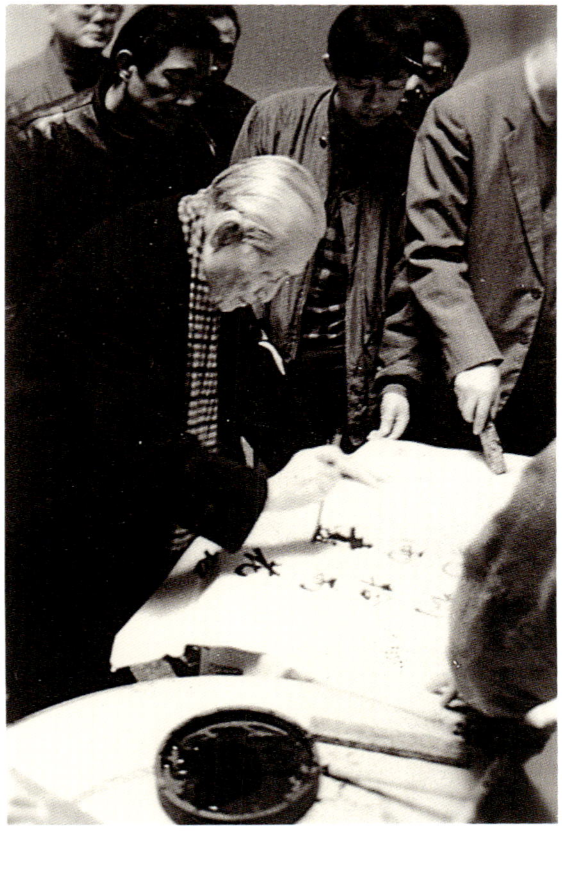

7-17

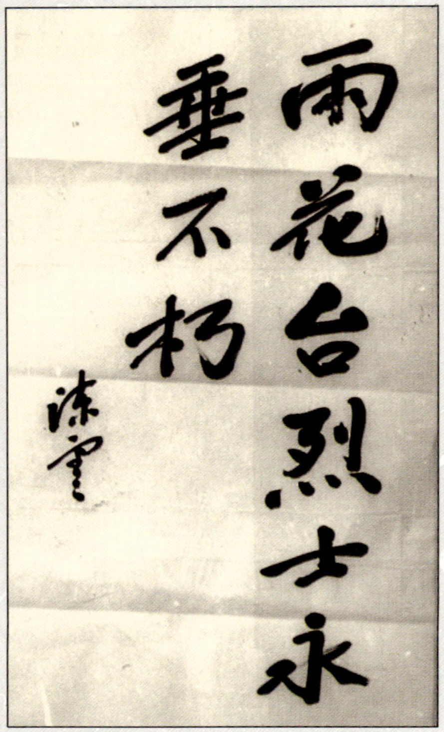

7-21

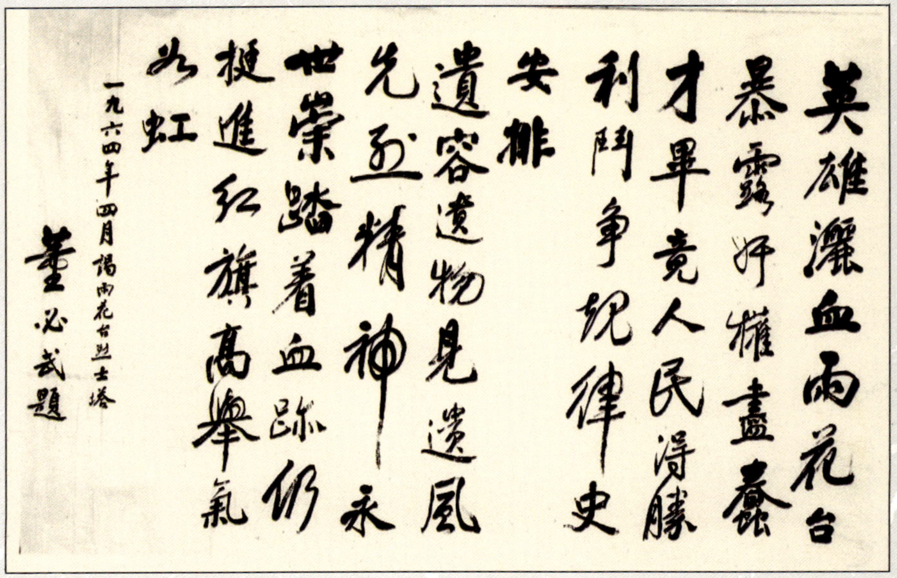

7-22

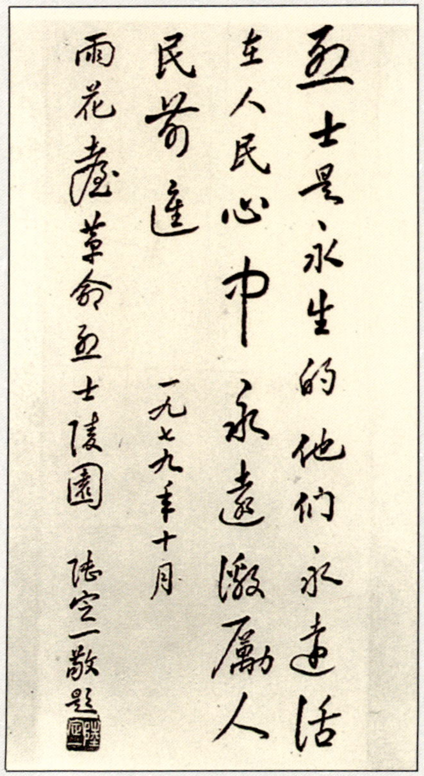

7-24

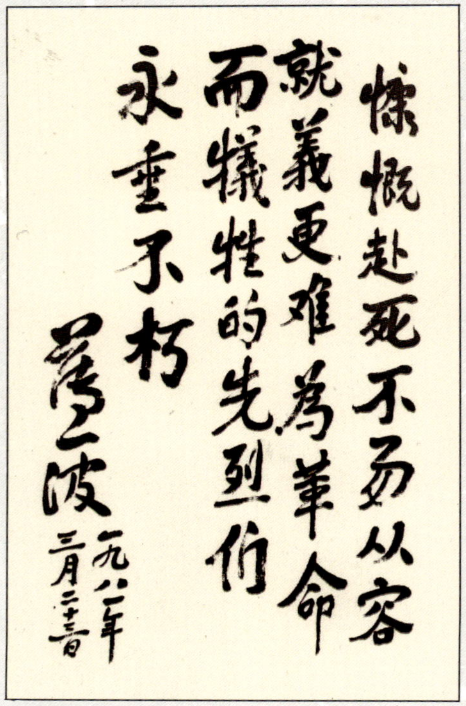

7-25

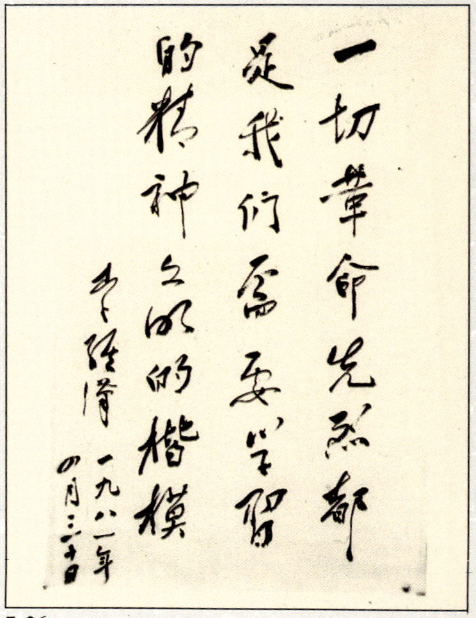

7-26

党和国家领导人为雨花台题词（以时间先后为序）。

7-21
陈云的题词。
7-22
董必武的题词。
7-23
谭震林的题词。
7-24
陆定一的题词。
7-25
薄一波的题词。
7-26
李维汉的题词。
7-27
姬鹏飞的题词。
7-28
徐向前的题词。
7-29
赵朴初的题词。

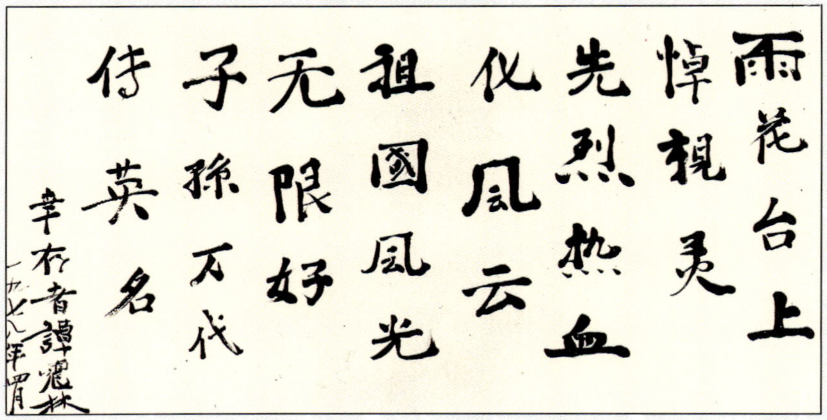

7-23

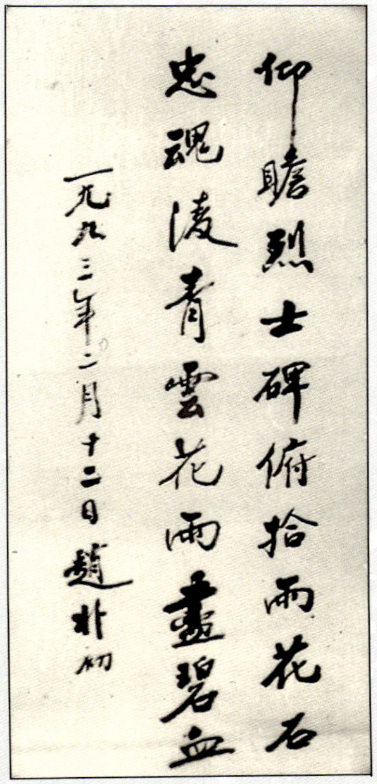

7-29

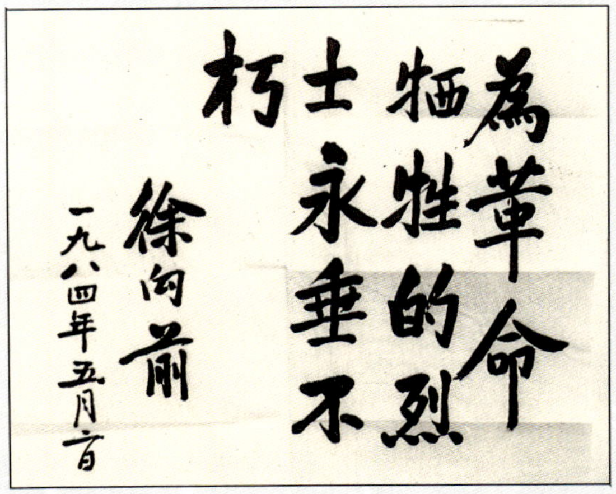

7-28

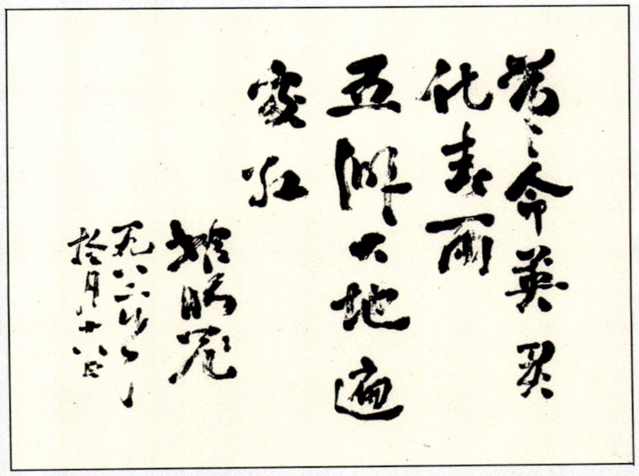

7-27

7-30

7-

7-32

7-

外国友人在雨花台的参观凭吊活动。

7-30

1951年10月，波兰、匈牙利、罗马尼亚、保加利亚、捷克斯洛伐克、东德、蒙古、朝鲜八国人民观光团在雨花台烈士奠基碑前献花。

7-31

1952年5月，世界工联及各国工会代表来雨花台凭吊。

7-32

1961年5月，越南人民的伟大领袖胡志明来雨花台参观凭吊并题词。

国内各界群众在雨花台凭吊及举行政治活动的场面。

7-33

1951年，中国人民志愿军归国代表团在雨花台烈士奠基碑广场凭吊。

7-34

1976年清明前后，南京市民为反对“四人帮”倒行逆施，自发汇集到雨花台悼念人民的好总理周恩来。图为悼念周总理的群众队伍浩浩荡荡来到雨花台。

7-35

雨花台烈士奠基碑前的花圈和周总理画像。

7-36

在奠基碑广场上悼念周总理的群众场面。

7-33

7-34

7-35

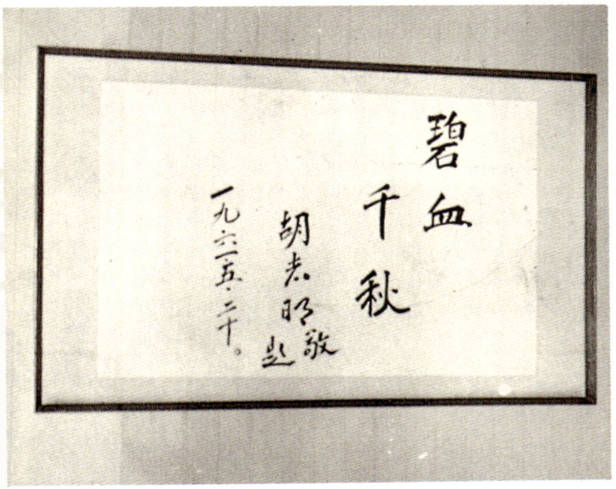

7-32

7-36

7-38

7-37

7-39

7-41

7-40

7-37
1980 年，全国少数民族参观团来雨花台参观凭吊。

7-38
蒙古族草原英雄小姐妹中的玉荣在雨花台烈士奠基碑前留影。

7-39
青少年聚集在烈士纪念馆前。

7-40
参观群众在纪念馆内听取烈士事迹的讲解。

7-41
凭吊的群众向烈士纪念碑敬献花圈。

7-42
中共新党员在烈士纪念碑前举行入党宣誓。

7-43
1996 年，江苏省暨南京市庆祝“五一”国际劳动节及第三届全国工人运动会开幕式大会在雨花台举行。

7-43

-42

7-44

7-45

7-44

1996 年 10 月 20 日，南京人民为庆祝红军长征胜利 60 周年，在雨花台举行“万人颂长征”的文艺演出活动。

7-45

1997 年 5 月 17 日，政府机关公务员在雨花台举行“高唱廉政歌”的活动。

7-46

1997 年 6 月 21 日，南京高等院校毕业生中共党员，在雨花台举行“重温入党誓词，庆祝香港回归”活动。

7-46

7-47

7-47

1997 年 7 月 27 日，中共南京市委宣传部、南京军分区政治部、雨花台烈士陵园管理局，在雨花台举行庆祝中国人民解放军建军 70 周年军民大联欢活动。

7-48

1998 年 4 月 4 日，南京市万名中学生来雨花台凭吊革命先烈。

7-48

7-49

雨花台烈士史迹展在外地的展出活动。

7-49
1991 年 6 月，雨花台烈士史迹展在北京展出。

7-50
彭冲出席开幕式并观看展览。

7-51
1991 年 9 月，雨花台烈士史迹展，在河北省石家庄、沧州、河间等地展出。图为在石家庄市青少年宫举行的开幕式。

7-52
在沧州市展出的场面。

7-53
在河间市展出的场面。

7-54
1992 年 10 月，雨花台烈士史迹展，在山西省太原市展出。

7-55
太原市群众观看展览。

7-50

7-52

7-53

7-51

7-54

7-55

第八章

雨花新貌

雨花台冈峦起伏，钟灵毓秀，风光旖旎，它的历史几乎与古都南京一样古老。历史上，在今雨花台的范围内有过许多亭台殿宇、宝刹丛林、古井名泉、刻石碑碣，曾是南京名胜古迹最为繁盛集中的地区，明清两代均列“金陵四十八景”之中。但近现代史上迭次兵燹之祸，使这些名胜大多化为废墟，湮没在荒草野林丛中。

从 1949 年开始，雨花台翻开了历史上崭新的一页。作为全国规模最大最著名的烈士陵园，雨花台的建设备受中央及江苏省、南京市领导的重视。特别是实行改革开放后，雨花台更迎来了前所未有的新时代。

今日的雨花台林木幽深，松柏苍翠。陵园中最雄伟壮丽的景观是位于南北中轴线上的一组纪念性建筑。这组建筑群从建于北殉难处的烈士就义群雕开始，中经烈士纪念碑、纪念桥和烈士纪念馆，止于最南端的忠魂亭。整个建筑融中外艺术精华于一体，气势雄浑，风格庄严，既体现了先烈们不朽的精神气质，又表达了后人对他们的崇敬和悼念之情。与主建筑群相辅相成的还有烈士牺牲地的东、西殉难处，涌泉广场和红领巾广场，以及分布在园内各处的烈士墓地，所有这些形成了雨花台陵园纪念革命先烈、弘扬革命传统和爱国主义的主旋律。

在注重革命传统教育的同时，雨花台烈士陵园管理局也不忘发掘陵园范围内固有的深厚历史文化遗产，美化景区建设。近年来，除将久负盛名的江南第二泉加以整修外，还根据历史记载修葺、重建了许多人文、园林景观，恢复了雨花台作为南京一大名胜之地的声誉。这使全国各地的来客在接受革命精神熏陶的同时，也能寻幽访古，深入领略祖国悠久的历史留给这方土地的文化氛围，或徜徉于林木花草间尽情享受生活的从容和闲适。

半个世纪来，雨花台的建设取得了令人瞩目的成就。在这世纪之交、继往开来的时刻，雨花台没有停下前进的脚步。展望未来，雨花台正在绘制新一轮建设的蓝图，它必将以更新更美的风采跨入灿烂的 21 世纪。

8-1

8-1

雨花台鸟瞰。今日雨花台绿荫匝地，鲜花芳菲。由烈士群像雕塑、纪念碑、甬道、纪念馆和忠魂亭等组成的建筑群宛若长龙，井然有序地贯穿于一片树海之中，是古城金陵南郊风光带上一颗璀璨的明珠。

8-2

8-2

清末绘制的雨花台游览图和民国初年的雨花台照片。

8-3

鲁迅二三十年代题咏雨花台的诗二首(手迹)。

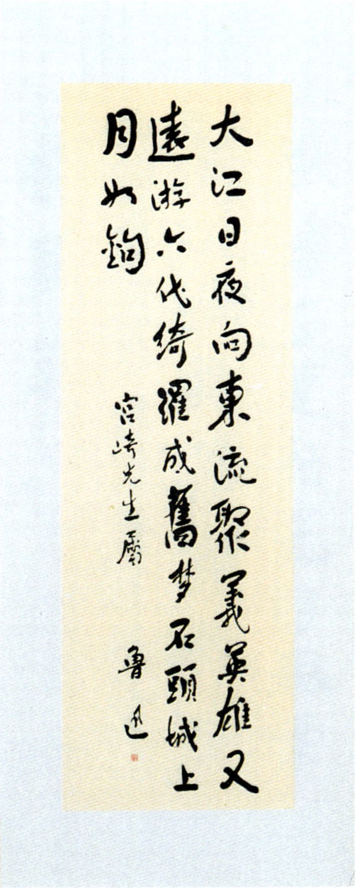

8-3

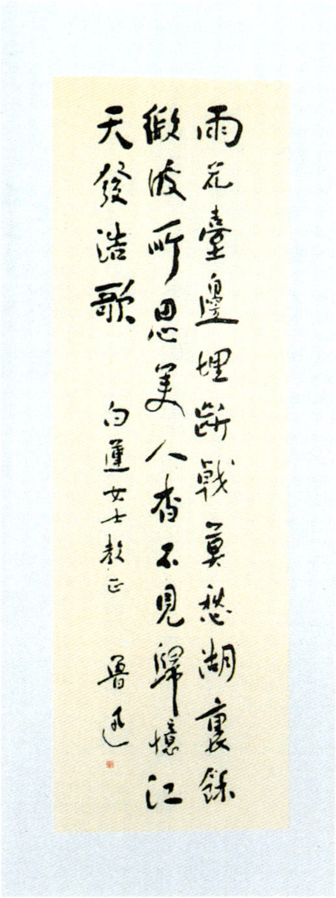

8-3

8-2

8-6

8-6

位于北大门东侧的“全国青少年教育基地”石碑（江泽民总书记题写）。

8-7

革命烈士群像雕塑（正面）。

8-8

雨花台烈士纪念碑全景。

8-4

8-5

8-4

雨花台北大门(正门)正面全景。

8-5

位于北大门西侧的“全国重点文物保护单位雨花台烈士陵园”石碑。

8-7

8-8

8-9

8-9

中心纪念区纵览之一(从纪念馆远眺纪念碑)。

8-10

中心纪念区纵览之二(从纪念碑远眺纪念馆)。

8-11

蓝天碧水间的纪念桥和烈士纪念馆侧景。

8-12

花木掩映的烈士纪念馆。

8-13

忠魂亭(近景)。

8-10

8-12

8-11

8-13

8-14

8-15

8-16

8-14

知名烈士墓。位于陵园腹心地区的东南部，占地面积约 800 平方米，分墓道和陵墓两部分，安放了卢志英等 17 位烈士的灵柩。

8-15

涌泉广场。与知名烈士墓相对，建有环形长廊一座。广场中心设涌突状喷泉，取“滴水之恩，涌泉相报”之意，以表达人民群众对先烈的铭感之情。

-17

8-16

红领巾广场。位于陵园内西部，邻近西殉难处。1981 年由江苏全省 700 万少先队员捐资修建。主体工程少先台，面积 90 平方米，为花岗岩建造的单檐三开面对称结构建筑。

8-17

青少年活动中心。位于红领巾广场西侧，环境优美怡人，有陆地和水上游乐项目多种，是青少年活动的良好场所。

8-18

辛亥革命雨花台之役阵亡将士人马合冢。位于陵园北门附近。1911 年 10 月武昌起义，南京新军起而响应，与清军在雨花台激战。南京光复后，雨花台之役阵亡的革命军人合葬于此。

8-19

民国初年雨花台军垒遗迹。

8-19

8-18

8-20

8-22

8-21

8-23

8-20
辛亥革命时期雨花台之役江浙联军缴获的清军火炮。

8-21
雨花台之役关押清军战俘之处。

8-22
雨花石。原产于雨花台及南京郊县的一种玛瑙质卵石，其中的珍品质地坚实，色泽艳丽，纹路纷繁，形状奇巧，具有很高的观赏和收藏价值。在雨花台成为革命先烈长眠之地以后，雨花石更被赋予了深刻的寓意，成为无数先烈碧血丹心的象征。

8-23
《雨花石之歌》雕塑。位于雨花石文化区西侧，邻近涌泉广场。由碑座和不锈钢音符两部分组成，碑座上刻有《雨花石之歌》的词曲，为陵园内雨花石文化区的标志。

8-24
雨花石博物馆。位于陵园景区东部，与江南第二泉隔路相望。为一传统庭院式建筑，陈列面积500平方米，有5个展厅，从自然和人文等方面对雨花石作了详实的介绍。

8-25
雨花石博物馆展厅。

8-26
雨花石博物馆内庭回廊。

8-25

8-26

8-24

8-27

8-27

雨花台风景区标志——雨花神韵牌坊。

8-28

雨花阁。位于陵园名胜古迹区内东北部山坡上。为雨花台标志性建筑之一。高34米，为三层楼四重檐八角形的仿明清式古典园林建筑，1997年新建。相传南朝梁武帝时高僧云光法师在今雨花台一带讲经说法，感动上苍，落雨如花，雨花台因此得名。为纪念云光法师，古代在今雨花台一带建有云光阁。

8-29

雨花阁夜景。

8-30

江南第二泉。位于名胜古迹区的中部。东晋时称永宁泉，南宋诗人陆游感此泉之水色味俱佳，品其为“二泉”。今“江南第二泉”五字为书法家萧娴所题。

8-31

二泉旧景（1930年摄）。

8-

8-30

8-28

8-29

8-32

8-33

8-35

8-34

8-32

甘露井。位于雨花石博物馆西侧。据井栏上镌刻的文字，该井凿于南朝梁代的天监二年(公元503年)，为南京最古老的水井。近年在井上建凉亭一座，使之成为游人怀古的一处景观。

8-33

御碑亭。位于雨花石博物馆东南道旁。清代乾隆帝于1751、1762、1765年三次游览雨花台，并题诗寄兴，留下御碑一通。1997年在御碑原址建碑亭。

8-34

御碑亭旁的配景——喷泉。

8-35

二忠祠。位于陵园名胜古迹区的南端。1997年重建，主体为九檩举架、单檐歇山仿古寺院建筑，宽15米，进深10米，高9米。祠中现有南宋抗金英雄杨邦乂和抗元英雄文天祥二位忠烈的全身平面石刻像及生平介绍。

8-36

杨邦乂剖心处。位于陵园景区的东北部。杨邦乂(1085—1129)，江西吉水人，南宋初年任建康府通判，宋高宗建炎三年抗金兵败被俘，拒不投降，被金人剖心杀害。其殉难处位于陵园内东岗山坡，现存碑刻4通，石狮2尊。

8-36

8-37

8-40

8-37

方孝孺墓。位于名胜古迹区的东部。方孝孺（1357—1402），浙江宁海人，明初建文帝的辅佐大臣。燕王朱棣发动“靖难之役”夺得皇位，胁迫他起草即位诏书。方孝孺誓死不从，被屠戮十族。后由其门人殓其遗骸葬于雨花台东山岗下。其墓在战火动乱中多次被毁，1998 年重又整修一新。此为墓道石坊。

8-38

8-38

修整后的方孝孺墓。

8-39

方孝孺墓原貌(1932 年摄)。

8-40

李杰墓。位于二忠祠附近。李杰(1311—1369),明朝开国功臣,其女为明太祖朱元璋的妃子。其墓碑及神道石刻现位于陵园内东南端干道旁。

8-41

曦园。位于江南第二泉东侧。建于 70 年代初。为一处林茂竹翠、古朴幽深的园中园。现园中饲养了一群孔雀,供游人观赏,故又称为孔雀园。

8-39

8-41

8-42

8-42

曦园中饲养的孔雀漫步在花木丛中。

8-43

怡苑。位于御碑亭东南，与东殉难处相望。建于80年代初，为陵园内花卉培植基地。苑中景色别致，观赏植物众多，四季花香，令人心旷神怡。

8-44

木樨苑。

8-45

绿色宝地。雨花台自50年代开展大规模绿化以来，如今已是满园绿荫。绿化覆盖面近90%，成为人口密集的南京市城南地区的一块绿色宝地。陵园内开辟了茶园，种植了象征烈士精神不朽的松、柏、枫、竹等各种观赏树木近27万株。良好的生态环境，使雨花台不仅成为先烈长眠安息的陵寝，也成了群众养身健体、休闲散心的好去处。

8-46

雨花茶。色泽翠嫩，滋味香淳，是50年代引种创制的茶中珍品，曾获中国食品博览会银奖，为中国十大名茶之一。茶园位于陵园景区西南部，占地4.5公顷。

8-43

8-44

8-45

8-46

8-47

8-48

8-49

8-47
红枫似火。
8-48
修竹挺拔。
8-49
苍松不老。
8-50
翠柏常青。
8-51
藤萝花架一。
8-52
藤萝花架二。
8-53
两旁拥翠的东门大道。

8-50

8-51

8-53

8-54

南京雨花台烈士陵园全图。

结　束　语

“为有牺牲多壮志，敢教日月换新天。”中华人民共和国的五星红旗是无数革命先烈的鲜血染成的。先烈们为了祖国的独立、民族的解放和人民的幸福，为了实现共产主义的伟大理想，英勇地献出了他们最宝贵的生命。他们坚贞不屈的革命气节，百折不挠的奋斗精神，无私无畏的浩然正气，舍生忘死的高尚品德，是留给后人的珍贵精神财富，将永远激励中国人民奋勇前进。

但是，革命的道路是不平坦的。我们的国家曾经走过一段曲折的道路，至今尚处在社会主义的初级阶段，进行社会主义现代化建设尚需加倍努力。让我们继承先烈的遗志，努力完成他们未竟的事业，为祖国的繁荣昌盛、人民幸福，为建设高度文明、高度民主的社会主义现代化强国，为最终实现人类最美好的理想——共产主义而努力奋斗。

革命烈士永垂不朽！

后 记

本书是有关南京雨花台烈士事迹的第一本大型画册。南京市雨花台烈士陵园管理局和江苏古籍出版社都十分重视这本非同寻常的图书的编纂和出版，并为此投入了必要的力量，进行了密切而有成效的合作。

编写人员为了既写出先烈的光辉业绩，更写出先烈感人至深的精神，曾广泛阅览了有关英烈的历史档案及相关资料，并到烈士殉难处凭吊，体悟先烈的崇高品格和高尚情怀。当编写人员提起笔来，先烈的精神已感切于心。本书就是在烈士精神的感召、激励下编成的。

本书从策划到问世，都得到了江苏省委、省委宣传部、省新闻出版局的关心、支持和指导。经反复商酌，四易其稿，终于撰成此书。本书的思路和架构由江苏古籍出版社与南京市雨花台烈士陵园管理局共同商定。第一、二、三、四稿的执笔者分别为王昭全、胡多佳和尹亚伟、王春南、蒋才喜。全稿由薛正兴、徐敦龙审定。

编撰此书时，参考了国内出版的有关图集。在此谨向这些图集的编撰者和出版者致以谢意。

责任编辑：王春南　郭宝林
尹亚伟　胡多佳
装帧设计：郭宝林
责任校对：虞丽梅

图书在版编目(CIP)数据

雨花台忠魂图集/南京市雨花台烈士陵园管理局，江苏古籍出版社编著.—南京:江苏古籍出版社,1999.6
ISBN 7-80643-200-0

Ⅰ.雨… Ⅱ.①南… ②江… Ⅲ.革命烈士-列传-南京 Ⅳ.K820.853

中国版本图书馆 CIP 数据核字(1999)第 16018 号

雨花台忠魂图集

编　　者:南京市雨花台烈士陵园管理局
江苏古籍出版社
出版发行:江苏古籍出版社
南京市中央路 165 号(邮政编码:210009)
发行部电话 025—3223462
照　　排:南京理工排版校对公司
制　　版:上海丽佳分色制版有限公司
印　　刷:中华商务联合印刷有限公司
经　　销:江苏省新华书店

787×1092 毫米　1/12　印张 22
2000 年 1 月第 1 版第 2 次印刷

ISBN　7-80643-200-0/K·74
定　　价:400.00 元